中国大学生网球锦标赛发展研究

王壹伦 / 著

中国书籍出版社
China Book Press

图书在版编目(CIP)数据

中国大学生网球锦标赛发展研究 / 王壹伦著. –– 北京 : 中国书籍出版社, 2022.11

ISBN 978-7-5068-9296-4

Ⅰ.①中⋯ Ⅱ.①王⋯ Ⅲ.①大学生 – 网球运动 – 锦标赛 – 中国 Ⅳ.①G845.7

中国版本图书馆CIP数据核字（2022）第213345号

中国大学生网球锦标赛发展研究

王壹伦 著

责任编辑	成晓春	
责任印制	孙马飞 马 芝	
封面设计	马静静	
出版发行	中国书籍出版社	
地 址	北京市丰台区三路居路97号(邮编：100073）	
电 话	（010）52257143（总编室） （010）52257140（发行部）	
电子邮箱	eo@chinabp.com.cn	
经 销	全国新华书店	
印 厂	北京亚吉飞数码科技有限公司	
开 本	710毫米×1000毫米 1/16	
字 数	325千字	
印 张	20.5	
版 次	2023年9月第1版	
印 次	2023年9月第1次印刷	
书 号	ISBN 978-7-5068-9296-4	
定 价	98.00元	

序 言

"少年强则中国强"，大学时代的青年，充满活力，似朝阳初升、未来可期。通过大学体育，弘扬体育精神、增强学生体质、塑造健全人格，是广大高等教育工作者的光荣使命。在几十年的高等教育改革与发展中，大学体育工作百舸争流，成就斐然，为培养一代又一代接续奋斗的社会主义建设者和接班人做出了卓有成效的贡献。

其中，自1994年起举办的全国大学生网球锦标赛，不仅有力促进了网球运动在各大高校的普及，丰富了体育教学内容，拓宽了学生参与体育锻炼的途径，也很好地激发了广大学生参与网球运动的热情，使他们在比赛中得到更大的锻炼与提高。砥砺前行数十载，全国大学生网球比赛已从最初的邀请赛成长为全国大学生网球锦标赛，是参与院校最多、影响范围最大、各方评价最高的中国大学生体育协会年度赛事之一。全国大学生网球锦标赛也被业内人士和支持者、关注者称为"大"网赛。大网赛的日益壮大，不仅体现着大学体育工作的进步，也代表着大学体育工作的成就。

2022年4月25日，习近平总书记到中国人民大学考察调研并发表重要讲话。习近平总书记在讲话中强调，我国有独特的历史、独特的文化、独特的国情，建设中国特色、世界一流大学要扎根中国大地，走出一条建设中国特色、世界一流大学的新路。回首大网赛的几十载历程，其成功的首因就是立足于国内高校实际。展望大网赛的未来发展，更要按总书记提出的根本遵循，汲取过往成功经验，紧扣时代发展要求，服务争创一流大局。

本书从搜集资料开始算起，历时数年而最终完成，正逢盛世，适逢其时。作者围绕不同时期的全国大学生网球比赛而展开，翔实梳理了大网赛数十载的举办情况、相关细节，采用纪实手法，于纵向的时间线中，尽可能多维度地展示大网赛的全貌。从三届邀请赛时的筚路蓝缕，到首届锦标赛时的激动人心，再到数十年的持之以恒，翔实记录了众多关于大网赛的资料和故事，充分展现了大网赛的发展历程，对总结过往经验，开创更优局面，具有很高的学术参考价值。

本书多以一手数据为依据，资料丰富，语言平实，客观还原了各届比赛的实况。与此同时，本书有意识地对历史数据进行了分析，以求揭示大网赛成功背后的特征和规律。本书对新闻媒体通讯报道的采纳，也很好地还原了赛事的精彩。总之，该书在内容上既有宏大，也有细微，宏大处展现历届变迁，细微处展示赛事细节。

更为令人印象深刻的是，书中对历届组织机构成员的清晰梳理，对网球分会活动和会议成果的完整展现，使其不仅是记录，更是致敬，即致敬数十年来在大网赛中拼搏向上的青年学子，又致敬在网球分会工作和大网赛中无私奉献的高校领导和教工。这不只是对参与者、支持者、奉献者的褒扬，更是对大学体育工作价值的高度肯定。

当然，风雨数十载，资料未免缺失，数据也难免遗漏，本书也难言尽善尽美。但无论是资料提供者孙建国老师，还是本书作者王壹伦老师，他们都竭尽所能，通过此书的编撰与出版，为中国大学生体育协会网球分会做出了前所未有的贡献。二位老师先后任职于清华大学体育部，前者奉献一生，后者接续努力，不仅体现了大学体育工作者的执着，也展现了其间难能可贵的传承。他们都是无数大学体育工作者的杰出代表。正是有了这种执着与传承，正是有了这本执着与传承的结晶，才使我们对今后的大学网球工作、大学体育工作、争创一流工作有了更为殷切的期待！

牛维麟

2022年6月

前　言

　　1994年中国大学生网球协会成立并举办了第一届全国大学生网球锦标赛（以下简称"大网赛"）。至今，大网赛已走过将近三十年历程，见证了中国大学生网球锦标赛发展的全过程，已经成为我国高校规模最大、规格最高、影响最广的体育赛事之一。立足当下，着眼未来，梳理大网赛发展历程，对促进大学生网球运动赛事的发展具有深远意义。

　　我作为一名曾经的专业网球运动员，从儿时起便和网球结下了不解之缘。退役后，我并没有脱离网球专业，在清华大学成为一名网球教师。网球于己而言，既是最热爱的一项运动，又成了我现在的工作——负责网球课程的讲授以及清华大学网球队的训练。在教学的过程中，我时常从学生的眼神中，感受他们到对网球的炙热之情，这令我深感喜悦。

　　在带领清华大学网球队的同学们训练和征战大网赛的过程中，我有机会更加深入地了解到清华在大学生网球中的重要作用。清华大学网球队从第一届大网赛便开始参与，经历了网球运动从普及到提高的发展历程，为校园网球的发展作出了很大贡献。那时，教育部门更侧重网球专项人才的培养，争取在锦标赛中发现具有网球运动天赋和能力的人才。时至今日，更侧重于吸引更多的网球爱好者参与，向大学生宣讲网球运动知识，丰富学生的体育生活。作为一名体育教育工作者，我一直希望能将这段历史详细地记录下来。

　　因为同事关系，我有缘结识孙建国老师，并有机会时常向他学习并共同探讨。他于1993年率先在清华大学开设了大学生网球教学课。在开设网球课初期，网球教材极为缺少的情况下，他手抄了20余万字的网球资料，并结合自身学习网球的体会，不断提高教学水平，从而更好地为教学服务。他的网球教学特点在于将网球作为文化向大众传播，具体体现教书育人的精神，把网球运动独特的魅力、时尚、高雅、健身传播给当代大学生。他的网球收藏展览深受学生喜爱，通过网球拍、网球的发展历史促进学生将网球运动作为终身体育，潜移默化地深化他们对网球的认知。

在一次次交流中，我被老先生对网球的热爱和执着打动。与孙老师的多次交流也促成了本书写作的契机。在看到孙建国老师手中保留的大网赛的秩序册等历史资料，并且了解到他希望能够让这些资料传播出去的想法后，我的使命感油然而生，觉得这项工作总要有人来做。清华大学一向践行体育精神，作为清华体育部的一名老师，仅以此书为高校体育教育贡献微不足道的力量。用孙老师的话说，"把这些资料汇总起来也算是留给大家的一份薄礼"。于是，我开始着手梳理这些资料，并尽余力去寻找更多相关资料，过程中遇到的困难不必多言，但收获和惊喜也时常相伴，最终有了大家看到的这部拙作。

作者参观孙建国老师（居右）的收藏室的合影，拍摄于清华大学体育馆。

前　言

　　本书的主体内容包含"回顾与感恩"和"历史与演变"两章。"回顾与感恩"部分包含两个角度的内容，一是回顾各届的比赛情况，二是怀着感恩之心铭记在大网赛付出过的组织机构和人员，使得看得见的精彩赛事和背后看不见的组织机构、人员运筹、赛事服务都在本书中呈现。"历史与演变"部分包括但不限于大网赛的赛制、定位、规模等方面的演变，以体现出大网赛的与时俱进。由于涉及资料较多，并且由于时间久远，存在个别年份资料缺失的情况，本书难免存在不足之处，敬请指正。

王壹伦

2022年6月

目　录

绪　论

一、研究缘起

20世纪90年代，随着我国改革开放的深入和市场经济的发展，以及人们的意识观念及消费水平逐渐提高，网球运动开始由"贵族化"向"平民化"发展，并逐渐由少数人参与到逐渐向大众普及。与此同时，网球运动在我国高校也开始发展起来。1994年，中国大学生体育协会网球分会成立，这标志着中国高校网球运动发展进入了一个新的阶段。1994年，第一届全国大学生网球锦标赛暨中国高校"校长杯"网球比赛在浙江大学举办。至今，大网赛已经成功举办了25届。中国大学生网球锦标赛经过三十多年的发展，从最初十多所学校到如今百余所大学参与，在网球运动发展、网球人才培养、校园体育文化建设等方面发挥了积极的促进作用。全国大学生网球锦标赛是大学生参加的全国范围的网球赛事，每年由不同高校承办，有力地推动了网球运动在高校的普及和发展。中国大学生网球锦标赛已历经数十载的发展，但相关研究一直有限，学界更是缺乏对大网赛历程的整体回顾性研究，期间虽有整体性研究的尝试，但受限于历史资料的缺乏和研究视角的单一，使得大网赛的发展历程无法得以全面展示。在该赛事至今已走过数十载之际，对其进行整体性的、系统性地回顾和梳理，十分必要。本书的研究，力争在以下几个方面作出努力：通过分析历年来大学生网球锦标赛发展的详细数据和历史资料，为进一步的精细化研究奠定基础，为大学生网球运动在未来的更好发展提供经验；通过对历届大网赛成绩的分析，为高校网球体育教育和高校网球队的训练提供借鉴意义；通过对组别设置和赛区划分的研究，为大学生网球赛在未来可能出现的改革提供对策。

二、研究评述

纵观学术史和当前研究动态，与大学生网球锦标赛相关的研究，经历了从无到有、从有到多的过程。伴随着研究成果的数量增多，研究质量也正在显著提升。这一方面说明随着大网赛的持续开展，自身影响也在不断扩展，其越来越获得学术领域的关注；另一方面，随着对大网赛全面、深入的研究，有利于更好地总结或借鉴经验，相关研究成果必将进一步指导大网赛的完善与发展。

2012年，谢剑峰在《浙江省大学生网球赛对促进校园网球运动开展的效应分析》一文中，对于浙江省大学生网球赛对促进校园网球运动的展开的效应进行了分析，认为影响浙江省高校大学生网球运动的主要因素有"网球运动硬件设施""大学生的业余时间"以及"网球的师资力量"等。该研究的创新之处是，从地域性（浙江省）和历史性角度对大网赛的展开进行了研究。这表明，随着大网赛的持续开展，其影响力逐渐增强，与之相关的基础理论研究开始起步，是较为可喜的变化，但是该研究的深度有限。

2015年，梁青等人在《2014年全国大学生网球锦标赛赛事分析》中，对第19届全国大学生网球锦标赛整个赛事举办过程进行研究，从赛事的规模、规程设置以及对参赛运动员的访谈来对赛事进行全方位分析。该研究的亮点有二：一是作者注意到赛制的演变对赛事的发展的显著影响，认为本次比赛在赛程设置上更加合理，将各个组别区分开来，能够"为每个层次的运动员都提供了一个更好的展示自我的平台"；二是纵观本次比赛，作者也注意到网球运动南强北弱的局面在大网赛中有所体现，"网球运动在北方的发展还处于起步阶段，同南方的高校相比竞技水平也还有一段差距"。该研究是首次以某届大学生网球锦标赛赛事为对象的研究。

2015年，赵继斌在《中美高校网球运动队管理对比研究》一文中，基于美国高校一直以来都在为美国职业网坛输送人才，而中国高校对职业网坛的人才输送有限的情况，采用对比研究的方法，从管理、运动员、经费三个方面，对中美两国高校网球队的管理经验进行对比。作者指出，美国大学生网球队（NCAA）网球联赛赛程为三站晋级式，中国大网赛赛程正处于由"两站独立运行"向"三站晋级式"变化的转型期；美国高校网球队经费主要来源于商业化运作支持，中国主要来源于学校教育经费支出；美国NCAA在体育事务管理上拥有相对完整的独立自主权，而中国大体协下设24个分会，这虽然便于各个项目的管理和发展规划，但弊端是不利于大网协自主地把握未来市场前景及赛事商业开发，应当适当放宽对大网协的管理权限，使其有更多的自主权来领导、协调、监督和发展我国高校网球运动发展。该研究在比较视域中，较好地借鉴了美国高校网球队的经验，指出了中国大网赛进一步发展的方向，无论是研究角度还是研究结果，都令人耳目一新。

2016年，路伟尚在《我国高校网球运动的开展现状与发展对策研究》一文中，通过对参加2015年全国大学生网球锦标赛的运动员、教练员、裁判员及相关领导进行问卷调查和访谈，以此分析出我国高校网球运动的发展现状并提出相关对策。该研究的创新之处在于，围绕2015年大网赛，综合访谈和问卷等形式，以小见大，较为深入、全面地分析了该届大网赛的各个参与要素并以此窥测大网赛的现状和未来发展。但是该研究缺乏对历届大网赛的整体关注，忽略了大网赛在发展过程中出现的变化，视2015年这一届大网赛的情况为"现状"的判断，有主观之嫌，但是该研究表明以大网赛为对象的研究已经逐渐增多。

2018年，何长春、谢相和等在《中国大学生网球锦标赛发展研究》一文中，从"网球锦标赛的发展目标""网球锦标赛的比赛体制""校领导对锦标赛的态度""网球锦标赛的比赛场馆设置""锦标赛训练经费的投入"等角度多维度地分析了影响大网赛运动发展的各要素，并对大网赛的发展提出对策建议。该研究较为系统地总结了影响大网赛发展的各因素，其对大网赛发展的关切表明了大学生网球锦标赛的发展已逐渐获得了学术界的研究，且研究呈现出逐渐深入、系统化。但是该研究所利用的主要是文献资料法，缺乏足够的一手资料和具体化的实例分析。值得一提的是，本研究开始注意到了大网赛的目标的变化："开始举办阶段，教育部门更侧重网球专项人才的培养，争取在锦标赛中发现具有网球运动天赋和能力的人才……现阶段各大高校更侧重于吸引更多的网球爱好者参与，向大学生宣讲网球运动知识，丰富学生的体育生活。"但该说法涉及对大网赛的定位问题，值得慎思。

2018年，周末，张丹在《中国大学生网球锦标赛赛制分析》里，分析了现有赛制中存在的问题，认为在组别设置方面，甲组、乙组和丁组的设置比较合理，而丙组的分组设置值得考虑；在竞赛方面，循环赛和淘汰赛相结合的混合赛制不能很好地保证赛事的公正性、合理性与效益性。该研究聚焦于赛制分析，敏锐地指出了现有赛制中存在的问题并提出对策，却没有全面研究现有赛制这样安排的原因。

2019年，王保金、张志华等在《对中国大学生网球锦标赛竞赛规程的解读与完善的研究》中，从第24届中国大学生网球锦标赛竞赛规程入手，对大网赛竞赛规程的十九项条款进行了解读分析，对个别条款提出了补充意见和增加条款的建议。该研究的目的是更好地发挥规程对比赛的指导作用，着眼点在于赛事背后的制度条款，是以往研究中不曾注意的关注点。作者指出了社会力量办体育的可喜现象，同时也指出，媒体的介入和宣传力度不够，尤其是分区赛缺乏媒体的关注。

2020年，严一翀在硕士论文《中国大学生网球竞赛30年发展历程研究》中，采用搜集比赛秩序册、成绩册等"一手资料"的方式，尝试对大网赛的数十载历程进行回顾，但是第一届至第六届、第十三届仍有部分竞赛资料缺乏。该研究依据大网赛的发展特点和赛事规模，将之划分为"萌芽起步时期""开创发展时期"和"改革探索时期"三个阶段。该研究首次尝试对数十载的大网赛历程进行回顾和总结，尽管受限于资料缺乏和已有研究基础的薄弱，未能尽善尽美，但是这预示着，大网赛的发展越来越获得重视。

2021年，邹超、陕威等在《中国大学生网球锦标赛赛事品牌的发展现状与问题》中，从赛事品牌方面对中国大学生网球锦标赛的品牌建设情况进行梳理，属于赛事文化方面的研究。该研究指出了大网赛的赛事品牌文化未成体系、未充分挖掘赛事品牌资源进行营销、赞助商的稳定性和持续性不高等方面的不足。以前关于大网赛的研究，侧重于赛事规程、技术水平、赛制设置等方面，而对于赛事文化建设的研究也是必不可少的，该研究弥补了这一空间。

2022年，梅峥在《全国大学生网球锦标赛组别设置分析及对策研究》一文中，对于大网赛的学生组别设置及其影响进行了分析和大胆的建议。他指出大网赛分组设置中，丙组的分组不太合理。由于丙组中的参赛学生的网球基础有明显差异，不能体现赛事的公平原则。他建议将丙组中的运动训练专业（二级运动员）的学生划入乙组，让体育教育专业的学生单独成为丙组。该研究是对大网赛分组设置的评价，相信随着学界对大网赛组别划分及其背后初衷的进一步研究，会推动大网赛更好地完善发展。

总结以上研究可以看出，在大学生网球赛开展的前十载，与其相关的科研成果匮乏，几乎处于研究空白。但随着大网赛的持续发展，相关研究也逐渐增多。纵览这些研究，从时间上看，有以某届大网赛为对象的研究，如梁青（2015）、路伟尚（2016）、王保金（2019）等人分别以某届大网赛为分析对象，虽然缺乏对大网赛整体历程的关注，但通过特例分析，有利于人们深入地理解大网赛的发展。也有对历届大网赛的整体性研究，如严一翀（2020）的研究。从研究的角度来看，有对赛事过程进行研究的，有从赛制进行研究的，有从中外对比角度进行研究的，这些研究成果从不同侧面为大网赛的健康发展提供经验借鉴和对策建议。但突出的问题是，缺乏对大网赛历程的整体回顾性研究，虽有整体性研究的尝试，但受限于历史资料的缺乏和研究视角的单一，使得大网赛的发展历程无法得以全面展示，其背后的制度因素、委员会和关注大网赛发展的专家所做出的努力等丰富内容缺乏，期待着更深入系统的研究。

三、研究创新点

（1）该研究为国内首次对历届大学生网球赛进行全面回顾、分析和总结的研究项目。本书的出版将成功地提升大网赛的理论研究。

（2）理论研究所依据的资料为该领域之最。经过清华师生历时数月搜集完成的资料有：纸质和电子化资料，包括历届大学生网球赛会议手册纸质版和数据的电子化（后期整理）；图片资料，包括重要会议合影，具有纪念性的新闻报道、会议物品；访谈资料，包括推动大学生网球赛发展、变革的重要专家，且目前已对部分专家完成访谈。

（3）关于大网赛的研究论文尽管已有一定数量，但同时从委员会、赛制等隐性数据和成绩、人数等显性数据角度探讨大学生网球运动的研究屈指可数，因此本书为大网赛的相关研究的开展提供借鉴和指导意义。

四、研究方法

本研究主要采用的方法：资料搜集法、数理分析法、现场访谈、问卷调研法。

第一章　回顾与感恩

　　回望过去，从1994年中国大学生网球协会成立并举办了第一届全国大学生网球锦标赛起，这项赛事已走过将近三十年，它见证了中国大学生网球比赛发展的全过程，可以说经过两代人对网球运动执着追求的成果。经过数十年的砥砺前行，大学生网球锦标赛的举办规模不断扩大，网球运动在高校中得到了极大范围的普及和快速发展，参加比赛的学生人数成倍增加，从第一届的12个省市27所学校的124名运动员参加，发展到第二十五届的28个省市174所学校的1768名运动员参赛。大网赛作为广大大学生参与网球运动的重要平台之一，在网球运动传播、网球人才培养与校园体育文化建设等方面发挥了重要作用，促进了网球运动在高校的普及与发展。

第一节 高校网球运动的起步与发展

一、大学生网球协会的成立

网球被公认为世界第二大体育运动，在国际上有着广泛群众基础和较高影响力。尽管中国开始接触到这项运动可以追溯到19世纪末，但并没有被广大国人知晓，一直到1953年，中国网球协会成立，才进一步推动了网球在我国的普及和发展，并开始举办全国网球锦标赛。改革开放后，随着我国国民生活水平的提升，网球运动逐渐受到包括大学生在内的各类群体的喜爱。正如中国网球协会之于中国网球，中国大学生网球协会见证和推动了中国大学生网球运动发展。为推动网球运动在中国大学生中开展，1989年部分高校率先举办了全国大学生网球邀请赛，并在比赛期间顺应形势积极倡导，着手促成建立协会。1994年3月，经国家教委批准宣告，正式成立了中国大学生网球协会（后于2002年并入中国大学生体育协会，并正式命名为中国大学生体育协会网球分会），协会围绕"服务全国高校师生"的原则，制定了切合实际的发展目标，把普及推广高校网球运动作为工作的首要任务。

（一）厚积薄发——三届邀请赛

1994年成立中国大学生网球协会和举办第一届全国大学生网球锦标赛，是在1989年、1991年和1992年三届全国大学生网球邀请赛的基础上，经过这三届参赛学校的共同努力而促成了高校网球人的梦想。

三届邀请赛分别是由上海大学、中山大学、上海大学主办；邀请了有参赛意愿的高校通过自愿报名参加，第二届邀请赛共15所高校参加，第三届共17所高校参加；前两届邀请赛都只设有一个组别，第三届邀请赛首次尝试设置了甲、乙分组比赛，以解决专业选手和业余选手之间的公平问题；比赛期间的组织工作由主办高校成立的临时比赛组委会负责。虽然三届邀请赛的规模较小，赛制规范性欠缺，组织工作较松散，但结束了我国没有全国性大学生网球比赛的历史，开辟了中国大学生网球比赛的先河，为中国大学生网球联赛的建立提供了经验和基础。尤其邀请赛期间，参赛学校多次召开座谈会，直接促成了中国大学生网球协会的成立和全国大学生网球赛的起步。

表1-1　全国大学生网球邀请赛参赛学校统计

邀请赛年份	主办高校	参赛学校
1989年	上海大学	
1991年	中山大学	浙江大学、华东师范大学、深圳大学、重庆大学、华侨大学、西南石油学院、成都科技大学、北京国际关系学院、上海大学、上海中医学院、中山大学、暨南大学、华东化工学院、华南理工大学、江西财经学院
1992年	上海大学	浙江大学、华东师范大学、深圳大学、西南石油学院、成都科技大学、北京国际关系学院、上海大学、上海中医学院、中山大学、暨南大学、华东化工学院、江西财经学院、清华大学、四川联合大学、江西工业大学、天津外国语学院、西安外国语学院

由于该时期尚未成立正式组织机构，管理工作较为松散，三届邀请赛没有被系统地记录并保存，因此相关资料比较匮乏。以下为清华大学的孙建国老师经过多方收集和挖掘提供的第二届全国大学生"星河杯"网球邀请赛成绩。可以看出，1992年由中山大学主办的第二届全国大学生"星河杯"网球邀请赛共有15所高校参加，有一个组别，设有团体赛、单打、双打几个项目。邀请赛的奖牌大多被来自浙江、上海、广东的高校夺得，表明了三地的网球发展较好，具有良好的竞赛氛围；尤其是参与过主办邀请赛的上海大学、中山大学实力强劲，也表明了这些高校对大学生网球的培养与重视程度。

表1-2　第二届全国大学生"星河杯"网球邀请赛成绩

1.男子团体
第一名浙江大学、第二名中山大学一队、第三名上海大学、
第四名暨南大学、第五名北京国际关系学院、第六名中山大学二队
2.女子团体
第一名上海大学、第二名暨南大学、第三名中山大学、第四名华东师大
3.男子单打
第一名杨武（浙大）、第二名刘亚涛（浙大）、第三名江晓帆（上大）、
第四名李怀东（中大）、第五名齐冰（华东师大）、第六名朱力波（浙大）
4.男子双打
第一名李怀东/周文胜（中大）、第二名刘亚涛/张江天（浙大）、
第三名江晓帆/王晓岗（上大）、第四名赵军/耿悦彬（华东化工学院）
第五名王建东/谢明（西南石油学院）、第六名陈岱锋/欧阳文军（江西财经学院）
5.女子双打
第一名唐岚/陆圆圆（上大）、第二名关瑛/何捷（中大）、第三名黄秋华/蔡奕琼（暨大）
6.精神文明队
第一名浙江大学、第二名成都科技大学、第三名西南石油学院

（二）组织建设——全国大网协筹备会议

中国大学生体育协会网球分会成立于1994年，是全国高等院校群众性体育团体，是中国大学生体育协会的分支机构之一。1994年，由浙江大学担任第一届中国大学生体育协会网球分会主席单位，从1999年起，由上海大学担任第二、第三、第四届主席单位。2013年1月25日，经会员代表大会选举并经教育部中国大学生体育协会批准，主席单位由中国人民大学担任。

在三届邀请赛比赛期间，为扎实做好中国大学生网球协会筹建之事，各参赛高校的领队和教练多次召开会议，围绕筹委会、举办邀请赛、职责分工等具体事宜分别进行了深入的探讨和交流并做出了一系列决议，细化了工作任务，明确了工作目标。

1.第二届大学生"星河杯"网球邀请赛

第二届大学生"星河杯"网球邀请赛（1991.7.11—1991.7.21）受首届大学生网球筹委会委托，在中山大学的英东体育中心举行，并于比赛期间召开第二届全国大学生网球协会筹备会议。

表1-3　第二届大学生"星河杯"网球邀请赛期间四次筹备会议会议纪要

会议	时间 （1991年）	与会单位	会议纪要
领队会议	7.12	上海大学、北京国际关系学院、浙江大学、华东师大、华东化工学院、福建侨大、江西财院、中山大学	会议声明，原首届大学生网协决定本届比赛，由于经济等原因，不再在天津，而改在中山大学举行，并作出下列决议： （1）成立全国大学生网球协会筹委会，由上海大学牵头开展工作； （2）每年均举办一次全国性邀请赛； （3）在中大比赛期间继续开展工作，与会者均为正式代表。 经讨论代表们一致同意本届工作应在上一届工作基础上，进一步开展工作，并听取了上届负责人张健同志报告。会议决定在7月15日晚举行第二届全国大学生网协筹备会议
第二届大学生网协筹备会第一次会议	7.15	浙江大学、华东师大、深圳大学、西南石油学院、成都科技大学、北京国际关系学院、福建侨大、上海大学、中山大学、华东化工学院、江西财经学院	会议再次肯定上海会议的工作，委托连续两届均参加工作的上海大学、中山大学、北京国际关系学院、浙江大学四所大学负责全国大学生网球协（会）筹备事宜，提出具体方案，将于7月19日晚通过执行

续表

会议	时间 （1991年）	与会单位	会议纪要
四校委员会议	7.17	上海大学、中山大学、浙江大学、华东化工学院、北京国际关系学院	（1）请上海大学张健同志在上海大学生网协章程基础上提出全国大学生网球协会章程； （2）会议认为网协名誉主席、顾问很有必要设立，可聘多人参加，以利于工作开展； （3）委托中山大学草拟文件向上级申报成立协会时，代表们根据中大领导重视，又有霍英东先生支持，建成了七块国际标准网球场，群众基础好，同意今后协会挂靠在中山大学，会址定在中大。
参赛代表全体会议	7.19	浙江大学、华东师大、深圳大学、西南石油学院、成都科技大、北京国际关系学院、福建侨大、上海大学、中山大学、上海大学、华东化工学院、江西财院	经讨论，会议一致通过四校决议方案，上报时机构负责人暂定如下： 主席单位：中山大学； 副主席单位：上海大学、浙江大学； 秘书长单位：上海大学、中山大学、浙江大学、北京国际关系学院； 会址：广州新港西路中山大学体育部； 邮政编码：510275； 电话：425519。

2.全国大学生"奇安特杯"网球邀请赛

全国大学生"奇安特杯"网球邀请赛于1992年7月14日—22日在上海举行，全国9省市16所高校共20支男女网球队参加了比赛。在比赛期间，为筹建中国大学生网球协会之事，参赛高校的领队和教练于7月17日和21日晚上分别在上海徐汇网球场和上海教育会堂召开了两次筹备会议。

出席会议的有14所高校所领队和教练，他们是：国际关系学院的尹钊和解造立，清华大学的孙建国，天津外国语学院的解国栋和曲修国，浙江大学的陈南生、朗荣奎和虞力宏，中山大学的梁兆航、沈建球和陈湛湘，暨南大学的刘上行，江西财经学院的李群伟和王学庆，江西工业大学的朱建春，西南石油学院的杨学明，深圳大学的潭沃杰，华东师大的刘巽馥，华东化工学院的胡志绥，上海中医学院的周红律，上海大学的张放之、张健、龚同椿、周琰如、章关培和孙守铮。此外，上海大学副校长李明忠、上海市高教局体卫处处长杨宝藏也出席了会议，成都科技大学的吴奇章因故未到，四川大学和西安外国语学院因没有教师带队，故没有出席。

1992年7月17日的第一次会议主要就成立全国大学生网球协会的必要性、可能性及推选筹建网协的牵头单位进行了充分讨论。大家一致认为，经过1989年、1991年和这次三届全国性的大学生网球比赛，参赛单位已经达到了8个省市、1个特区的20所高校，而且自1994年以来，上海、广州、北京、浙江等地的很多高校已把网球专项课列入体育教学的内容，网球运动在我国高校中已得到相当程度的普及。因此，为进一步推动我国大学生网球运动的发展，为促进我国大学生网球运动水平的提高，必须尽早建立中国大学生网球协会，建会的时机已经成熟。会上，经过充分的讨论，大家一致推选上海大学为筹建中国大学生网球协会的牵头单位，并一致同意网协会址设在上海大学。

1992年7月20日的第二次会议主要就中国大学生网球协会章程（草案）的修改定稿及网协的机构设置进行了讨论。经与会者逐条酝酿修改、定稿后的《中国大学生网球协会一章程》分总则、职责、会员、组织机构及任务、经费、附则共六章十四条。

关于中国大学生网球协会的机构设置，在提名协商的基础上，决定由上海大学任主席和秘书长。

3.中国大学生网球协会章程

1991年7月11日，在中山大学举行第二届大学生"星河杯"网球邀请赛期间，中国大学生网球协会召开成立中国大网协筹备会议，并委托中山大学起草网协章程。

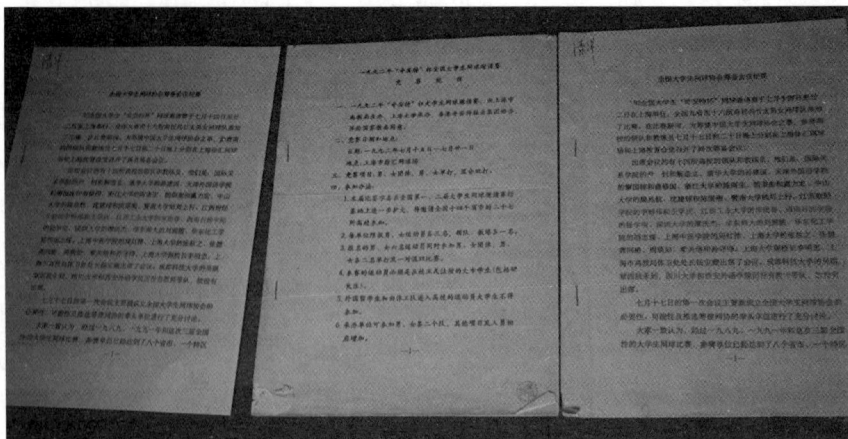

以下为《中国大学生网球协会章程》原文：

表1-4 《中国大学生网球协会章程》

第一章 总 则

第一条：本会定名为"中国大学生网球协会"。

第二条：本会在国家教委，中国大学生体育协会领导下，接受中国网球协会指导，积极从事开展中国大学生网球运动的群众体育组织。

第三条：本会宗旨是坚持四项基本原则，遵循国家教委和国家体委的有关方针、政策、团结全国大学生网球爱国者，有组织、有计划地促进全国大学生网球活动的普及和提高而努力。

第四条：本会将积极发展与世界各国高校网球运动的交流。接待国际体育友好团体。增进友谊。为促进中国大学生网球运动的发展而作出贡献。

第二章 本会职责

第五条：依据总则的精神，本会主要任务为：

1.研究和推动高校网球运动的教学、训练、竞赛、裁判和科研等工作的开展。

2.积极组织教师、教练员和科研人员的学习。培训和学术交流，不断提高业务水平。

3.认真组织全国大学生网球竞赛工作，协助组织参加国际大学生网球赛的我国大学生代表队，承担国家教委、国家体委交办的任务。

4.发展本会与国外高校网球组织的联系，办好本会的通讯刊物。

第三章 会 员

第六条：凡中国高校承认本会章程，愿接受本会领导均可申请登记为本团体会员，参加本会一切活动。

第七条：会员的权利

1.有选举权与被选举权。

2.参加本会举行的各项活动。

3.对本会工作人员及工作提出批评、建议。

第八条：会员的义务

1.遵守本会章程，执行本会决议。

2.积极支持和派员参加本会的各项会议和活动。

3.接受本会委托的任务。

4.积极宣传、开展本单位的网球活动，不断提高网球运动的水平。

第四章　组织机构及任务

第九条：组织机构

本会设主席一人，副主席若干人，秘书长一人、副秘书长若干人，聘请名誉主席、顾问等若干人。

本会的最高权力机构是委员大会

设常务委员会，由正、副主席，正、副秘书长组成。常务委员会任期三年。委员由各省在本地区经民主推荐派出2—3人担任，每年参加活动一次以上。

第十条：委员大学闭会期间由本务委员会主持日常工作，主要任务如下：

1.执行委员大会的决议。

2.指导、组织和推动各高校开展网球活动。

3.协商、推荐新的组织机构名单。

4.定期向委员大会汇报工作。

第十一条：常务委员会附设教学训练科研组竞赛裁判组，信息资料组织的工作机构。各组设组长一人，（必要时增加副组长）组长由常务委员会聘任。

第五章　经　费

第十二条：本会开展各项活动所需经费除有关领导部门拨款外，主要由社会赞助。

第六章　附　则

第十三条：本章程未尽事宜，由常务委员会修改示补充，解释权在常务委员会。

第十四条：本会会址挂靠在广州中山大学

地　址：广州新港西路中山大学体育部

电　话：425519

邮　编：510275

联系人：梁兆航　陈湛湘

一九九一年十月

二、首届全国大学生网球锦标赛

在连续举办了三届大学生网球邀请赛的基础上，在各高校相关老师的不懈倡导与努力下，中国大学生网球协会于1994年3月经国家教委批准宣布成立，并于当年8月举办了"万顺杯"第一届全国大学生网球锦标赛。这一届网球赛开创了中国大学生网球运动的先河，具有重要的里程碑意义，是值得纪念的大事。

拍摄于清华大学体育馆，孙建国收藏

（一）基本概况

"万顺杯"第一届全国大学生网球锦标赛于1994年8月8日—18日在浙江大学举行。8月6、7日两天时间报到，8月8日至18日共11天比赛日。浙江大学作为中国大学生网球协会第一届委员会主席单位而承办了本届赛事，浙江大学有二十余片土地网球场，其数量为全国高校第一。本届比赛除学生组，还同时举办了首届"元老杯"男子双打比赛。

竞赛规程中明确：

（1）此次比赛由主办单位为中国大学生体育协会，承办单位为浙江大学，参赛单位为"海峡两岸和港澳地区各普通高校"。

（2）学生组分甲、乙两组，甲组为"全日制正式注册的学生（外国留学生不得参加）""曾是专业队运动员，现为普通院校全日制正式注册的在校学生，……体育院、系学生可报名参加乙组单打比赛"。

（3）比赛项目包括"甲组男、女团体、单打、双打；乙组男、女单打"，男女团体"各报一队，单打各报二人，双打各一对；参加团体赛的运动员可兼报单打项目"。

（4）赛制："团体单、单、双打，三盘两胜制。团体赛场数2∶0时，第三场比赛不再进行。第一阶段分组循环，第二阶段再分两组循环赛，第三阶段同名次决赛。单、双打采用淘汰赛，增设附加赛"。

（5）经国家教委同意，原发竞赛规程第四届全国大学生网球赛应改成第一届（前三届均系邀请赛，是非正式赛事）。

（二）参赛情况

第一届全国大学生网球锦标赛有12个省市的27所学校124名运动员参加。其中，甲组学校25所，乙组学校3所（分别是北京体育大学、南京体育学院和浙江大学）；男选手78名，女选手46名。

表1-5　第一届全国大学生网球锦标赛各高校参赛情况

（1）中国科技大学（男4人）
（2）北京联大文理学院（男2人）
（3）黑龙江中医学院（女2人）
（4）暨南大学（男4人 女3人）
（5）北京体育大学（男乙组2人）
（6）中南工业大学（男1人 女1人）

续表

（7）深圳大学（男4人 女3人）
（8）福州大学（男4人 女1人）
（9）四川联合大学（男3人 女2人）
（10）北京国关休斯队（男4人 女2人）（现国际关系学院）
（11）华南建设学院（男3人 女3人）
（12）天津外国语学院（男3人 女3人）
（13）天津财经大学（男2人）
（14）江西财经学院（男4人 女4人）
（15）华南理工大学（男4人 女2人）
（16）清华大学（男3人）
（17）天津理工大学（男2人）
（18）西南石油学院（男4人）
（19）杭州大学（男1人）
（20）天津大学（男1人 女3人）
（21）中山大学（男4人 女2人）
（22）上海外国语学院（男4人）
（23）南京体院（男乙组2人）
（24）广东机械学院（男4人）
（25）四川成都电子大学（女1人）
（26）上海大学（男5人 女4人）
（27）浙江大学（男8人 女8人 女乙组1人）

根据三届邀请赛提供的宝贵经验，第一届全国大学生网球锦标赛设有甲、乙两个组别，分别进行团体、单打、双打几个比赛项目。

表1-6　第一届全国大学生网球锦标赛参赛项目

参赛项目	参赛情况	参赛项目	参赛情况
男子甲组团体	19队	男子甲组单打	37人
男子甲组双打	17对	女子甲组团体	12队
女子甲组单打	26人	女子甲组双打	9对
男子乙组单打	4人	男子乙组双打	2对

（三）成绩

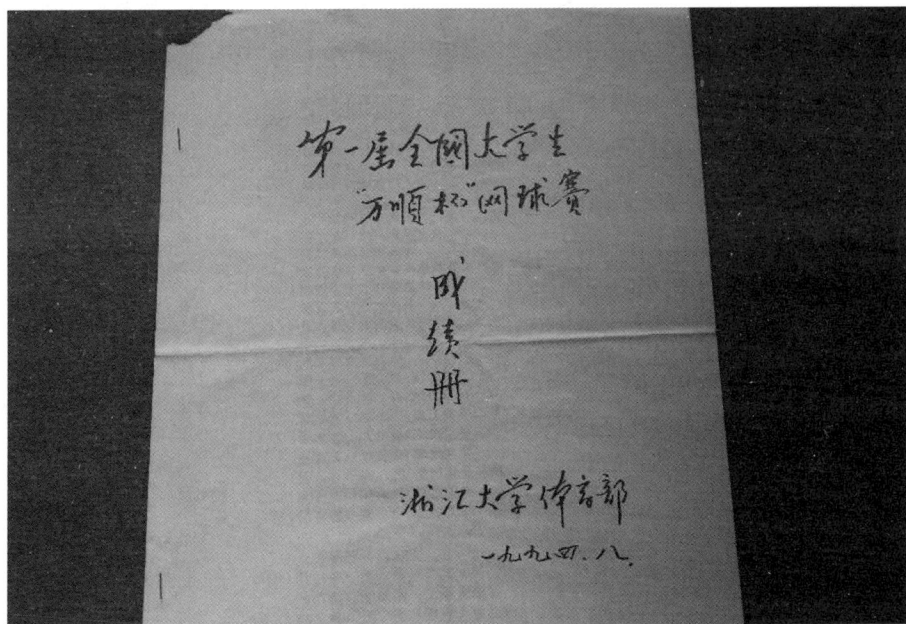

拍摄于清华大学体育馆 孙建国收藏

网球赛的金牌获得情况在一定程度上代表了高校网球竞赛的整体实力水平。根据表1-7数据不难发现，与三届邀请赛情况相同，第一届全国大学生网球锦标赛的金、银、铜全部奖牌几乎都被来自浙江、上海、广东三地的高校夺得，可以看到浙江大学、上海大学、中山大学和暨南大学、深圳大学这几所高校具有一贯强势的大学生网球竞赛水平，对学生的网球培养应该起步较早，较为系统成熟。其中，浙江大学作为中国大学生网球协会主席单位，在甲组、乙组项目中表现都十分出色，足见其拥有优质的教育资源和浓厚的校园网球氛围。学校教育的重视也进一步推动了学生网球水平的不断提升，同时也为中国大学生网球竞赛提供了强大的动力。

表1-7　第一届全国大学生网球锦标赛成绩

男子甲组团体

第一名　浙江大学一队

第二名　上海大学

第三名　深圳大学

第四名　中山大学

第五名　浙江大学二队

第六名　清华大学

第七名　北京国关休斯队

第八名　华南理工大学

女子甲组团体

第一名　浙江大学一队

第二名　上海大学

第三名　暨南大学

第四名　北京国关

第五名　天津大学

第六名　四川联合大学

男子甲组单打

第一名　邵　军（浙大一队）

第二名　华　伟（浙大一队）

第三名　邱伟汉（浙大一队）

第四名　江晓帆（上海大学）

第五名　刘美满（深圳大学）

第六名　张　剑（天津财院）

第七名　张建科（深圳大学）

第八名　瞿　岭（上海大学）

男子甲组双打

第一名　华　伟/陆卫平（浙大一队）

第二名　邱伟汉/张　广（上海大学）

第三名　顾志杰/赵俊东（深圳大学）

第四名　张　昊/苏启仲（国关学院）

第五名　詹　俊/罗海坚（中山大学）

第六名　田泽望/李云峰（四川联大）

女子甲组单打

第一名　徐　捷（浙大二队）

第二名　陆圆圆（上海大学）

第三名　胡　涛（浙大一队）

第四名　尹　莺（上海大学）

第五名　谭为权（暨南大学）

第六名　张　宇（天津外语）

第七名　孙一平（深圳大学）

第八名　黄　霄（天津大学）

女子甲组双打

第一名　徐　捷/胡　涛（浙大一队）

第二名　陆圆圆/饶懿琳（上海大学）

第三名　张文虹/黄　霄（天津大学）

第四名　谭为权/陈佩芳（暨南大学）

第五名　白　欣/何晓雁（浙大二队）

第六名　尹　雯/杨　凡（四川联大）

男子乙组单打

第一名　齐　斌（北京体院）

第二名　许内聪（南京体院）

第三名　周　晨（南京体院）

男子乙组双打

第一名　许内聪/周　晨（南京体院）

第二名　齐　斌/北　琦（北京体院）

（四）首届全国"元老杯"网球邀请赛

1994年4月18日，第一届全国大学生网球锦标赛组委会发布紧急通知，"大网赛"期间，为增添节日娱乐气氛和提高档次规格，特增设"元老杯"男子双打比赛，参加对象为中央、省、市老同志中的网球爱好者和高校中老教授，60岁以上（年满65周岁以上者可以搭配一位55周岁以上参赛），身体健康，均可报名，报名时需写明职务或职称。

通知发出后，28名来自高校、政府、事业单位的老年同志，组成了14支队伍，积极参与比赛。这届"元老杯"比赛开创了师生同场竞技的先例，在以后的大学生网球赛上都伴随着"元老杯""健康杯""教授杯""教练杯"以及"校长杯"，与大学生网球运动共同发展。尤其是从2001年举办"校长杯"网球赛开始，二十年的发展历程，参加校长组比赛的书记、校长越来越多，最重要的是他们的参与带动了更多学校加入大学生网球的大家庭。

表1-8 "万顺杯"第一届全国大学生网球锦标赛暨
首届全国"元老杯"网球邀请赛成绩

名次	获奖人员	获奖单位
第一名	肖宜雍/郭惠根	浙江大学
第二名	陈觉万/吴帅雄	华侨大学
第三名	程有仁/周凤升	浙江大学
第四名	黄 海/刘有延	华南理工大学
第五名	胡志绥/赵福生	华东理工大学
第六名	李明志/王学庆	江西财经学院

第二节　历届大网赛的举办情况

随着中国网球运动水平在国际网坛地位的提升，网球在高校内也越来越受欢迎。一年一度的全国大学生网球锦标赛为大学生网球爱好者搭建了切磋球艺、增进友谊的平台，经过二十余年的发展，已成为全国高校及社会最具影响力的网球盛会。

一、历届锦标赛参赛情况简介

（一）拉开序幕

为推动网球运动在大学生中广泛开展，提高大学生网球运动水平，培养网球运动的后备人才，为参加世界大学生运动竞赛做好准备，1994年3月中国大学生网球协会经国家教委批准正式成立。同年8月，第一届"万顺杯"全国大学生网球锦标赛在浙江大学举办，拉开了中国大学生网球竞技赛事的帷幕。

（二）历届赛事简介

中国大学生网球锦标赛虽已走过二十余载，其组织领导机构——中国大学生网球协会也于1994年正式组建，但由于多方面原因，大量资料未能系统地保存下来，这也造成我国对大学生网球竞赛史研究较为匮乏。考虑到原始数据的珍贵，这部分将搜集到的大网赛史料直接呈现出来，以期为读者后期开展大网赛研究作出微薄贡献。

1.1994年第一届全国大学生"万顺杯"网球锦标赛

"提高中国大学生网球运动水平，进一步推动大学生网球运动的开展，做好参与世界大学生网球竞赛活动的准备，通过比赛和交流，增进海峡两岸和港澳地区兄弟院校之间的团结和友谊，互相学习、共同提高，为我中华培养四化建设合格人才和体育后备人才作出贡献。"[1]

第一届全国大学生"万顺杯"网球锦标赛于1994年8月8—18日在浙江大学举办，来自12省市27所学校的127名运动员参加了比赛。其中，82名男生45名女生。本次比赛共设甲、乙两个组别，其中男子甲组78人，女子甲组43人，男子乙组4人，女子乙组2人。以下为各省高校参赛情况：

广东省 （6所 男23人 女13人 总计36人）

中山大学	4	2	1	0
暨南大学	4	3	0	0
深圳大学	4	3	0	0
华南理工大学	4	2	0	0
华南建设学院	3	3	0	0
广东机械学院	4	0	0	0

北京市 （4所 男11人 女2人 总计13人）

国际关系学院	4	2	0	0
清华大学	3	0	0	0
北京体育学院	0	0	2	0
北京联合大学文理学院	2	0	0	0

天津市 （4所 男8人 女6人 总计14人）

天津外语学院	3	3	0	0

---

[1] 摘录自1994年第一届全国大学生"万顺杯"网球锦标赛竞赛规程"开场白（宗旨）"的叙述。

天津大学	1	3	0	0
天津财经大学	2	0	0	0
天津理工大学	2	0	0	0

四川省（3所 男7人 女3人 总计10人）

西南石油学院	4	0	0	0
四川联合大学	3	2	0	0
四川成都电子大学	0	1	0	0

上海市（2所 男9人 女5人 总计14人）

上海大学	5	4	0	1
上海外语学院	4	0	0	0

浙江省（2所 男9人 女8人 总计17人）

浙江大学	8	8	0	0
杭州大学	1	0	0	0

江西省（1所 男4人 女4人 总计8人）

江西财经学院	4	4	0	0

福建省（1所 男4人 女1人 总计5人）

福州大学	4	1	0	0

安徽省（1所 男4人 女0人 总计4人）

中国科技大学	4	0	0	0

江苏省（1所 男2人 女0人 总计2人）

南京体育学院	0	0	2	0

黑龙江省（1所 男0人 女2人 总计2人）

黑龙江中医学院	0	2	0	0

湖北省（1所 男1人 女1人 总计2人）

中南工业大学	1	1	0	0

注：数据分别表示男甲组、女甲组、男乙组、女乙组参赛人数。

2.1995年第二届全国大学生网球赛

第二届全国大学生网球赛于1995年8月10日—20日在江西财经学院举行，来自全国13省市26所学校的116名运动员齐聚红色革命根据地——江西省南昌市。下面是这届比赛的简介。

第二届全国大学生网球赛　贺词

全国政协原副主席 中国网球协会名誉主席 吕正操 题词

为了增强大学生体质，

要在大学里普及网球运动。

吕正操

一九九五年四月五日

国家体委主任 伍绍祖 题词

祝大学生网球赛 圆满成功

伍绍祖

一九九五年五月十日

中国科协副主席、中国科学院副院长、

浙江大学校长、中国大网协名誉主席 路甬祥 题词

健身坚志 社会栋梁

贺第二届大学生网球赛

路甬祥 乙亥辰

财政部副部长 刘积斌 题词

开展网球运动 增强师生体质

贺第二届全国大学生网球赛

在江西财经学院举行

刘积斌 乙亥夏

原国家教委副主任、中国大学生体协主席、中国大网协总顾问

邹时炎 题词

祝贺第二届大学生网球赛在江西财院举行

弘扬体德 竞赛球艺

邹时炎

一九九五年三月廿日于北京

· 25 ·

国家教委副主任 柳 斌　题词

发展体育运动 提高身体素质

第二届中国大学生网球赛 开幕之贺

柳 斌 [印章]

江西省人大常委会副主任 陈癸尊　题词

切磋球艺 健身强国

题赠

第二届全国大学生网球赛

陈癸尊

一九九五年八月

财政部人事教育司司长 刘长琨　题词

增强体质 增进友谊

刘长琨

九五年七月

中国大网协主席、浙江大学副校长 吴世明　题词

发展中国大学生网球运动

走出国门 走向世界

书为第二届全国大学生网球锦标赛

一九九五年七月

吴世明 [印章]

第二届全国大学生网球赛暨"元老杯"赛简介如下。

（1）比赛时间：1995年8月10日—20日

（2）比赛地点：江西财经学院

（3）裁判长：郎荣奎（浙江大学）

裁判员：李群伟（江西财院）　　冯菲（暨南大学）

曲修国（天津外院）　　杨学明（西南石油）

裁判员共有36名。

（4）竞赛项目：男子甲组单打、双打　　女子甲组单打、双打

男子乙组单打　　　　女子乙组单打

（5）参赛学校：（26所学校　13省/市）

清华大学：

教练：孙建国（男甲4人/女甲3人）；

第一届参赛校，除男队外又派女队参加，男队只有王鉴文参加过上届比赛。

福州大学：

教练：李江川（女甲2人）；

第一届参赛校，本届参赛队较上届减少，只派出两名女运动员。

天津大学：

领队：邢庆和　教练：朱保尔（男甲2人/女甲2人）；

第一届参赛校，参赛运动员较上届减少，男队只有王春峰和女队两名运动员参加过上届比赛。

黑龙江中医学院：

领队：徐成　教练：杨福春（兼）（男甲1人/女甲1人/男乙1人）；

第一届参赛校，只有女队姚素媛参加过上届比赛，本届又增加了男乙组一名运动员（兼教练）。

浙江农业大学（男甲1人）：

第一次派队参赛，只有一名运动员参加，可能属个体网球爱好者。

深圳大学：

领队：陈小春　教练：万科（男甲4人）；

第一届参赛校，派出的运动员较上届大为减少，只有男队四名新手参加。

中山大学：

领队/教练：陈湛湘（男甲4人/女甲2人）；

第一届参赛校，参赛阵容缩小，只派男女共六名运动员参加，其中男队的詹俊、罗海坚参加过上届比赛。

广东工业大学（兰通电子有限公司队/广东机械学院）：

领队：曾志成　教练：周浩（男甲4人/女甲1人）；

第一届参赛校，这届派出的男子组的四名运动员有三名参加过第一届比赛，分别是范智明、李政晟和陆兆铭。

四川联合大学：

领队：沈际洪　教练：吴奇章（男甲3人/女甲2人）；

第一届参赛校，男队的李云峰、田泽望两人参加过第一届比赛。

重庆大学：

领队：王福兴　教练：李建国（男甲2人/女甲3人）；

第一次派队参赛。

暨南大学：

领队：张军　教练：刘上行（男甲4人/女甲4人）

第一届参赛校，参赛队伍与上届相当，男队的陈任远、刘翔和女队的谭为权、陈佩芳都曾参加过第一届比赛。

厦门大学：

领队：潘晋明　教练：刘玉达（男甲4人）；

第一次派队参赛。

天津外国语学院：

领队：韩增源　教练：董志康（男甲4人）；

第一届参赛校，本届比赛只派出男队参加。

上海大学：

领队：张勇　教练：龚同椿、张伟林（男甲4人　女甲3人）；

第一届参赛校，男队的应梁、翟岭和女队的饶懿琳、尹莺、舒兰都是上届参赛的运动员。

西南石油学院：

领队：张明洪　教练：杨学明、董保善（男甲4人）；

第一届参赛校，参赛的男选手只有包蕾参加过上届比赛。

华东理工大学：

领队/教练：赵赟（男甲2人/女乙1人）；

第一次派队参赛。

江西师范大学：

领队/教练：刘江平（男甲3人）；

第一次派队参赛。

武汉经贸大学（男甲1人）：

第一次派队参赛，可惜只有一名运动员参加，可能与浙江农大情况相同。

华南师范大学：

教练：何韶阳（男甲3人）；

第一次派队参赛。

华南理工大学：

领队/教练：韦嘉精（男甲4人/女甲4人）；

第一届参赛校，女队只有黎佩琳参加过上届比赛，参赛队伍与上届相同。

河南师范大学（男甲1人）：

第一次派人参赛，但只有一名运动员。

浙江大学：

领队：曾国熙　教练：虞力宏、励彤（兼）（男甲4人/女甲4人/女乙1人，队伍名称纽约富春队）；

第一届参赛校，参赛队伍与上届不同，只派男女甲组各一队和女乙一名，参赛队伍中男队员的邵军、陆卫平、张广和女队的胡涛、牛丽江、姚春荣、白欣参加过上届比赛，女队原班人马。

南昌大学：

领队：刘文春　教练：熊建平（男甲4人）；

第一次在家门口作战。

南京体育学院：

领队：浦民欣　教练：张克荣、（男乙2人/女乙2人）；

第一届参赛校，上届只派出男乙组两名运动员参赛，本届比赛又增加了女乙组两名选手参加。

上海体育学院：

教练：史芙英（男乙2人/女乙2人）；

第一次参赛，是参加全国大网赛的第三所体育专业院校。

江西财经学院：

领队：王泽和　教练：王学庆、齐建麟（男甲4人/女甲4人）；

第一届参赛校，参赛队伍较上届基本属全新的阵容。

总结：

第二届参赛规模与首届比赛相差不大。第一届参赛校中有11所学校未参加本届比赛：中国科技大学、北京联合大学、北京体育学院、中南工业大学、国际关系学院、华南建设学院、天津财经大学、天津理工大学、杭州大学、上海外语学院和电子科技大学。第一次参加本届比赛的学校有10所。参赛运动员情况如下：118名运动员（男77名 女41名）；男子甲组：23所72人；女子甲组：12所35人；男子乙组：3所5人；女子乙组：4所6人；男甲单打：57人；女甲单打：30人；男乙单打：5人；男甲双打：32对；女甲双打：13对；女乙单打：6人。"元老杯"赛方面，继1994年第一届全国大网赛"元老杯"比赛，这是第二届"元老杯"比赛，参赛学校和人数有大幅提升。从第一届的10所学校30人，到第二届的16所学校60人。

第二届全国大学生网球赛于1995年8月10—20日在江西财经学院举办，来自13省市26所学校的117名运动员参加了比赛，其中76名男生41名女生；本次比赛共设甲、乙两个组别，其中男子甲组57人，女子甲组31人，男子乙组5人，女子乙组6人。以下为各省高校参赛情况：

广东省（6所 男23人 女11人 总计34人）

华南理工大学	4	4	0	0
暨南大学	4	4	0	0
中山大学	4	2	0	0
广东工业大学	4	1	0	0
深圳大学	4	0	0	0
华南师范大学	3	0	0	0

江西省（3所 男11人 女4人 总计15人）

江西师范大学	4	4	0	0
南昌大学	4	0	0	0
江西财经学院	3	0	0	0

上海市 （3所 男8人 女6人 总计14人）

上海大学	4	3	0	0
华东理工大学	2	0	0	1
上海体育学院	0	0	2	2

浙江省 （2所 男5人 女5人 总计10人）

| 浙江大学 | 4 | 4 | 0 | 1 |
| 浙江农业大学 | 1 | 0 | 0 | 0 |

四川省 （2所 男7人 女2人 总计9人）

| 四川联合大学 | 3 | 2 | 0 | 0 |
| 西南石油学院 | 4 | 0 | 0 | 0 |

天津市 （2所 男6人 女2人 总计8人）

| 天津大学 | 2 | 2 | 0 | 0 |
| 天津外国语学院 | 4 | 0 | 0 | 0 |

北京市 （1所 男4人 女3人 总计7人）

| 清华大学 | 4 | 3 | 0 | 0 |

福建省 （2所 男4人 女2人 总计6人）

| 福州大学 | 0 | 2 | 0 | 0 |
| 厦门大学 | 4 | 0 | 0 | 0 |

重庆市 （1所 男2人 女3人 总计5人）

| 重庆大学 | 2 | 3 | 0 | 0 |

江苏省 （1所 男2人 女2人 总计4人）

| 南京体育学院 | 0 | 0 | 2 | 2 |

黑龙江 （1所 男2人 女1人 总计3人）

| 黑龙江中医学院 | 1 | 1 | 1 | 0 |

湖北省 （1所 男1人 女0人 总计1人）

| 武汉经贸大学 | 1 | 0 | 0 | 0 |

河南省 （1所 男1人 女0人 总计1人）

| 河南师范大学 | 1 | 0 | 0 | 0 |

注：数据分别表示男甲组、女甲组、男乙组、女乙组参赛人数。

3.1996年第三届全国大学生王子杯网球赛

"为了推动网球运动在大学生中广泛开展，提高大学生网球运动水平，培养网球运动的后备人才，为参加世界大学生运动竞赛做好准备，展示跨世纪合格人才的精神风貌，互通信息、借鉴思路、促进改革、展示未来，特举办本届网球比赛。"①

第三届全国大学生网球赛于1996年7月21—30日在四川联合大学举办，来自9省市17所学校的85名运动员参加了比赛，其中57名男生28名女生。本次比赛共设甲、乙两个组别，学生男女甲组只设团体赛，乙组只设单打。其中男子甲组17个团体队，女子甲组8个团体队，乙组无运动员参赛。以下为各省高校参赛情况：

四川省（4所 男14人 女10人 总计24人）

四川联合大学	4	4
西南石油学院	4	3
西南交通大学	3	0
攀枝花大学	3	3

广东省（4所 男12人 女7人 总计19人）

广东机械学院	4	3
中山大学	4	4
深圳大学	4	0
华南师范大学（秩序册注明"名单未定"）		

上海市（2所 男8人 女3人 总计11人）

华东理工大学	4	0
上海大学	4	3

浙江省（1所 男4人 女4人 总计8人）

浙江大学	4	4

广西壮族自治区（1所 男3人 女4人 总计7人）

广西大学	3	4

---

① 摘录自1996年第三届全国大学生网球赛竞赛规程"开场白（宗旨）"的叙述。

福建省（2所 男6人 女0人 总计6人）

福州大学	2	0
华侨大学	4	0

江西省（1所 男4人 女0人 总计4人）

江西财经学院	4	0

甘肃省（1所 男3人 女0人 总计4人）

兰州大学	3	0

北京市（1所 男3人 女0人 总计3人）

国际关系学院	3	0

注：数据分别表示男甲组、女甲组参赛人数。

4.1998年第一届亚洲大学生网球邀请赛暨第四届"天龙杯"全国大学生网球赛

"为提高中国大学生网球运动技术水平，促进亚洲大学生网球运动的开展，增进亚洲地区大专院校间的交流友谊。"①

第一届亚洲大学生网球邀请赛暨第四届"天龙杯"全国大学生网球锦标赛于1998年8月18—28日在浙江大学举办；来自国内10省市22所学校的113名运动员参加了比赛，其中60名男生53名女生；还邀请了国外来自7个国家8所学校的30余名运动员参加了比赛。本次比赛共设团体、单打、双打三个项目，根据秩序册上团体分组表显示，男子组共24个团体队，其中17个来自国内；女子组共20个团体队，其中17个来自国内；秩序册上分别设置48个男子单打、43个女子单打、24对男子双打、20对女子双打的签位。以下为各地高校参赛情况：

国内学生组参赛人数统计（10省 22所 男60人 女53人 总计113人）

广东省（5所 男18人 女14人 总计32人）

中山大学	男3人	女3人
暨南大学	男3人	女3人

---

① 摘录自1998年第四届全国大学生网球赛竞赛规程"开场白（宗旨）"的叙述。

深圳大学	男4人	女2人
华南理工大学	男4人	女3人
广东工业大学	男4人	女3人

上海市（4所 男5人 女7人 总计12人）

上海大学	男3人	女2人
上海交通大学	女1人	女0人
华东理工大学	男2人	女2人
上海外国语大学	男0人	女1人

北京市（3所 男11人 女9人 总计20人）

北京大学	男4人	女5人（留学生2人）
清华大学	男4人	女4人
北方交通大学	男3人	女0人

四川省（2所 男6人 女2人 总计8人）

西南石油大学	男3人	女0人
四川联合大学	男3人	女2人

江西省（1所 男3人 女2人 总计5人）

江西财经大学	男3人	女2人

广西壮族自治区（1所 男3人 女2人 总计5人）

广西大学	男3人	女2人

甘肃省（1所 男3人 女0人 总计3人）

兰州大学	男3人	女0人

天津市（1所 男0人 女2人 总计2人）

天津大学	男0人	女2人

浙江省（1所 男7人 女6人 总计13人）

浙江大学	男7人	女6人（2队）

香港特区（3所 男4人 女9人 总计13人）

香港科技大学	男0人	女1人
香港理工大学	男4人	女4人
香港中文大学	男0人	女4人

国外参赛学校（8所）

孟加拉	队员9人	
土耳其	男队3人	
韩国明知大学校	男队2人	女队2人
菲律宾	男队4人	女队4人
巴勒斯坦	男队4人	
日本东京工业大学	男队5人	女队1人

沙特阿拉伯王国法赫德国王石油矿业大学男队

日本青山大学

这次赛事的亮点是，首次以亚洲为名举办大学生网球赛（也是截至目前的唯一一次），邀请到国外来自7个国家8所学校的30余名运动员参加了比赛，充分彰显了这次比赛的国际化，对于促进体育文化的交流起到了重要作用。但遗憾的是，之后再未坚持举办，成了大学生网球锦标赛历程中昙花一现的一幕。我们之所以将这次赛事纳入全国大学生网球赛历届中的一次，是因为举办这次亚洲大学生网球赛事，使得全国大网赛便没有举办，而这次亚洲杯又承担起了全国大网赛的功能，所以被称为第四届全国大学生网球锦标赛，满足了国内各高校的参赛需求。

5.2000年"天龙杯"第五届全国大学生网球锦标赛

"通过比赛提高中国大学生网球运动水平，进一步推动大学生网球运动的开展，做好参与世界大学生网球竞赛活动的准备。举办"校（院）长杯""元老杯"赛，旨在增进兄弟院校之间的团结和友谊，互相学习、借鉴思路、共同发展，为实施"科教兴国"战略作出更大的贡献。"[①]

第五届全国大学生网球赛于2000年8月1日—10日在河南师范大学举办，来自8省市12所学校的53名运动员参加了比赛，其中33名男生20名女生。本次比赛共设甲、乙两个组别，其中男子甲组28人，女子甲组17人，男子乙组5人，女子乙组3人。以下为各省高校参赛情况：

---

① 摘录自2000年第五届全国大学生网球赛竞赛规程"开场白（宗旨）"的叙述。

北京市（3所 男4人 女7人 总计11人）

北京大学	2	2	0	0
北京联大	0	1	0	0
中央民大	0	4	0	0
北京航空	2	0	0	0

广东省（2所 男13人 女5人 总计18人）

华南理工	4	4	2	0
暨南大学	4	0	3	1

上海市（1所 男2人 女4人 总计6人）

上海大学	2	2	0	2

浙江省（1所 男4人 女3人 总计7人）

浙江大学	4	3	0	0

四川省（1所 男4人 女0人 总计4人）

西南石油	4	0	0	0

湖北省（1所 男4人 女0人 总计4人）

华中科大	4	0	0	0

福建省（1所 男0人 女1人 总计1人）

厦门大学	0	1	0	0

河南省（1所 男2人 女0人 总计2人）

焦作工学院	2	0	0	0

注：数据分别表示男甲组、女甲组、男乙组、女乙组参赛人数。

6.2001年"巴士杯"全国第七届大学生网球锦标赛

"为提高大学生网球运动技术水平，促进大学生网球运动的广泛开展，增进各兄弟院校之间的交流，特举办"巴士杯"全国第七届大学生网球锦标赛"[1]

第六届全国大学生网球赛于2001年7月31日—8月6日在上海大学举办，

---

[1] 摘录自2001年第七届全国大学生网球赛竞赛规程"开场白（宗旨）"的叙述。

来自12省市25所学校的132名运动员参加了比赛，其中86名男生46名女生。本次比赛共设甲、乙两个组别，甲组设有团体、单打、双打三个项目，乙组未设团体赛，只有单打、双打项目。其中男子甲组团体22队、单打44人、双打22对，女子甲组团体12队、单打28人、双打13对，男子乙组单打8人、双打3对，女子乙组单打7人、双打2对。以下为各省高校参赛情况：

江苏省（6所 男14人 女3人 总计17人）

南京师大	4	2	0	0
江阴职大	4	0	0	0
南京农大	2	0	0	0
中国矿大	2	0	0	0
南京大学	2	0	0	0
华东船舶	0	1	0	0

北京市（5所 男11人 女8人 总计19人）

清华大学	4	3	0	0
北京邮电	2	0	0	0
北京大学	2	3	0	0
北京联大	0	2	0	0
北京航空	3	0	0	0

广东省（3所 男18人 女11人 总计29人）

华南理工	5	4	1	0
暨南大学	4	2	4	2
中山大学	4	3	0	0

香港特区（1所 男6人 女5人 总计11人）

香港理工	6	5	0	0

上海市（3所 男12人 女13人 总计25人）

上海交大	0	2	4	1
上海大学	3	3	1	3
华东理工	4	4	0	0

浙江省（1所 男4人 女4人 总计8人）

浙江大学	4	4	0	0

江西省（1所 男4人 女2人 总计6人）

    江西财大   4   2   0   0

湖北省（1所 男4人 女0人 总计4人）

    华中科大   4   0   0   0

四川省（1所 男4人 女0人 总计4人）

    西南石油   4   0   0   0

天津市（1所 男4人 女0人 总计4人）

    天津理工   4   0   0   0

陕西省（1所 男3人 女0人 总计3人）

    西安交大   3   0   0   0

澳门区（1所 男2人 女0人 总计2人）

    澳门体联   2   0   0   0

注：数据分别表示男甲组、女甲组、男乙组、女乙组参赛人数。

7.2002年第八届全国大学生网球锦标赛

"为提高大学生网球运动技术水平，促进大学生网球运动的广泛开展，增进各兄弟院校之间的交流，特举办全国第八届大学生网球锦标赛"[1]。

第八届全国大学生网球赛于2002年7月23日—29日在暨南大学举办，来自13省市25所学校的138名运动员参加了比赛，其中85名男生53名女生。本次比赛共设甲、乙两个组别，均设有团体、单打、双打项目；男子甲组团体21队、单打37人、双打16对，女子甲组团体14队、单打24人、双打10对，男子乙组、团体6队、单打10人、双打4对，女子乙组团体7队、单打12人、双打4对。以下为各省高校参赛情况：

江苏省（5所 男14人 女6人 总计20人）

    南京师大   4   3   0   1

    江阴职大   3   0   1   0

    南京农大   1   1   0   0

---

[1] 摘录自2002年第八届全国大学生网球赛竞赛规程"开场白（宗旨）"的叙述。

中国矿大	3	1	0	0
华东船舶	2	0	0	0

北京市 （4所 男14人 女9人 总计23人）

清华大学	2	2	0	0
北京邮电	3	0	0	0
北京大学	4	3	0	0
国关学院	5	4	0	0

上海市 （3所 男13人 女13人 总计26人）

上海交大	0	2	5	3
上海大学	4	2	1	3
华东理工	3	3	0	0

广东省 （2所 男15人 女8人 总计23人）

华南理工	5	4	0	0
暨南大学	5	0	5	4

湖北省 （2所 男4人 女2人 总计6人）

武汉体院	0	0	2	2
同济医学	2	0	0	0

浙江省 （2所 男6人 女4人 总计10人）

浙江大学	4	4	0	0
浙江工大	2	0	0	0

福建省 （1所 男1人 女0人 总计1人）

厦门大学	1	0	0	0

江西省 （1所 男3人 女2人 总计5人）

江西财大	3	2	0	0

四川省 （1所 男5人 女0人 总计5人）

西南石油	5	0	0	0

天津市 （1所 男0人 女2人 总计2人）

中国民航	0	2	0	0

香港特区 （1所 男5人 女4人 总计9人）

香港理工	5	4	0	0

辽宁省（1所 男1人 女1人 总计2人）

东北财大	1	0	0	1

陕西省（1所 男4人 女2人 总计6人）

西安体院	0	0	4	2

注：数据分别表示男甲组、女甲组、男乙组、女乙组参赛人数。

8.2004年"天龙·纵横杯"第九届全国大学生网球锦标赛

"为进一步提高中国大学生网球运动水平，促进中国大学生网球运动更加广泛地开展，增进各兄弟院校之间的交流，特举办"天龙·纵横杯"全国第九届大学生网球锦标赛"。[1]

第九届全国大学生网球赛于2004年7月10日—16日在西南石油大学举办，来自13省市39所学校的199名运动员参加了比赛，其中118名男生81名女生。本次比赛共设甲、乙两个组别，其中男子甲组团体29队，女子甲组团体21队，男子乙组团体5队，女子乙组团体4队。以下为各省高校参赛情况：

上海市（8所 男24人 女18人 总计42人）

上海交大	0	2	5	5
上海理工	2	0	0	0
上海外贸	3	2	0	0
上海立信	3	2	0	0
上海金融	2	2	0	0
上海大学	2	2	2	0
上海电力	1	0	0	0
华东理工	4	3	0	0

北京市（6所 男15人 女13人 总计28人）

北京大学	4	4	0	0
北京化工	4	1	0	0
清华大学	2	2	0	0

---

① 摘录自2004年第九届全国大学生网球竞赛规程"开场白（宗旨）"的叙述。

中央民大	0	3	0	0
国关学院	4	3	0	0
人民大学	1	0	0	0

四川省（5所 男16人 女10人 总计26人）

四川师大	4	2	0	0
电子科大	1	1	0	0
四川大学	3	2	0	0
西南石油	4	3	0	0
西南财大	4	2	0	0

江苏省（4所 男10人 女3人 总计13人）

南京师大	3	0	1	0
南京农大	2	0	0	1
中国矿大	2	2	0	0
华东船舶	2	0	0	0

广东省（4所 男24人 女21人 总计45人）

深圳大学	8	4	2	2
华南理工	0	2		
中山大学	3	3	3	2
暨南大学	4	4	4	4

江西省（3所 男7人 女4人 总计11人）

华东交大	3	0	0	0
南昌大学	0	3	0	0
江西财大	4	1	0	0

湖北省（3所 男7人 女2人 总计9人）

华中师大	2	0	0	0
华中科大	0	0	1	2
武汉理工	4	0	0	0

重庆市（1所 男2人 女0人 总计2人）

重庆大学	2	0	0	0

浙江省（1所 男4人 女4人 总计8人）

浙江大学	4	4	0	0

天津市（1所 男3人 女0人 总计3人）

天津理工	3	0	0	0

香港特区（1所 男4人 女2人 总计6人）

香港中文	4	2	0	0

云南省（1所 男0人 女4人 总计4人）

云南财贸	0	3	0	1

福建省（1所 男2人 女0人 总计2人）

厦门大学	2	0	0	0

注：数据分别表示男甲组、女甲组、男乙组、女乙组参赛人数。

9.2005年"玛麒杯"第十届全国大学生网球锦标赛

第十届全国大学生网球赛于2005年7月25日—28日在中国矿业大学（江苏省）举办，来自14省市41所学校的220名运动员参加了比赛。值得注意的是，这一年同时举办了校长杯，各高校均派出校长组、教授组、教练组，这极大地提高了参赛高校数量。以下为各省高校参赛情况：

江苏省	学生组7所	校长组5所	教授组3所	教练组7所
上海市	学生组6所	校长组4所	教授组2所	教练组4所
北京市	学生组5所	校长组1所		教练组3所
广东省	学生组4所	校长组3所	教授组2所	教练组1所
湖北省	学生组4所	校长组4所	教授组3所	教练组2所
江西省	学生组4所	校长组3所	教授组1所	教练组2所
四川省	学生组3所	校长组3所	教授组2所	教练组1所
黑龙江	学生组2所	校长组2所		教练组1所
浙江省	学生组1所	校长组1所	教授组1所	教练组2所
山东省	学生组1所	校长组1所	教授组1所	教练组1所
河南省	学生组1所	校长组7所	教授组1所	教练组2所
吉林省	学生组1所	校长组2所	教授组1所	教练组1所
重庆市		校长组1所	教授组1所	教练组1所

香港特区	学生组1所	教练组1所
云南省	学生组1所	教练组1所
河北省	校长组1所	

10.2006年"天龙体育杯"第十一届全国大学生网球锦标赛

第十一届全国大学生网球赛于2006年7月17日—23日在武汉体育学院举办，来自14省市41所学校的222名运动员参加了比赛，其中137名男生85名女生。本次比赛共设甲、乙两个组别，其中男子甲组103人，女子甲组55人，男子乙组34人，女子乙组30人。以下为各省高校参赛情况：

上海市（4所 男11 女10 总计21人）

上海交大	0	0	2	4
华东理工	0	4	0	0
上海大学	3	2	2	0
上海外贸	4	0	0	0

北京市（6所 男15 女12 总计27人）

北京大学	4	2	0	0
中央民大	0	3	0	0
国关学院	3	0	0	0
清华大学	0	2	0	0
北京化工	5	0	0	3
首都体院	0	0	3	2

广东省（4所 男30 女26 总计56人）

中山大学	4	0	0	2
华南理工	6	4	4	4
暨南大学	5	4	4	4
深圳大学	4	4	4	4

江苏省（4所 男10 女1 总计11人）

江苏科大	2	1	1	0
徐州工程	2	0	0	0
中国矿大	3	0	0	0

南京农大	2	0	0	0

江西省（5所 男17 女3 总计20人）

江西农大	3	0	0	0
华东交大	5	0	0	0
江西财大	4	0	1	0
南昌大学	0	2	0	0
江西师大	4	1	0	0

四川省（3所 男10 女6 总计16人）

四川大学	3	2	0	0
西南石油	3	2	0	0
西南财大	4	2	0	0

湖北省（4所 男16 女4 总计20人）

武汉大学	6	0	0	0
武汉理工	2	0	0	0
华中师大	4	0	1	1
武汉体院	0	0	3	3

香港特区（2所 男2 女10 总计12人）

香港理工	0	6	0	0
香港中文	2	4	0	0

重庆市（2所 男3 女2 总计5人）

重庆大学	1	0	0	0
西南大学	0	0	2	2

天津市（3所 男10 女4 总计14人）

天津大学	4	0	0	0
天津外语	2	2	2	0
天津科大	2	2	0	0

浙江省（1所 男6 女4 总计10人）

浙江大学	4	4	2	0

云南省（1所 男0 女3 总计3人）

云南财大	0	2	0	1

黑龙江省（1所 男3 女0 总计3人）

    哈商大   3   0   0   0

河北省（1所 男4 女0 总计4人）

    河北体院   0   0   4   0

注：数据分别表示男甲组、女甲组、男乙组、女乙组参赛人数。

11.2007年第一届"索尼爱立信"全国大学生网球联赛

2007年第一届"索尼爱立信"全国大学生网球联赛于2007年10月在清华大学举办，来自54所学校的130支团体代表队441名运动员参加了第一阶段分区赛。其中，东赛区共14所大学28支团体代表队105名运动员，南赛区共9所大学37支团体代表队98名运动员，西赛区共13所大学33支团体代表队115名运动员，北赛区共16所大学32支团体代表队123名运动员。第一阶段分区赛比赛成绩见表1-9。

表1-9　第一阶段分区赛前四名代表队

东赛区				
男子甲组	浙江大学	上海外贸	上海交大	上海立信
女子甲组	上海海事	上海大学	上海财大	上海立信
男子乙组	浙江大学	上海交大	上海财大	南京师大
女子乙组	浙江大学	华东理工	上海交大	上海大学
南区				
男子甲组	深圳大学	江西财大		
女子甲组	外语外贸	华南农大	暨南大学	
男子乙组	暨南大学	集美大学	华南理工	
女子乙组	深圳大学	华南理工	暨南大学	
西赛区				
男子甲组	西南石油	西南大学		
女子甲组	西南石油	西南财大		

男子乙组 西南大学 西南石油

女子乙组 西南大学 电子科大

北赛区

男子甲组 北京大学 清华大学 中国地质

女子甲组 中央民大 北京化工

男子乙组 北京体大 首都体院

女子乙组 北京体大 北京化工 首都体院 清华大学

以下为第二阶段总决赛参赛学校：

东赛区

浙江大学 男子甲组 男子乙组 女子乙组

上海大学 女子甲组

上海海事 女子甲组

上海外贸 男子甲组

上海交大 男子乙组

华东理工 女子乙组

南赛区

深圳大学 男子甲组 女子乙组

集美大学 男子乙组

暨南大学 男子乙组

华南理工 女子乙组

华南农大 女子甲组

外语外贸 女子甲组

西赛区

西南大学 男子甲组 男子乙组 女子乙组

西南石油 男子甲组 女子甲组 男子乙组

西南财大 女子甲组

电子科大 女子乙组

江西财大 男子甲组

北赛区

北京化工　男子甲组　女子甲组　女子乙组

北京体大　男子乙组　女子乙组

清华大学　男子甲组

中央民大　女子甲组

首都体院　男子乙组

12.2007年第十二届全国大学生"天龙杯"网球锦标赛

第十二届全国大学生网球赛于2007年8月1日—7日在哈尔滨商业大学举办，来自16省市42所学校的252名运动员参加了比赛，其中160名男生92名女生。本次比赛共设甲、乙、丙三个组别，但秩序册未显示参赛项目，其中男子甲组团体27队、女子甲组团体15队、男子乙组团体20队、女子乙组团体14队、男子丙组团体9队、女子丙组团体6队。以下为各省高校参赛情况：

北京市（7所 男17人 女13人 总计30人）

校名	男甲	女甲	男乙	女乙	男丙	女丙
北京化工	4	3	1			2
清华大学	4			1		
北京交大	3	2				
北京大学	2	2				
中央民大		3				
国关学院	2					
中国地大	1					

上海市（6所 男23人 女15人 总计38人）

校名	男甲	女甲	男乙	女乙	男丙	女丙
华东理工			2	4		
上海交大	4				2	2
上海财大	1		5	1		
上海大学	3	4			2	2
上海外贸	3	1				
上海立信	1	1				

江苏省（5所 男14人 女6人 总计20人）

校名	男甲	女甲	男乙	女乙	男丙	女丙
南京师大			2	2	1	1
盐城工院	4	2				
江苏科大			2	1		
中国矿大			4			
南京农大			1			

广东省（4所 男33人 女15人 总计48人）

校名	男甲	女甲	男乙	女乙	男丙	女丙
广东工大	4	3	2		2	1
暨南大学			4	4	4	3
华南理工	2		4		5	
华南师大	3		3	4		

四川省（3所 男12人 女13人 总计25人）

校名	男甲	女甲	男乙	女乙	男丙	女丙
西南石油	4	5	4	3		
西南财大	4	3				
四川大学					2	

湖北省（3所 男12人 女3人 总计15人）

校名	男甲	女甲	男乙	女乙	男丙	女丙
华中科大	2	2	2			
武汉理工					4	1
华中师大	4					

黑龙江省（3所 男7人 女0人 总计7人）

校名	男甲	女甲	男乙	女乙	男丙	女丙
哈体院			4			
哈商大	2					
哈医大	1					

重庆市（2所 男8人 女7人 总计15人）

校名	男甲	女甲	男乙	女乙	男丙	女丙

校名	男甲	女甲	男乙	女乙	男丙	女丙
西南大学			5	5	2	2
重庆大学	1					

江西省（2所 男10人 女4人 总计14人）

校名	男甲	女甲	男乙	女乙	男丙	女丙
江西财大	3	3	1	1	3	
江西农大	3					

浙江省（1所 男7人 女4人 总计11人）

校名	男甲	女甲	男乙	女乙	男丙	女丙
浙江大学	3		4	4		

天津市（1所 男7人 女2人 总计9人）

校名	男甲	女甲	男乙	女乙	男丙	女丙
天津外语			3	2	4	

河南省（1所 男5人 女3人 总计8人）

校名	男甲	女甲	男乙	女乙	男丙	女丙
中原工院	2	2	2	1	1	

云南省（1所 男0人 女4人 总计4人）

校名	男甲	女甲	男乙	女乙	男丙	女丙
云南财大				3		1

广西壮族自治区（1所 男3人 女0人 总计3人）

校名	男甲	女甲	男乙	女乙	男丙	女丙
桂林电子	3					

香港特区（1所 男0人 女3人 总计3人）

校名	男甲	女甲	男乙	女乙	男丙	女丙
香港中文		3				

山东省（1所 男2人 女0人 总计2人）

校名	男甲	女甲	男乙	女乙	男丙	女丙
济南大学			2			

注：数据分别表示男甲组、女甲组、男乙组、女乙组、男丙组、女丙组参赛人数。

13.2008年"三瑞杯"第十三届全国大学生网球锦标赛

第十三届全国大学生网球赛于2008年11月9日—15日在华东理工大学举办，来自18省市54所学校的415名运动员参加了比赛，其中261名男生154名女生；本次比赛共设甲、乙、丙三个组别，其中男甲团34队、男乙团26队、男丙团体19队、女甲团体17队、女乙团体21队、女丙团体18队。以下为各省高校参赛情况：

上海市（8所 男59人 女34人 总计93人）

校名	男甲	女甲	男乙	女乙	男丙	女丙
上海财大	4		4	4	4	4
华东理工	4		5	4		3
上海交大	4		3	1	4	
上海大学	4	4	5		2	
上海电机	4	4				
上海外贸	4	4				
同济大学	3	4				
上海海事	5	2				

江苏省（7所 男25人 女9人 总计34人）

校名	男甲	女甲	男乙	女乙	男丙	女丙
中国矿大			4		2	2
南京师大				3	4	1
江苏科大	2		2	1		
东南大学	4	2				
南京农大			2			
南京工大	3					
南京工程	2					

广东省（6所 男39人 女30人 总计69人）

校名	男甲	女甲	男乙	女乙	男丙	女丙
暨南大学	2	3	4	4	4	2
华南师大	3		2	2	1	1
华南理工			4	3	4	4

校名	男甲	女甲	男乙	女乙	男丙	女丙
广东工大	2	3			2	1
湛江师院			4	3	4	
中山大学	3					4

北京市（5所 男34人 女10人 总计44人）

校名	男甲	女甲	男乙	女乙	男丙	女丙
北京化工	7	4	6	4	5	2
中央民大	1		4			
国关学院	5					
清华大学	3					
北方工大	3					

四川省（4所 男13人 女13人 总计26人）

校名	男甲	女甲	男乙	女乙	男丙	女丙
四川大学					3	3
西南财大	6	3				
西南石油	4	3				
成都体院				4		

湖北省（4所 男9人 女1人 总计10人）

校名	男甲	女甲	男乙	女乙	男丙	女丙
武汉大学	4					
武汉理工				3		
华中师大	2					
华中科大						1

陕西省（3所 男11人 女5人 总计16人）

校名	男甲	女甲	男乙	女乙	男丙	女丙
西安体院			4	3	1	
西安石油	2	2				
西安建大	1		3			

浙江省（3所 男11人 女10人 总计21人）

校名	男甲	女甲	男乙	女乙	男丙	女丙
浙江大学			4	4	1	3

浙江师大　　　　　3　　3

杭州师大　　　　　3

重庆市（2所 男16人 女14人 总计30人）

校名	男甲	女甲	男乙	女乙	男丙	女丙
西南大学	4		4	4	4	4
重庆大学	1		3	3		3

河南省（2所 男10人 女6人 总计16人）

校名	男甲	女甲	男乙	女乙	男丙	女丙
中原工院	4	2	2	1	2	
郑州大学		2	2			1

江西省（2所 男10人 女3人 总计13人）

校名	男甲	女甲	男乙	女乙	男丙	女丙
江西财大		4	2	4		1
江西科师		2				

澳门特区（2所 男9人 女0人 总计9人）

校名	男甲	女甲	男乙	女乙	男丙	女丙
澳门科大	5					
澳门大学	4					

天津市（1所 男7人 女3人 总计10人）

校名	男甲	女甲	男乙	女乙	男丙	女丙
天津外语		4		3	3	

广西壮族自治区（1所 男3人 女4人 总计7人）

校名	男甲	女甲	男乙	女乙	男丙	女丙
桂林电子	3	4				

云南省（1所 男0人 女4人 总计4人）

校名	男甲	女甲	男乙	女乙	男丙	女丙
云南财大		3		1		

黑龙江（1所 男2人 女2人 总计4人）

校名	男甲	女甲	男乙	女乙	男丙	女丙
哈商大	2	2				

吉林省（1所 男3人 女2人 总计5人）

校名	男甲	女甲	男乙	女乙	男丙	女丙
东北师大		3	2			

香港特区（1所 男0人 女4人 总计4人）

校名	男甲	女甲	男乙	女乙	男丙	女丙
香港中文		4				

注：数据分别表示男甲组、女甲组、男乙组、女乙组、男丙组、女丙组参赛人数。

14.2009年第十四届全国大学生"动感地带杯"网球锦标赛

第十四届全国大学生网球赛于2009年7月28日—8月3日在四川大学举办，来自20省市68所学校的493名运动员参加了比赛，其中298名男生195名女生。本次比赛共设甲、乙、丙三个组别，其中男子乙组团体32队、单打70人、双打32对，女子乙组团体20队、单打44人、双打24对，男子丙组团体15队、单打30人、双打13对，女子丙组团体16队、单打34人、双打16对。另外，本届比赛校长杯有86所高校参赛，其中四川省17所、广东省11所、河南省11所，并且三省市校长组参赛高校远高于学生组。以下为各省高校学生组参赛情况：

北京市（9所 男46人 女21人 总计67人）

校名	男甲	女甲	男乙	女乙	男丙	女丙
北京化工	5	4	5	4	4	2
北京体大					4	4
北京理工	5	3				
中国地大	4	4				
中央民大	1		4			
国关学院	5					
北京师大	4					
清华大学	3					
北京交大	2					

广东省（8所 男49人 女41人 总计90人）

校名	男甲	女甲	男乙	女乙	男丙	女丙
暨南大学	4	4	4	3	4	3
华南理工	4		3	3	4	4
广东工大	2	3	2		2	2
华南师大	3		4	2	1	
湛江师院		4	4	3		
茂名学院	3	3	2			
华南农大	3	4				
中山大学						3

江苏省（8所 男29人 女11人 总计40人）

校名	男甲	女甲	男乙	女乙	男丙	女丙
中国矿大			4		3	2
南京师大				3	4	2
东南大学	6	4				
南京工程	3					
南京农大				3		
盐城工院	3					
江苏科大	2					
南京林大	1					

上海市（7所 男42人 女22人 总计64人）

校名	男甲	女甲	男乙	女乙	男丙	女丙
上海财大	4		4	4	4	4
上海大学	4	4	5		3	
华东理工			3	3		3
上海海事	4	4				
上海交大			3		4	
上海电力	2					
上海海洋	2					

四川省（7所 男29人 女21人 总计50人）

校名	男甲	女甲	男乙	女乙	男丙	女丙
四川大学	2	1	2	2	3	3
西南财大	4	4	1			
西南石油	5	5				
成都体院			4	4		
电子科大			1	2		
四川师大			4			
西南交大	3					

江西省（4所 男18人 女10人 总计28人）

校名	男甲	女甲	男乙	女乙	男丙	女丙
江西财大			4	2	3	
江西旅职	6	3				
江西农大	3	3				
南昌大学			2	2		

河南省（4所 男13人 女8人 总计21人）

校名	男甲	女甲	男乙	女乙	男丙	女丙
中原工院	4	2	4	1		
郑州大学			2	4		
周口师院			3			
河南大学				1		

湖北省（4所 男12人 女8人 总计20人）

校名	男甲	女甲	男乙	女乙	男丙	女丙
华中科大	4	2	2		3	
武汉理工	4	2				
华中师大	2					
华中农大		1				

重庆市（3所 男18人 女18人 总计36人）

校名	男甲	女甲	男乙	女乙	男丙	女丙
西南大学	2	1	4	4	4	4

校名	男甲	女甲	男乙	女乙	男丙	女丙
重庆大学	2		3	3		4
重庆理工	2	2	1			

陕西省（3所 男10人 女4人 总计14人）

校名	男甲	女甲	男乙	女乙	男丙	女丙
西安体院			4	4		
西安建大	2		2			
西安交大	2					

浙江省（2所 男9人 女14人 总计23人）

校名	男甲	女甲	男乙	女乙	男丙	女丙
浙江大学		4	4	4	1	4
杭州师大		4		2		

天津市（2所 男9人 女2人 总计11人）

校名	男甲	女甲	男乙	女乙	男丙	女丙
天津外语			4		3	2
天津大学	2					

黑龙江省（2所 男4人 女3人 总计7人）

校名	男甲	女甲	男乙	女乙	男丙	女丙
哈尔滨商大	2	2	2			
黑龙江大学		1				

广西壮族自治区（1所 男3人 女3人 总计6人）

校名	男甲	女甲	男乙	女乙	男丙	女丙
桂林电子	3	3				

福建省（1所 男6人 女0人 总计6人）

校名	男甲	女甲	男乙	女乙	男丙	女丙
集美大学			6			

云南省（1所 男0人 女5人 总计5人）

校名	男甲	女甲	男乙	女乙	男丙	女丙
云南财大		3		2		

香港特区（1所 男0人 女4人 总计4人）

校名	男甲	女甲	男乙	女乙	男丙	女丙
香港中文		4				

山东省（1所 男1人 女0人 总计1人）

校名	男甲	女甲	男乙	女乙	男丙	女丙
山东大学	1					

注：数据分别表示男甲组、女甲组、男乙组、女乙组、男丙组、女丙组参赛人数。

15.2010年"建行杯"第十五届全国大学生网球锦标赛

第十五届全国大学生网球赛于2010年7月22—28日在桂林电子科技大学举办，来自18省市71所学校的479名运动员参加了比赛，其中299名男生 180名女生。本次比赛共设甲、乙、丙三个组别。以下为各省高校参赛情况：

广东省 （10所 男54人 女36人 总计90人）

校名	男甲	女甲	男乙	女乙	男丙	女丙
暨南大学	4	4	4	3	4	4
华南师大	3		4	3	2	2
湛江师院		4	4	2	2	
广东工大	2		2	2	2	
嘉应学院	3	4	4			
华南农大	4	4				
广东海洋	2	4				
中山大学	3	2				
广东医学		2				
华南理工	1					

北京市 （8所 男37人 女21人 总计58人）

校名	男甲	女甲	男乙	女乙	男丙	女丙
北京化工	3	5	4	4	3	2
北京体大			1		4	4
清华大学	4	2	2			

校名	男甲	女甲	男乙	女乙	男丙	女丙
北京师大			4	4		
国关学院	5					
中央民大			4			
北京联大	2					
华北电力	1					

湖北省（5所 男15人 女4人 总计19人）

校名	男甲	女甲	男乙	女乙	男丙	女丙
华中科大	4					3
华中农大	1	1				
武汉大学	4					
武汉理工					3	
华中师大			3			

四川省（7所 男30人 女18人 总计48人）

校名	男甲	女甲	男乙	女乙	男丙	女丙
四川大学	3		2		3	3
西南财大	3	2	2			
西南石油	4	4				
乐山师院			5	2		
成都体院			4	3		
西华大学			4	2		
电子科大						2

江苏省（7所 男22人 女12人 总计34人）

校名	男甲	女甲	男乙	女乙	男丙	女丙
中国矿大			2		3	2
东南大学	5	4				
河海大学	4	3				
江苏科大	2	1				
南京林大	4					
南京农大			2			
盐城工院		2				

上海市（6所 男31人 女25人 总计56人）

校名	男甲	女甲	男乙	女乙	男丙	女丙
上海大学		3	5	2	3	4
上海财大			4	4	4	4
华东理工			4	3		3
上海交大			3		2	2
上海海事	4					
上海海洋	2					

浙江省（4所 男15人 女6人 总计21人）

校名	男甲	女甲	男乙	女乙	男丙	女丙
浙江大学			4	4	2	2
杭州师大			4			
宁波大学			3			
温州大学			2			

重庆市（4所 男24人 女13人 总计37人）

校名	男甲	女甲	男乙	女乙	男丙	女丙
西南大学	1		4	4	4	
重庆大学	4		4			4
重庆理工	2	3	1			
重庆师大			4	2		

河南省（4所 男13人 女7人 总计20人）

校名	男甲	女甲	男乙	女乙	男丙	女丙
中原工院	2		2	2		
郑州大学			4	3		
周口师院			3	2		
洛阳师院			2			

江西省（3所 男16人 女12人 总计28人）

校名	男甲	女甲	男乙	女乙	男丙	女丙
江西财大	2	1	4	2	4	2
南昌大学		2	2			1

江西旅职　　4　　　4

广西壮族自治区（3所 男9人 女5人 总计14人）

校名	男甲	女甲	男乙	女乙	男丙	女丙
桂林电子	4	4				
广西大学	4	1				
广西工院			1			

福建省（1所 男4人 女0人 总计4人）

校名	男甲	女甲	男乙	女乙	男丙	女丙
集美大学			4			

辽宁省（2所 男4人 女4人 总计8人）

校名	男甲	女甲	男乙	女乙	男丙	女丙
东北大学	2		2			
沈阳化工		4				

陕西省（2所 男10人 女4人 总计14人）

校名	男甲	女甲	男乙	女乙	男丙	女丙
长安大学	4		4	2		
西安建大	2			2		

云南省（2所 男4人 女5人 总计9人）

校名	男甲	女甲	男乙	女乙	男丙	女丙
云南财大	2	3		2		
昆明理工	2					

天津市（1所 男7人 女4人 总计11人）

校名	男甲	女甲	男乙	女乙	男丙	女丙
天津外语			3		4	4

香港特区（1所 男0人 女4人 总计4人）

校名	男甲	女甲	男乙	女乙	男丙	女丙
香港中文		4				

吉林省（1所 男2人 女0人 总计2人）

校名	男甲	女甲	男乙	女乙	男丙	女丙
东北师大			2			

注：数据分别表示男甲组、女甲组、男乙组、女乙组、男丙组、女丙组参赛人数。

16.2011年"天翼杯"第十六届全国大学生网球锦标赛

第十六届全国大学生网球赛于2011年7月19日—28日在西安建筑科技大学举办，来自19省市86所学校的593名运动员参加了比赛，其中375名男生218名女生。本次比赛共设甲、乙、丙三个组别，其中男子甲组46队85人29对，女子甲组27队50人17对，男子乙组45队81人31对，女子乙组27队45人19对，男子丙组19队34人13对，女子丙组15队19人11对。以下为各省高校参赛情况：

广东省	13所	男71	女40	总计	111人
北京市	12所	男60	女30	总计	90人
四川省	08所	男34	女25	总计	59人
江苏省	08所	男31	女06	总计	37人
上海市	07所	男33	女24	总计	57人
陕西省	07所	男30	女17	总计	47人
浙江省	05所	男25	女17	总计	42人
重庆市	04所	男19	女16	总计	35人
河南省	04所	男16	女08	总计	24人
广西壮族自治区	03所	男14	女04	总计	18人
江西省	03所	男13	女05	总计	18人
辽宁省	03所	男05	女09	总计	14人
云南省	03所	男06	女05	总计	11人
福建省	01所	男04	女04	总计	08人
天津市	01所	男04	女03	总计	07人
山东省	01所	男04	女00	总计	04人
香港特区	01所	男01	女03	总计	04人
黑龙江	01所	男02	女02	总计	04人
湖北省	01所	男03	女00	总计	03人

17.2012年"中国移动杯"第十七届全国大学生网球锦标赛

第十七届全国大学生网球赛于2012年7月18日—28日在昆明理工大学举办，来自23省市91所学校的648名运动员参加了比赛，其中402名男生246名女生。本次比赛共设甲、乙、丙三个组别，其中男子甲组47队83人32对，女子甲组27队52人19对，男子乙组50队100人35对，女子乙组32队58人22对，男子丙组13队28人11对，女子丙组11队22人09对。以下为各省高校参赛情况：

广东省	12所	男68	女41	总计	109人
四川省	11所	男43	女30	总计	73人
北京市	10所	男55	女33	总计	88人
江苏省	07所	男25	女10	总计	35人
上海市	06所	男34	女25	总计	59人
重庆市	07所	男36	女23	总计	59人
江西省	05所	男25	女08	总计	33人
云南省	05所	男25	女11	总计	36人
陕西省	04所	男15	女13	总计	28人
河南省	04所	男14	女12	总计	26人
广西壮族自治区	04所	男15	女12	总计	27人
浙江省	03所	男12	女07	总计	19人
湖北省	02所	男07	女00	总计	07人
天津市	02所	男03	女03	总计	06人
香港特区	01所	男06	女03	总计	09人
宁夏回族自治区	01所	男04	女03	总计	07人
海南省	01所	男04	女01	总计	05人
内蒙古	01所	男02	女03	总计	05人
福建省	01所	男01	女04	总计	05人
吉林省	01所	男03	女02	总计	05人
河北省	01所	男03	女00	总计	03人
黑龙江	01所	男01	女02	总计	03人
辽宁省	01所	男01	女00	总计	01人

18.2013年第十八届全国大学生网球锦标赛

第十八届全国大学生网球赛于2013年7月22日—28日在中国人民大学举办，来自25省市121所学校的809名运动员参加了比赛，其中505名男生304名女生。本次比赛共设甲、乙、丙三个组别，其中男子甲组57队114人41对，女子甲组42队68人32对，男子乙组60队091人45对，女子乙组37队65人25对，男子丙组23队033人19对，女子丙组14队17人10对。以下为各省高校参赛情况：

地区	学校	男甲	女甲	男乙	女乙	男丙	女丙
广东省	16所	09	11	08	5	4	2
北京市	14所	13	06	05	5	3	3
四川省	10所	04	04	10	6	2	1
江苏省	09所	06	06	05	2	3	1
上海市	08所	05	02	04	3	3	4
河南省	06所	02	01	05	4	0	0
重庆市	06所	04	03	04	3	2	2
江西省	05所	05	02	02	2	2	1
湖北省	05所	03	02	01	0	2	1
陕西省	05所	02	03	03	4	2	1
浙江省	05所	03	03	02	2	1	1
辽宁省	04所	01	00	02	1	0	0
云南省	04所	02	01	03	1	1	0
广西壮族自治区	04所	04	03	01	1	1	0
天津市	03所	01	01	01	1	1	0
河北省	03所	02	01	02	1	0	1
宁夏回族自治区	02所	02	00	01	1	0	0
黑龙江	03所	01	01	03	2	0	0
香港特区	02所	01	02	00	1	1	0
吉林省	02所	00	00	02	1	0	0
内蒙古自治区	01所	01	01	00	0	0	0
山西省	01所	01	00	00	0	0	0
湖南省	01所	01	00	01	1	0	0

福建省	01所	01	01	00	0	0	0
甘肃省	01所	04	00	00	0	0	0

19.2014年"万里扬杯"第十九届全国大学生网球锦标赛

随着全国大学生网球锦标赛影响力不断提高，其规模也呈上升趋势，2013年锦标赛参赛学校达到137所，参赛运动员达到885名，对承办学校的各种软、硬件要求越来越高，从赛事的筹备到实施，需要大量人力、物力和财力的支持。早在网球分会第四届委员会期间，网球分会竞赛部就中国大学生网球锦标赛如何持续发展，以及锦标赛"瘦身"等课题进行了调研，也提出了改革方案，但因各种原因未能推广。2013年网球分会第五届委员会最终拿出联赛方案，并于2013年11月开始实施。第一届联赛是以单独一项全国性大学生网球赛事面世，根据地域、交通和高校较为集中的城市设立八个分站赛，当时称为"公开赛"。

2013/2014年度全国大学生网球联赛于当年11月广州公开赛开始，到2014年上半年的成都、武汉、昆明、西安、上海、沈阳和北京公开赛的举办，共有137所高校参加。

表1-10　2013/2014年度联赛比赛地点、时间、承办单位

广州公开赛	2013年11月21日—23日	华南理工大学
昆明公开赛	2014年04月05日—07日	昆明理工大学
重庆公开赛	2014年04月11日—13日	西南大学
武汉公开赛	2014年04月18日—20日	武汉体育学院
上海公开赛	2014年04月25日—27日	上海大学
北京公开赛	2014年05月23日—25日	清华大学
西安公开赛	2014年05月23日—25日	西北农林科技大学
沈阳公开赛	2014年06月20日—22日	沈阳建筑大学
联赛总决赛	2014年10月11日—12日	清华大学

表1-11　2013/2014年度联赛各赛区参赛组别统计

赛区	男甲（队）	女甲（队）	男乙（队）	女乙（队）
上海公开赛 （3省29所54队男119女88共207人）	20	13	11	10
广州公开赛 （1省22所41队男70女67共137人）	12	12	08	09
重庆公开赛 （2省18所40队男93女70共163人）	08	07	14	11
北京公开赛 （5省16所32队男70女54共124人）	13	10	05	04
武汉公开赛 （2省15所30队男64女48共112人）	09	07	08	06
昆明公开赛 （2省12所19队男52女33共85人）	04	04	07	04
西安公开赛 （4省11所25队男58女44共102人）	08	04	06	07
沈阳公开赛 （3省14所24队男64女28共92人）	10	06	07	02
共计：22省137所学校266支团体队 590男432女1022人）	84	63	66	53

联赛总决赛于2014年7月21日—28日在浙江师范大学举办，本次总决赛取消单项赛，男、女甲、乙组可报3—4名，每场团体赛不少于3人上场比赛。最终共有52所学校参加，有男甲32队、女甲32队、男乙16队、女乙16队、男丙8队和女丙8队，共112队。以下为比赛情况：

全国大学生网球联赛参加总决赛的学校

男子甲组　22队

上海区　5[①].南京工程大学

---

① 高校前数字表示其在分区赛该组别中的成绩排名，其中0表示其为申请递补学校。

北京区　1.人民大学　2.北京化工　3.清华大学　4.对外经贸
　　　　5.内蒙古农大　6.天津大学　7.国关学院

沈阳区　1.大连医大　2.大连理工　3.沈阳工大

西安区　1.郑州大学　2.西安交大　3.兰州理工

重庆区　1.西南石油　2.重庆大学　0.重庆科技

昆明区　1.昆明理工　3.广西医大

武汉区　1.华中科大　3.江西财大　4.中南财经

女子甲组17队

上海区　4.西交利物浦

北京区　1.人民大学　3.天津大学　4.内蒙古农大　5.对外经贸
　　　　6.国关学院　7.清华大学

沈阳区　1.沈阳化工　2.沈阳工大　3.大连医大

西安区　1.西安交大　4.兰州理工

重庆区　1.重庆科技　2.西南政法

昆明区　1.桂林电子　2.广西医大

武汉区　2.中南财经

男子乙组10队

上海区　1.上海财大　2.浙江大学

北京区　1.北京化工　2.人民大学

沈阳区　1.哈尔滨体院　2.长春师大

西安区　1.西安建大

重庆区　1.西南大学

昆明区　1.桂林电子

武汉区　1.南昌大学

女子乙组　12队

上海区　1.浙江大学　2.宁波大学　3.上海财大

北京区　1.北京体大　2.人民大学

沈阳区　1.沈阳化工

西安区　1.郑州大学　2.西安建大

重庆区　1.重庆大学　2.西南大学　3.西华师大

昆明区　1.云南师大

男子丙组7队

　　1.人民大学　3.北京化工　4.四川大学　5.北京体大　6.西南大学

　　8.中国矿大　0.华东交大

女子丙组6队

　　2.四川大学　3.内蒙古农大　4.南京师大　6.浙江大学　8.北京化工

　　0.华东交大

表1-12　2013/2014年全国大学生网球联赛总决赛成绩公告

男子甲组	女子甲组
第一名　清华大学	第一名　中国人民大学
第二名　昆明理工大学	第二名　西安交通大学
第三名　内蒙古农业大学	第三名　内蒙古农业大学
第四名　江西财经大学	第四名　桂林电子科技大学
第五名　重庆大学	第五名　重庆科技学院
北京化工大学	西南政法大学
西安交通大学	天津大学
中国人民大学	广西医科大学
男子乙组	女子乙组
第一名　浙江大学	第一名　浙江大学
第二名　中国人民大学	第二名　宁波大学
第三名　上海财经大学	第三名　北京体育大学
第四名　哈尔滨体育学院	第四名　上海财经大学
第五名　西安建筑科技大学	第五名　中国人民大学
第六名　南昌大学	西安建筑科技大学
第七名　西南大学	云南师范大学
第八名　长春师范大学	重庆大学
男子丙组	女子丙组
第一名　中国人民大学	第一名　四川大学
第二名　西南大学	第二名　内蒙古农业大学
第三名　四川大学	第三名　北京化工大学
第四名　北京化工大学	第四名　南京师范大学
第五名　北京体育大学	第五名　浙江大学
中国矿业大学	华东交通大学
华东交通大学	

20.2015年"矿大杯"第二十届中国大学生网球锦标赛

根据上一年度联赛的论证，网球分会提出了"联赛"与"锦标赛"合二为一模式的全国性大学生网球赛事，形容为"两块牌子、一套人马"，即将传统的锦标赛分为两个阶段进行，中国大学生网球联赛与中国大学生网球锦标赛成为统一的赛事，第一阶段比赛全国分八个赛区进行，赛区名称以各承办单位所在城市命名。

表1-13　2014/2015年度联赛比赛地点、时间、承办单位

比赛地点	时间	承办单位
1.广州公开赛	2014年12月21日 — 23日	（华南理工大学）
2.成都公开赛	2015年04月17日 — 19日	（西南石油大学）
3.武汉公开赛	2015年04月17日 — 19日	（武汉体育学院）
4.昆明公开赛	2015年04月24日 — 26日	（昆明理工大学）
5.上海公开赛	2015年04月24日 — 26日	（上海大学）
6.西安公开赛	2015年05月15日 — 17日	（西安建筑科技大学）
7.北京公开赛	2015年05月22日 — 24日	（清华大学）
8.哈尔滨公开赛	2015年06月5日 — 7日	（哈尔滨商业大学）

2014/2015年度联赛共有来自23省市133所高校276支团体队927名运动员参加，获得总决赛（锦标赛）的高校约90余所。公开赛竞赛项目为男、女甲、乙、丙组团体赛，总决赛为男、女甲、乙、丙、丁组团体、单打、双打。

根据参赛学校的数量不断增加，将原乙组拆分为乙组和丙组，乙组为网球高水平特长生学生，丙组为体育院系的学生，原高水平运动员的丙组更名为丁组。乙组没拆分前（2014年）男乙66队、女乙53队，乙组拆分后（2015年）的乙组（二本65%）有男25队、女25队。丙组（体育院校）的男队达到54队、女队38队，拆分前与拆分后有很大变化。

表1-14 2014/2015年度联赛各赛区参赛组别统计

赛区	男甲	女甲	男乙	女乙	男丙	女丙	总计
广州区 （2省11所男53女39共92人）	08	7	1	1	05	03	25
昆明区 （2省14所男58女40共98人）	07	6	2	2	07	03	27
上海区 （3省20所男90女66共156人）	13	7	6	6	05	04	42
成都区 （2省23所男122女92共214人）	12	7	6	6	14	12	57
武汉区 （2省16所男70女52共122人）	10	8	1	1	06	05	31
北京区 （5省17所男73女60共133人）	13	9	3	4	03	03	35
西安区 （4省15所）	08	5	3	3	07	04	30
哈尔滨区 （3省17所男72女40共112人）	09	5	3	2	07	04	30
总计23省133所男538女389共927人	80	54	25	25	54	38	276

联赛总决赛于2015年7月26日—8月2日在中国矿业大学举办，总决赛竞赛项目有男、女甲、乙、丙、丁组团体、单打、双打几项。甲、乙、丙组的联赛总决赛团体、单项赛资格是依据分区公开赛成绩及参赛高校数量决定。其中，甲组男、女各32签位，乙、丙组男、女各24签位；丁组直接参加联赛总决赛，签位不限。以下为具体情况：

表1-15 2014/2015年度联赛总决赛签位获得情况

获得团体赛、单项赛签位	119所	89.5%
获得团体赛签位	92所	77.3%
仅获得单项赛签位	27所	23.3%
未获得团体赛、单项赛签位	14所	10.5%

最终来自20省市90所高校的670名运动员获得了锦标赛参赛资格：

北京赛区

人民大学	男甲	女甲	男乙	女乙		中央民大	男乙	女乙
北京化工	男甲	女甲	男乙	女乙		北京体大	男丙	女丙
对外经贸	女甲	女乙				天津大学	男甲	女甲
河北体院	男丙	女丙				北京大学	男甲	女甲
清华大学	男甲	女甲				国关学院	男甲	女甲
内蒙古农大	男甲	女甲				北京师大	男丙	女丙
北京理工	男甲							

昆明赛区

云南财大	男甲	女甲	男乙	女乙		云南师大	男丙	女丙
桂林电子	女甲	男乙	女乙			玉溪师院	男丙	女丙
广西大学	男甲	女甲				广西医大	男甲	女甲
昆明医大	男甲	女甲				广西师大	男甲	男丙
桂林航天	男甲	女甲				云南民大	男丙	女丙
昆明理工	男甲					广西民大	男丙	
曲靖师院	男丙					红河学院	男丙	

哈尔滨赛区

哈商大	男甲	女甲	男乙	女乙		沈阳建大	男甲	男乙
沈阳化工	女甲	男乙	女乙			黑河学院	男丙	女丙
佳木斯大学	男丙	女丙				八一农垦	男甲	女甲
哈师大	男丙	女丙				大连医大	男甲	女甲
东北大学	男甲	男丙				哈体院	男丙	
哈工程	男甲					大连交大	男甲	
沈阳工大	女甲					辽宁师大	女丙	
长春师大	男丙					大连理工	男甲	
沈阳师大	男丙							

广州赛区

暨南大学	男甲	女甲	男乙	女乙	男丙			
华南理工	男甲	男丙	女丙			五邑大学	男甲	女甲

集美大学	男丙	女丙			深圳大学	男丙	女丙	
广东医学	男甲	女甲			华南农大	男甲	女甲	
广东石化	女甲	男丙			中山大学	男甲	女甲	
外语外贸	男甲	女甲			广东工大	男甲		

上海赛区

上海财大	男甲	女甲	男乙	女乙	上海体院	男丙	女丙	
上海大学	女甲	男乙	女乙		浙江大学	男乙	女乙	
浙江师大	男甲	男丙	女丙		上海交大	男乙	女乙	
华东理工	男乙	女乙			宁波大学	男丙	女丙	
浙江财大	男甲	女甲			浙江传媒	男甲	女甲	
浙江理工	男甲	女甲			江苏科大	男甲	男丙	
南京农大	男乙	女乙			中国矿大	男丙	女丙	
盐城工院	女甲				南京工程	男甲		
西交利物浦	男甲	女甲			上海外贸	女甲		

西安赛区

西北农林	男甲	女甲	男乙	女乙	西安交大	男甲	女甲	
西安建大	男甲	女甲	男乙	女乙	西安体院	男丙	女丙	
郑州大学	男甲	男乙	女乙		山西大学	男丙	女丙	
周口师院	男丙	女丙			长安大学	男甲	男丙	
陕西师大	男丙	女丙			兰州理工	男甲	女甲	
中原工院	男甲				河南师大	男丙		
陕西中医	女甲				大同大学	男丙		
河南大学	男甲							

武汉赛区

江西财大	男甲	男乙	女乙	华东交大	男丙	女丙	
南昌大学	女甲	男丙	女丙	江西农大	男甲	女甲	
中南政法	男甲	女甲		武体体科	男丙	女丙	
武汉体院	男丙	女丙		江汉大学	男甲	女丙	
湖北工大	男甲	女甲		华中科大	男甲	女甲	
武汉大学	男甲			江西警院	男甲		

武汉理工　女甲　　　　　　　　　　　　中南民大　男丙

南昌大学科技学院　女甲

成都赛区

重庆大学　男甲　男乙　女乙　男丙　女丙

西南大学　男乙　女乙　男丙　女丙　　重庆师大　男丙　女丙

西南石油　男甲　女甲　男乙　女乙　　重庆理工　男甲　女甲

四川大学　男甲　男乙　女乙　男丙　　西南政法　男甲　女甲

四川师大　男甲　女甲　男丙　女丙　　泸州医学　女甲　女丙

西南财大　男甲　男乙　女乙　　　　　成都体院　男丙　女丙

电子科大　男甲　男乙　女乙　　　　　长江师院　男丙　女丙

重庆科技　女甲　　　　　　　　　　　成都理工　男丙

成都工业　女丙

21.2016年第二十一届中国大学生网球锦标赛

经过实践，锦标赛和联赛已有机结合。2015年11月至2016年6月举办了2015/2016年度联赛，赛区延续了往年的区域划分。

表1-16　2015/2016年度联赛比赛地点、时间、承办单位

比赛地点	时间	承办单位
1.广州分区赛	2015年12月25日—29日	华南理工大学
2.成都分区赛	2016年04月8日—10日	四川大学
3.武汉分区赛	2016年04月22日—24日	武汉理工大学
4.昆明分区赛	2016年04月22日—24日	昆明理工大学
5.温州分区赛	2016年05月6日—8日	温州科技职业学院 温州大学
6.西安分区赛	2016年05月20日—23日	西安建筑科技大学
7.大连分区赛	2016年05月20日—23日	辽宁师范大学
8.北京分区赛	2016年05月27日—29日	清华大学

2015/2016年度联赛共有来自27省市163所高校337支团体队1282名运动员参加，规模创历届之最。公开赛竞赛项目为男、女甲、乙、丙组团体赛，每个组别学生要求与上届相同，这在很大程度上提高了联赛公平性。

表1-17 2015/2016年度联赛各赛区参赛组别统计

赛区	男甲	女甲	男乙	女乙	男丙	女丙	总计
广州区 （4省19所男83女72共155人）	12	11	2	3	09	05	42
昆明区 （2省16所男67女50共117人）	07	05	2	2	08	06	30
温州区 （3省28所男130女91共221人）	19	13	7	7	08	05	59
成都区 （2省21所男121女86共207人）	12	07	6	6	13	10	54
武汉区 （2省19所男74女65共139人）	10	07	2	2	07	08	36
北京区 （5省20所男89女62共133人）	15	11	4	3	04	02	39
西安区 （6省21所男107女68共175人）	14	08	3	3	11	06	45
大连区 （3省19所男75女42共117人）	11	04	3	3	06	05	32
总计27省163所男746女536共1282人	100	66	29	29	66	47	237

2015/2016年度联赛总决赛于2016年7月24日—31日由郑州大学与河南工业大学共同承办举办，来自24省102所高校的762名运动员参加了比赛。总决赛竞赛项目有男、女甲、乙、丙、丁组团体、单打、双打几项。甲组男、女各32签位，乙、丙组男、女各24签位，丁组直接参加联赛总决赛。以下为签位情况：

表1-18 总决赛签位分配规则

轮次	甲组（32个签位）	乙组/丙组（24个签位）
1	8　各站冠军	8/8　各站冠军
2	8　各站亚军	8/8　各站亚军
3	6　6站季军	5/5　5站季军
4	6　6站第4名	3/3　3站第4名
5	4　4站第5名	

　　这届总决赛由19所学校25队自愿弃权放弃参加总决赛，根据《2015/2016中国大学生网球联赛竞赛规程》中的团体赛签位递补的分配办法，"如出现参加联赛总决赛资格弃权，未取得联赛总决赛资格的学校可向技术委员会提出递补申请，将由技术委员会根据申请学校所在分区赛参赛学校数量及获得的名次综合权衡后依次递补。"

表1-19　各组别弃权及申请情况

	男甲组	男乙组	男丙组	女甲组	女乙组	女丙组
弃权	7队	1队	3队	9队	0队	5队
申请	17队	4队	6队	4队	2队	2队

表1-20　2015/2016年度联赛总决赛情况

赛区	组别	第一名	第二名	第三名	第四名	第五名	第六名	第七名	第八名	承办校
温州公开赛	男甲	浙江财经大学苏方	浙江科技学院	浙江水利水电学院	温州医科大学	上海财经大学	中国计量大学	浙江财经大学	浙江理工大学	温州大学（弃）
	女甲	南京工业大学东		偏州医科大学东	浙江财经大学东	浙江师范大学		南京师范大学	盐城工学院	
	男乙	浙江大学	南京农业大学	上海财经大学	上海大学	上海交通大学	华东理工大学	南京师范大学		
	女乙	浙江大学	上海交通大学	上海财经大学	华东理工大学	上海大学	南京农业大学	南京农业大学		
	男丙	宁波大学	杭州师范大学	上海体育学院	南京师范大学	浙江师范大学	中国矿业大学	江苏科技大学	温州大学	温州大学
	女丙	宁波大学		温州大学	温州师范大学	南京师范大学				
广州公开赛	男甲	香港城市大学	澳门大学	五邑大学	华南师范大学	华南农业大学	广东医科大学	香港理工大学	中山大学	华南理工大学
	女甲	暨南大学	五邑大学	华南农业大学	厦门大学	广东医学院	华南师范大学	中山大学	广东外语外贸大学	
	男乙	香港理工大学	暨南大学	香港城市大学						
	女乙	香港理工大学	暨南大学							
	男丙	华南理工大学	集美大学	深圳大学	广东海洋大学	华南师范大学	三明学院	广东石油化工学院	暨南大学	
	女丙	华南理工大学	集美大学	深圳大学	广东石油化工学院					
成都公开赛	男甲	西南财经大学	重庆大学	四川师范大学	重庆理工大学	电子科技大学	重庆科技学院	成都信息工程学院	西南石油大学	四川大学
	女甲	重庆科技学院	西南大学	西南石油大学	电子科技大学	成都信息工程学院	成都职业技术学院			
	男乙	重庆大学	西南财经大学	重庆师范大学	西南大学	西南石油大学	电子科技大学			
	女乙	西南大学	重庆大学	西南大学	四川大学	西南石油大学	电子科技大学			
	男丙	西南石油大学	重庆大学	重庆师范大学	成都体育学院	四川大学	乐山师范学院	西南医科大学	成都理工大学	四川大学
	女丙	重庆师范大学	西南大学	重庆大学	四川师范大学	四川大学	西南医科大学	西南财经大学		
北京公开赛	男甲	清华大学	北京大学	内蒙古农业大学	国际关系学院	天津工业大学/爱学	对外经济贸易大学	北京交通大学	防灾科技学院	
	女甲		国际关系学院	对外经济贸易大学	清华大学	清华大学	天津外国语大学	内蒙古农业大学	北京化工大学	
	男乙	中国人民大学	中央民族大学	北京化工大学	天津外国语大学					
	女乙	中央民族大学	中国人民大学	北京化工大学						
	男丙	北京体育大学	北京师范大学	燕山大学	济南大学					
	女丙	北京体育大学	北京师范大学							
武汉公开赛	男甲	江西警察学院	武汉大学	武汉工程大学	江西农业大学	华中科技大学	中国地质大学(武)	武汉大学科学技术/	武汉理工大学	武汉理工大学
	女甲	南昌大学科学技术	武汉理工大学	湖北工业大学	华中科技大学	江西农业大学	武汉大学	中国地质大学(武)	中南财经政法大学	
	男乙	江西财经大学	武汉理工大学							
	女乙	江西财经大学	武汉大学							
	男丙	武汉大学	华东交通大学	南昌大学	武汉学院体育科	江汉大学	九江学院	湖北文理学院		
	女丙	江汉大学			九江学院		武汉工程大学	长江大学	武汉体育学院科技学院	
昆明公开赛	男甲	桂林航天工业学院	昆明理工大学	广西大学	广西科技大学	云南财经大学	昆明理工大学	梧州学院		
	女甲	广西师范大学	云南财经大学	云南大学	云南大学	桂林电子科技大学	昆明理工大学			昆明理工大学
	男乙	桂林电子科技大学	云南财经大学							
	女乙	桂林电子科技大学	云南财经大学							
	男丙	云南师范大学	玉溪师范学院	广西民族大学	云南师范大学	曲靖师范学院	昆明学院	云南大学	云南民族大学	
	女丙	云南师范大学	玉溪师范学院	广西民族大学	曲靖师范学院	昆明学院	云南师范大学科技学院			
西安公开赛	男甲	郑州大学	中原工学院	长安大学	西北工业大学	河南大学	西安电子科技大学	西北农林科技大学	西安建筑科技大学	西安建筑科技大学
	女甲	西北农林科技大学	西安交通大学	西安电子科技大学	郑州大学	河南师范大学	西安中医药大学	西安建筑科技大学	中原工学院	西安建筑科技大学
	男乙	西北农林科技大学	西安建筑科技大学	郑州大学	河南师范大学					
	女乙	西北农林科技大学	西安建筑科技大学	郑州大学						
	男丙	山西大学	河南大学	西安体育学院	河南师范大学	河南大学		陕西师范大学	周口师范学院	
	女丙	陕西师范大学	山西大学	西安体育学院	宁夏大学	河南大学	周口师范学院			
大连公开赛	男甲	大连理工大学	大连海事大学	大连理工大学	哈尔滨工程大学/八一	黑龙江八一农垦大学	沈阳理工大学	哈尔滨商业大学	东北大学	
	女甲	大连理工大学	哈尔滨商业大学	大连工业大学	黑龙江八一农垦大学					
	男乙	哈尔滨商业大学	东北大学	沈阳化工大学						
	女乙	哈尔滨商业大学	东北大学			东北大学				
	男丙	大连海事大学	黑河学院	黑河学院	沈阳师范大学	大连东软信息学院				
	女丙	辽宁师范大学	大连理工大学	黑河学院	佳木斯大学	大连东软信息学院				

注：灰色填充表示获得总决赛资格的学校，灰色字体表示弃权的学校，其余未获得参加联赛总决赛团体资格、分区赛中取得前八名的学校，可获得一个组别的单打一个签位、双打一个签位

22.2017年"中国移动杯"第二十二届中国大学生网球锦标赛

第二十二届全国大学生网球赛于2016年12月至2017年6月举办，赛区名称发生了改变，以"北京区"举例，2013/2014年度的联赛称为"北京站"，2014/2015年度联赛改为"北京区"，再到2017/2018年度的分区赛以地域命名称为"华北赛区"，但赛区的地域划分没有变。

表1-21　2016/2017年度联赛比赛地点、时间、承办单位

赛区	比赛地点	时间	承办单位
1.华南赛区	广州	2016年12月	华南理工大学
2.华东赛区	宁波	2017年04月	宁波大学
3.华西赛区	重庆	2017年05月	重庆师范大学
4.华中赛区	武汉	2017年05月	武汉体院体育科技学院
5.西南赛区	昆明	2017年05月	昆明理工大学
6.西北赛区	西安	2017年05月	西安建筑科技大学
7.华北赛区	北京	2017年05月	北京化工大学
8.东北赛区	吉林	2017年06月	东北电力大学

本届联赛分区赛有来自27省市170所高校的352队1362名运动员参加了比赛，竞赛规程与前几届基本相同。

表1-22　2016/2017年度联赛各赛区参赛组别统计

赛区	男甲	女甲	男乙	女乙	男丙	女丙	总计
华东赛区 3省33所147男114女共261人	23	17	08	07	07	05	67
华西赛区 2省25所135男105女共240人	13	11	06	06	15	10	61
华南赛区 4省20所85男65女共150人	13	09	02	02	07	06	39
华北赛区 5省25所86男58女共144人	13	09	04	04	05	02	37
西北赛区 5省19所94男60女共154人	12	08	03	03	10	05	41

续表

赛区	男甲	女甲	男乙	女乙	男丙	女丙	总计
华中赛区 3省19所89男59女共148人	11	09	02	02	10	04	38
东北赛区 3省18所74男50女共124人	13	06	03	02	04	04	32
西南赛区 2省16所76男65女共141人	09	09	03	03	08	05	37
总计27省170所786男576女 共1362人	107	78	31	29	66	41	352

2016/2017年度联赛总决赛于2017年7月25日—8月1日在昆明理工大学举办，来自全国25省市的110所高校的820名运动员获得了锦标赛资格，以下为各省情况：

表1-23　2016/2017年度联赛总决赛签位获得情况

赛区	组别	第一名	第二名	第三名	第四名	第五名	第六名	第七名	第八名	承办校
华东赛区（宁）	男甲	浙江科技学院	浙江财经大学	浙江大学	温州医科大学	温州大学	同济大学	浙江传媒学院	浙江财经大学东方学院	宁波大学
	女甲	中国计量大学	浙江传媒学院	浙江大学	温州医科大学	浙江财经大学东	浙江科技学院	温州大学	浙江财经大学	
	男乙	上海财经大学	上海交通大学	浙江大学	上海理工大学	上海大学	南京农业大学	中国矿业大学	南京师范大学	
	女乙	华东理工大学	浙江大学	上海财经大学	上海交通大学	上海大学	中国矿业大学	南京农业大学		
	男丙	宁波大学	南京师范大学	江苏科技大学	杭州师范大学钱江学院	浙江师范大学				宁波大学
	女丙	南京师范大学								
华南赛区（广）	男甲	厦门大学	厦门大学嘉庚学院	华南师范大学	中山大学	五邑大学	广东医科大学			华南理工（后补签位）
	女甲	暨南大学	华南农业大学	五邑大学	华南师范大学	广东医科大学	香港城市大学	广东外语外贸大学	中山大学	
	男乙	香港城市大学	暨南大学							
	女乙	暨南大学								
	男丙	广州体育学院	珠海大学	华南理工大学	三明学院	广东海洋大学	广东石油化工学院	华南师范大学		华南理工
	女丙	华南理工大学	暨南大学	三明学院						
华西赛区（重）	男甲	四川大学	电子科技大学	西南财经大学	重庆大学	长江师范学院	重庆科技学院	西南石油大学	四川外国语大学	重庆师范大学
	女甲	西南政法大学	重庆大学	四川大学	西南大学	重庆大学	电子科技大学	重庆理工大学	成都信息工程大学	
	男乙	西南大学	四川大学	西南财经大学	重庆大学	电子科技大学	西南石油大学			
	女乙	重庆大学	四川大学	西南大学	成都体育学院	西南科技大学	长江师范学院	四川大学	乐山师范学院	重庆师范大学
	男丙	西南大学	重庆大学	重庆师范大学	成都体育学院	长江师范学院	西南科技大学	四川大学	乐山师范学院	
	女丙	重庆师范大学	四川大学	西南大学	西华师范大学					重庆师范大学
华北赛区（北）	男甲	清华大学	内蒙古大学	国际关系学院	天津大学仁爱学院	北京大学	北京交通大学	对外经济贸易大学	华北电力大学	北京化工大学
	女甲	国际关系学院	对外经济贸易大学	天津大学	北京农学院	防灾科技学院	北京大学	华北电力大学		
	男乙	北京化工大学	中国人民大学	中央民族大学	天津外国语大学	北京化工大学				
	女乙	中国人民大学	中央民族大学	天津外国语大学	北京化工大学					北京化工大学
	男丙	北京体育大学	北京师范大学	华北科技学院	济南大学	燕山大学				
	女丙	北京体育大学	北京师范大学							
华中赛区（武）	男甲	武汉理工大学	华中科技大学	南昌大学科学技术	中国地质大学(武	长江大学	江西财经大学	武汉理工大学	武汉工程大学	中国地质大学(武)
	女甲	华中科技大学	武汉大学	中南民族学院	武昌首义学院	武汉科技大学	长江大学			
	男乙	江西财经大学	江西理工大学							
	女乙	江西财经大学	武汉理工大学							
	男丙	江汉大学	安徽师范大学	华东交通大学	江西师范大学	江西警察学院	武汉体院科技学校	武汉理工大学		武汉体育学院体育科技学院
	女丙	江汉大学	南昌大学	湖北文理学院	武汉体育科技学院					
西南赛区（昆）	男甲	广西大学	云南大学	昆明医科大学	昆明理工大学	桂林电子科技大学	曲靖师范学院	桂林航天工业学院	广西大学	昆明理工大学（后补签位）
	女甲	云南财经大学	云南大学	昆明理工大学	桂林电子科技大学	梧州学院	广西大学	桂林航天工业学院	昆明理工大学	
	男乙	云南财经大学	桂林电子科技大学	云南师范大学						
	女乙	云南财经大学	云南师范大学	昆明学院	广西民族大学	云南农业大学	曲靖师范学院	云南民族大学		
	男丙	云南师范大学	玉溪师范学院	广西民族大学	云南农业大学	曲靖师范学院				
	女丙	云南师范大学								
西北赛区（西）	男甲	长安大学	中原工学院	西北农林科技大学	兰州理工大学	山西大同大学				西安建筑科技大学
	女甲	西安交通大学	西北农林科技大学	西安建筑科技大学	西安电子科技大学	中原工学院	西安理工大学	长安大学	河南大学	
	男乙	西北农林科技大学	西安建筑科技大学	西安建筑科技大学	郑州大学					西安建筑科技大学
	女乙	西北农林科技大学	西安建筑科技大学	郑州大学						
	男丙	宁夏大学	山西大学	河南农业大学	西安体育学院	周口师范学院	河南大学	长安大学		
	女丙	山西大学	陕西师范大学	宁夏大学	周口师范学院	河南大学				
东北赛区（沈）	男甲	大连交通大学	大连工业大学	黑龙江八一农垦	哈尔滨工程大学	大连工业大学	沈阳师范大学	沈阳工业大学		东北电力大学
	女甲	哈尔滨商业大学	吉林化工学院	大连工业大学	大连医科大学					
	男乙	哈尔滨工业大学	沈阳建筑大学	哈尔滨师范大学						
	女乙	东北电力大学	哈尔滨师范大学							东北电力大学
	男丙	东北电力大学	黑河大学	东北大学						
	女丙	大连理工大学	东北电力大学							东北电力大学（异补签位）

注：灰色填充表示获得总决赛资格的学校，灰色字体表示弃权的学校，其余未获得参加联赛总决赛团体资格、分区赛中取得前八名的学校，可获得一个组别的单打一个签位、双打一个签位。

23.2018年"康湃思杯"第二十三届中国大学生网球锦标赛

2018年"康湃思杯"第二十三届中国大学生网球锦标赛于2018年7月27日—8月3日在东北电力大学（吉林市）举办，来自20省市106所学校的815名运动员参加了比赛，以下为各省参赛情况：

北京市 （10所 男49人 女40人 总计89人）

校名	人数	团体	单打	双打	人数	团体	单打	双打
北京化工	男乙4人	1	2	1	女乙4人	1	2	1
	男丁4人	1	2	1	女丁4人	1	2	1
北京体大	男丙4人	1	2	1	女丙4人	1	2	1
	男丁4人	1	2	1	女丁3人	1	1	1
北京师大	男丙4人	1	2	1	女丙4人	1	2	1
人民大学	男乙4人	1	2	1	女乙4人	1	2	1
中央民大	男乙4人	1	2	1	女乙4人	1	2	1
	男丙3人	0	1	1				
国关学院	男甲3人	0	1	1	女甲4人	1	2	1
北京交大	男甲4人	1	2	1	女甲3人	0	1	1
清华大学	男甲4人	1	2	1	女甲3人	0	1	1
北京大学	男甲4人	1	2	1	女甲3人	1	1	1
中国矿大	男丙3人	0	1	1				

广东省 （10所 男42人 女36人 总计78人）

校名	人数	团体	单打	双打	人数	团体	单打	双打
广东医大	男甲4人	1	2	1				
暨南大学	女甲4人	1	2	1				
	男乙3人	1	1	1	女乙4人	1	2	1
	男丁3人	1	1	1	女丁4人	1	2	1
华南理工	男甲3人	0	1	1	女甲4人	1	2	1
	男丙4人	1	2	1	女丙4人	1	2	1
	男丁4人	1	2	1	女丁4人	1	1	1
校名	人数	团体	单打	双打	人数	团体	单打	双打
华南农大	男甲2人	0	0	1	女甲4人	1	2	1

五邑大学	男甲4人	1	2	1	女甲4人	1	2	1
中山大学	男甲3人	0	1	1	女甲4人	1	2	1
广东工大	男甲3人	1	1	1				
外语外贸	男甲3人	0	1	1				
广东海洋	男丙3人	0	1	1				
仲恺农业	男甲3人	0	1	1				

四川省（9所 男50人 女46人 总计96人）

校名	人数	团体	单打	双打	人数	团体	单打	双打
西南石油	男甲4人	1	2	1	女甲4人	1	2	1
	男乙4人	1	2	1	女乙4人	1	2	1
	男丁4人	1	1	1	女丁4人	1	2	1
四川大学	男甲4人	1	2	1	女甲4人	1	2	1
	男乙4人	1	2	1	女乙4人	1	2	1
	男丙3人	0	1	1	女丁4人	1	2	1
成都体院	男丙4人	1	2	1	女丙4人	1	2	1
	男丁4人	1	2	1	女丁4人	1	2	1
电子科大	男甲4人	1	1	1				
	男乙2人	0	0	1	女乙3人	1	1	1
西南财大	男甲2人	0	0	1				
	男乙4人	1	2	1	女乙4人	1	2	1
四川师大	男丙4人	1	2	1				
西南医大	男丙3人	0	1	1				
西华师大	女丙3人	1	1	1				
西南交大	女甲4人	1	2	0				

云南省（3所 男8人 女8人 总计16人）

校名	人数	团体	单打	双打	人数	团体	单打	双打
云南师大	男丙4人	1	2	1	女丙4人	1	2	1
昆明理工	男甲4人	1	2	1				
昆明医大	女甲4人	1	2	1				

辽宁省（7所 男21人 女13人 总计34人）

校名	人数	团体	单打	双打	人数	团体	单打	双打
沈阳建大	男甲2人	0	2	0	女丁2人	1	2	0
	男乙4人	0	2	1	女乙1人	0	1	0
沈阳师大	男丙4人	1	1	1	女丙4人	1	2	1
大连医大	男甲4人	1	0	1	女甲4人	1	1	1
辽宁师大	女丁2人	1	0	1				
大连交大	男甲2人	0	2	0				
大连理工	男丙1人	0	1	0				
沈阳化工	男乙4人	1	2	1				

湖北省（7所 男27人 女27人 总计54人）

校名	人数	团体	单打	双打	人数	团体	单打	双打
武汉理工	男乙4人	1	2	1	女乙4人	1	2	1
	男丁1人	0	1	0	女丁4人	1	1	1
	男丙1人	0	1	0				
武汉大学	男甲4人	1	2	1	女甲3人	0	1	1
华中科大	男甲4人	1	2	1	女甲4人	1	2	1
武汉体院	男丙4人	1	2	1	女丙4人	1	2	1
	女丁1人	0	1	0				
湖北工大	男甲4人	1	2	1	女甲4人	1	2	1
湖北文理	男丙3人	0	1	1	女丙3人	0	1	1
长江大学	男甲2人	0	0	1				

广西壮族自治区（7所 男27人 女11人 总计38人）

校名	人数	团体	单打	双打	人数	团体	单打	双打
桂林电子	男甲3人	0	1	1	女甲3人	0	1	1
	男乙4人	1	2	1	女乙4人	1	2	1
梧州学院	男甲3人	0	1	1	女甲4人	1	1	1
广西医大	男甲4人	1	2	1				
桂林医学	男甲3人	0	1	1				
广西民大	男丙3人	0	1	1				
广西师大	男丙4人	1	2	1				

河池学院　　　男丙3人　0　　1　　1

重庆市（6所 男36人 女31人 总计67人）

校名	人数	团体	单打	双打	人数	团体	单打	双打
西南大学	男乙4人	1	2	1	女乙4人	1	2	1
	男丙4人	1	2	1	女丙4人	1	2	1
	男丁4人	1	2	1	女丁3人	1	1	1
重庆大学	男甲4人	1	1	1				
	男乙4人	1	2	1	女乙4人	1	2	1
	男丙4人	1	2	1	女丙4人	1	1	1
重庆师大	男丙4人	1	2	1	女丙4人	1	2	1
重庆科技	男甲4人	1	2	0				
长江师院	男甲4人	1	2	1	女甲4人	1	2	1
重庆医大	女甲4人	1	1	1				

上海市（6所 男33人 女33人 总计66人）

校名	人数	团体	单打	双打	人数	团体	单打	双打
上海财大	男甲1人	0	1	0				
	男乙4人	1	2	1	女乙4人	1	2	1
	男丁4人	1	2	1	女丁2人	1	2	0
上海大学	男乙4人	1	2	1	女乙4人	1	2	1
	男丁4人	1	2	0	女丁4人	1	2	1
华东理工	男乙4人	1	2	1	女乙4人	1	2	1
	女丁4人1	1	1					
上海交大	男乙4人	1	2	1	女乙4人	1	2	1
	女丁3人1	1	1					
上海体院	男丙4人	1	2	1	女丙4人	1	2	1
同济大学	男甲4人	1	2	1				

河南省（6所 男21人 女21人 总计42人）

校名	人数	团体	单打	双打	人数	团体	单打	双打
郑州大学	男乙4人	1	2	1	女乙3人	1	1	1
	男丁1人	0	1	0	女丁2人1	2	0	

	男丙4人	1	2	1				
	男甲4人	1	2	1				
中原工院	男甲3人	0	1	1	女甲4人	1	2	1
周口师院	男丙1人	0	1	0	女丙4人	1	2	1
新乡医学	男甲1人	0	1	0	女甲4人	1	2	1
河南师大	男丙3人	0	1	1				
安阳工学	女甲4人	1	2	1				

浙江省（5所 男19人 女23人 总计42人）

校名	人数	团体	单打	双打	人数	团体	单打	双打
浙江大学	男甲4人	1	2	1	女甲3人	1	1	1
	男乙4人	1	2	1	女乙4人	1	2	1
	男丁4人	1	2	1	女丁4人	1	2	1
浙江理工	男甲4人	1	2	1	女甲1人	0	1	0
宁波大学	男丙3人	1	0	1	女丙4人	1	2	1
浙江传媒	女甲4人	1	2	1				
浙江中医药	女甲3人	1	1	1				

陕西省（6所 男27人 女15人 总计42人）

校名	人数	团体	单打	双打	人数	团体	单打	双打
西北农林	男甲4人	1	2	1				
	男乙4人	1	2	1	女乙4人	1	2	1
西安建大	男甲3人	0	1	1	女甲4人	1	1	1
	男丁4人	1	2	1	女丁2人	1	2	0
	女乙1人	0	1	0				
西安交大	女甲4人	1	2	1				
西北工大	男甲4人	1	2	1				
长安大学	男甲4人	1	2	1				
西安体院	男丙4人	1	2	1				

江苏省（5所 男19人 女12人 总计31人）

校名	人数	团体	单打	双打	人数	团体	单打	双打
中国矿大	男丙4人	1	2	1	女丙4人	1	2	1

校名	人数	团体	单打	双打	人数	团体	单打	双打
南京师大	男丙4人	1	2	1	女丙2人	0	2	0
南京农大	男乙4人	1	2	1	女乙4人	1	2	1
东南大学	男甲4人	1	1	1	女甲2人	0	0	1
江苏科大	男丙3人	1	1	1				

黑龙江（5所 男15人 女9人 总计24人）

校名	人数	团体	单打	双打	人数	闭体	单打	双打
哈商大	男甲2人	0	2	0	女甲1人	0	1	0
	男乙4人	1	2	1				
八一农垦	男甲3人	0	1	1	女甲4人	1	2	1
东北石油	男丙1人	0	1	0	女甲3人	1	0	0
哈师大	男丙1人	0	1	0	女丙1人	0	1	0
黑龙江工程	男甲4人	1	0	0				

江西省（4所 男17人 女12人 总计29人）

校名	人数	团体	单打	双打	人数	团体	单打	双打
江西财大	男乙4人	1	1	1	女乙4人	1	2	1
南昌大学	男丙2人	0	0	1	女丙3人	1	1	1
	男丁2人	1	2	0				
华东交大	男丙4人	1	2	1	女丙4人	1	2	1
	男丁4人	1	2	1				
南大科技	男甲1人	0	1	0	女甲1人	0	1	0

天津市（2所 男7人 女11人 总计18人）

校名	人数	团体	单打	双打	人数	团体	单打	双打
天津外语	男乙4人	1	2	1	女乙4人	1	2	1
	女甲4人	1	2	1				
天津体院	男丙3人	0	1	1	女丙3人	0	1	1

吉林省（2所 男12人 女10人 总计22人）

校名	人数	团体	单打	双打	人数	团体	单打	双打
东北电力	男甲4人	1	2	1	女甲4人	0	2	1
	男丙4人	1	2	1	女丙2人	0	2	0
东北师大	男丙4人	1	2	1	女丙4人	1	1	1

河北省（3所 男11人 女7人 总计18人）

校名	人数	团体	单打	双打	人数	团体	单打	双打
防灾科技	男甲3人	0	1	1	女甲3人	0	1	1
华北电力	男甲4人	1	2	1	女甲4人	1	2	1
华北科技	男丙4人	1	0	0				

山东省（2所 男5人 女0人 总计5人）

校名	人数	团体	单打	双打
中国海洋	男甲1人	0	1	0
中国石油	男甲4人	1	2	1

甘肃省（1所 男4人 女0人 总计4人）

校名	人数	团体	单打	双打
兰州交大	男甲4人	1	1	1

24.2019年"农行杯"第二十四届中国大学生网球锦标赛

2019年"农行杯"第二十四届中国大学生网球锦标赛于2019年7月18日—25日在西南大学（重庆市）举办，来自23省市113所学校的804名运动员参加了比赛，以下为各省参赛情况：

北京市

北京化工	男乙1团	2单	1双	女乙1团	2单	1双
	男丁1团	2单	1双	女丁1团	2单	1双
北京体大	男丙1团	2单	1双			
	男丁1团	2单	1双	女丁1团	1单	0双
中央民大	男乙1团	2单	1双	女乙1团	2单	1双
人民大学	男乙	1双		女乙1团	2单	1双
北京师大	男丙	1单	1双	女丙1团	2单	0双
华北电力	男甲1团	2单	1双	女甲1团	2单	0双
国关学院	男甲1团	2单	1双	女甲1团	2单	0双
北京大学	男甲1团	2单	1双	女甲1团	1单	1双
中央财大	男甲1团	1单	1双	女甲1团	0单	0双
中国矿大	男丙	1单	1双			

北京农院	女甲	1单	1双	0双		
北京理工	女甲	1双	0双			
广东省						
暨南大学	女甲1团	2单	1双			
	男乙1团	2单	1双	女乙1团	2单	1双
	男丁1团	2单	0双	女丁	2单	0双
华南理工	男甲	0单	0双	女甲	0单	1双
	男丙1团	2单	1双	女丙1团	2单	1双
	男丁	1双	0双			
五邑大学	男甲1团	2单	1双	女甲1团	2单	1双
华南师大	男丙1团	2单	1双	女丙1团	2单	1双
中山大学	男甲	1单	1双			
广东工大	男甲1团	1单	1双			
广东医大	男甲1团	2单	1双			
广东海洋	男丙1团	1单	1双			
外语外贸	女甲	1单	1双			
仲恺农院	男甲	1单	1双			
陕西省						
西安建大	女甲1团	1单	1双			
	女乙1团	1单	1双			
	男丁1团	2单	女丁	1单		
西北农林	男甲1团	2单	1双			
	男乙1团	2单	1双	女乙1团	2单	1双
	男丁1团	2单	1双			
西安体院	男丙1团	2单	1双	女丙0团	0单	0双
陕西师大	男丙	0单	1双	女丙1团	2单	1双
长安大学	男甲1团	2单	1双			
西北工大	男甲1团	2单	1双			
西安交大	女甲1团	2单	1双			
西安石油	男甲1团	1单	1双			

西安电子	女甲	1单	1双			
西安工程	男甲	1单	1双			
重庆市						
西南大学	女甲	1单	1双			
	男乙1团	2单	1双	女乙1团	2单	1双
	男丙1团	2单	1双	女丙1团	2单	1双
	男丁1团	2单	1双	女丁1团	2单	1双
重庆大学	男乙1团	2单	1双	女乙1团	2单	1双
	男丙1团	2单	1双	女丙1团	2单	1双
	男丁1团	2单	1双			
重庆师大	男丙1团	2单	1双	女丙1团	2单	1双
	男丁1团	2单	1双	女丁1团	2单	1双
长江师院	男甲1团	2单	1双	女甲1团	2单	1双
重庆医大	女甲1团	2单	1双			
西南政法	男甲	1单	0双	女甲	1单	0双
重庆理工	女甲1团	2单	1双			
重庆邮电	男甲1团	2单	1双			
四川省						
四川大学	男甲1团	2单	1双			
	男乙1团	2单	1双	女乙1团	2单	1双
	男丙	1单	1双			
	男丁1团	2单	0双	女丁1团	2单	1双
西南石油	男甲1团	2单	1双			
	男乙1团	2单	1双	女乙1团	1单	1双
	男丁1团	1双	0双	女丁1团	1单	1双
西南财大	男甲1团	2单	1双			
	男乙1团	2单	1双	女乙1团	2单	1双
电子科大	男甲	1单	1双			
	男乙1团	2单	1双	女乙1团	2单	0双
成都体院	男丙1团	2单	1双	女丙1团	2单	1双

西南交大	女甲1团	2单	1双			
西南民大	女甲1团	1单	0双			
西华师大	（女丙团/单/双）弃权					

上海市

上海财大	男乙1团	2单	1双	女乙1团	2单	1双
	男丁1团	1单	1双	女丁1团	2单	0双
上海大学	男乙1团	2单	1双	女乙1团	2单	1双
	男丁1团	2单	0双	女丁1团	2单	0双
华东理工	男乙1团	2单	1双	女乙1团	2单	1双
	女丁1团	1单	1双			
上海交大	男乙1团	2单	1双	女乙1团	2单	1双
	男丁1团	1单	1双			
上海体院	男丙1团	2单	1双	女丙1团	2单	1双
同济大学	男甲1团	2单	1双	女甲1团	2单	1双
东华大学	男甲	1单	1双	女甲1团	2单	1双

浙江省

宁波大学	男甲1团	2单	1双	女丙1团	2单	1双
浙江大学	男甲1团	2单	1双	女甲1团	1单	1双
	男乙1团	2单	1双	女乙1团	2单	1双
	男丙1团	1单	1双			
	男丁1团	2单	1双	女丁1团	2单	1双
浙江财大	男甲1团	1单	1双	女甲1团	2单	1双
浙江理工	男甲1团	2单	1双			
浙江师大	男丙1团	2单	1双			
浙江中医	女甲1团	2单	1双			
浙江海洋	男甲1团	1单	1双			

湖北省

武汉理工	男乙1团	2单	1双	女乙1团	2单	1双
	男丙	1单	0双			
	男丁	1单	0双	女丁1团	1单	1双

武汉体院	男丙1团	2单	1双	女丙1团	2单	1双
湖北工大	男甲	1单	1双	女甲	1单	1双
湖北文理	男丙	1单	1双	女丙1团	2单	1双
中南财政	男甲	2单	0双	女甲1团	1单	1双
华中科大	女甲1团	2单	1双			
江汉大学	男丁1团	1单	1双			

云南省

云南师大	男乙	1单	0双			
	男丙1团	2单	1双	女丙1团	2单	1双
	男丁	1单	0双	女丁	1单	0双
昆明理工	男甲1团	2单	1双	女甲1团	2单	1双
	男乙1团	2单	0双	女乙1团	2单	
玉溪师院	男丙1团	2单	1双	女丙1团	1单	1双
云南财大	女甲1团	2单	1双			
	女乙1团	2单	1双			
昆明医大	男甲	0单	1双	女甲1团	2单	1双
云南农大	男丙1团	1单	1双			

河南省

周口师院	男丙	0双		女甲1团	1单	1双
郑州大学	男甲	1单				
	男乙1团	2单	1双	女乙1团	2单	1双
	男丙1团	2单	1双	女丁1团	1双	0双
河南大学	男乙1团	2单	1双			
新乡医学	女甲1团	2单	1双			
河南师大	男丙	1双	0双			

江西省

华东交大	男甲	1单	1双			
	男丙1团	2单	1双			
	男丁1团	1双	0双			
南昌大学	女丙1团	2单	1双			

	男丁1团	2单	1双	女丁1团	2单	
江西财大	男乙1团	2单	1双			
南昌工程	男甲1团	2单	0双			
新余学院	男丙	1单	1双			

广西壮族自治区

桂林电子	男甲	1单	1双	女甲	1单	1双
	男乙1团	2单	1双	女乙1团	2单	1双
广西师大	女丙1团	1单	1双			
	女丁1团	1单	0双			
广西大学	男丙	1单	1双			
	男丁	1单	0双			
桂林航院	男甲1团	2单	1双			

江苏省

南京农大	男乙1团	2单	1双	女乙1团	2单	1双
中国矿大	男乙1团	1单	1双			
	男丙	1单	0双			
南京师大	男丙1团	2单	1双			
东南大学	女甲	1单	1双			

黑龙江

哈商大学	男甲1团	2单	1双	女甲1团	1单	0双
黑龙江工程	女甲1团	2单	0双			
黑龙江大学	男甲	1单	0双			

辽宁省

沈阳建大	男乙	1单	1双	女乙	1双	
	女丁	1单	0双			
大连理工	男甲1团	2单	1双	女丁	1单	
沈阳化工	男乙	1单	1双			
辽宁师大	（女丁团/单/双）弃权					

福建省

福州大学	女甲1团	1单	1双	

集美大学	男丙	1单	1双	女丙1团	1单	1双
厦门大学	男甲1团	2单	1双			

山东省

济南大学	男丁1团	0单	0双			
山东大学	男甲	1单	1双			
中国石油	男甲1团	2单	1双			

天津市

天津外语	女甲1团	2单	1双			
	女乙1团	2单	1双			
天津体院	男丙1团	2单	1双			

吉林省

东北电力	男甲1团	2单	1双	女甲1团	2单	1双
	男丙1团	2单	1双			
吉林大学	男丙1团	2单	0双			

内蒙古

内蒙古农大	男甲1团	1单	1双			
内蒙古师大	男丙1团	2单	1双	女丙1团	2单	1双

甘肃省

兰州大学	男甲1团	2单	1双	女甲	1单

山西省

山西大学	女丙1团	2单	1双

河北省

华北科技	女丙1团

二、历届参赛数据及分析

表1-24　历届锦标赛参赛数据统计

年份	届数	参赛省份	参赛学校	参赛人数（人）		
				男	女	总数
1994	1	12	27	81	45	126
1995	2	13	26	76	41	117
1996	3	09	17	57	28	85
1998	4	10	22	60	53	113
2000	5	08	12	33	20	53
2001	7	12	25	86	46	132
2002	8	13	25	85	53	138
2004	9	13	39	118	81	199
2005	10	14	41			220
2006	11	14	41	137	85	222
2007	12	16	42	160	92	252
2008	13	18	54	261	154	415
2009	14	18	68	298	195	493
2010	15	17	71	297	180	477
2011	16	19	86	375	218	593
2012	17	23	91	402	246	648
2013	18	25	121	505	304	809
2014	分区赛	22	137	590	432	1022
2014	19	22	98	453	336	789
2015	分赛区	23	133	617	432	1049
2015	20	20	90	367	303	670
2016	分区赛	27	163	746	536	1282
2016	21	24	102	437	325	762
2017	分区赛	27	170	786	576	1362

年份	届数	参赛省份	参赛学校	参赛人数（人）		
				男	女	总数
2017	22	25	110	444	376	820
2018	分区赛	26	185	1071	785	1856
2018	23	20	106	450	365	815
2019	分区赛	27	186	859	640	1499
2019	24	23	113	440	364	804
2021	分区赛	28	174			1768
2021	25	24	109			820

注：数据为清华大学孙建国老师整理提供。

可以看到，随着网球运动在我国快速传播，大网赛规模也不断扩大，从第一届的12个省市27所学校的124名运动员参加发展到第二十五届的28个省市174所学校的1768名运动员参赛，已经成为我国规模最大、规格最高、影响最广的高校体育赛事之一。

网球运动在高校能够快速发展主要有四方面原因。第一，我国政治、经济、文化的发展使得人民的生活需求日益丰富。随着物质生活逐渐富裕，高校青年对于更高生活品质的要求也不断提高，网球运动得以走向普通大众。第二，高校的网球运动从20世纪90年代受到党和政府的高度重视，不仅成立了正式组织机构全国大学生网球协会，还将网球运动纳入高校体育教学改革，这使得网球运动在高校中得到了快速广泛的普及。第三，20世纪末21世纪初，我国网球事业在国际赛场取得了优异的成绩。在2004年雅典奥运会上，中国金花组合李婷、孙甜甜为中国夺取了历史上第一枚网球项目的奥运金牌；2006年，郑洁、晏紫组合先后拿下澳网和温网两个大满贯冠军，创造了我国网球运动的历史；2011年，李娜在大满贯赛事的单打冠军榜上，第一次书写了中国人的名字。这些都使民众倍受鼓舞，越来越多的人也开始关注这项赛事。第四，网球运动对运动者的体力、耐力、速度、反应力、判断力等技能都有极高的要求，在世界范围影响广泛，是世界第二大体育运动，也是"世界四大绅士运动"之一。这样一种修身健体、陶冶情操、时尚高雅的运动，普及后自然受到广大学生的喜爱，在短时间里跻身最受大学生欢迎体育项目之一，参与者日益增多。

（一）参赛省份

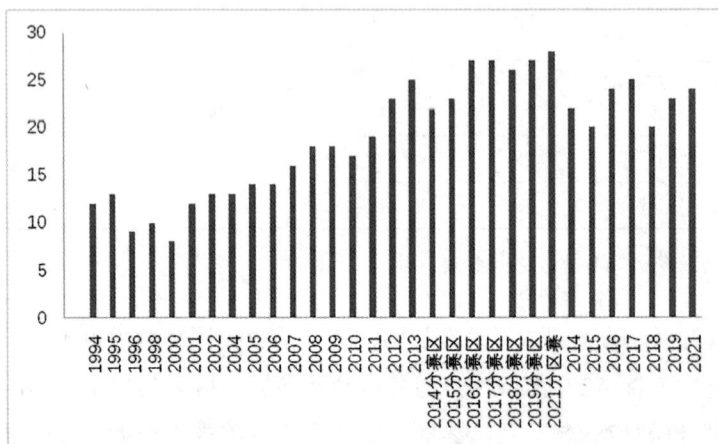

图1-1　历届锦标赛参赛省份

可以看到，历届锦标赛中参赛省份的增长较为平稳，从1994年的12所高校增长到2019年的27所高校，大网赛的影响范围越来越广泛。尤其澳门于1998年、2001年也加入了大网赛的阵列，通过比赛和交流，为增进海峡两岸和港澳地区兄弟院校之间的团结和友谊，互相学习、共同提高作出了贡献。

表1-25　历届锦标赛各省参赛高校数

年份	届数	各省参赛高校数
1994	1	广东6所、天津4所、北京4所、四川3所、上海2所、浙江2所、江西1所、福建1所、安徽1所、江苏1所、黑龙江1所、湖北1所
1995	2	广东6所、上海3所、江西3所、浙江2所、四川2所、天津2所、福建2所、江苏1所、北京1所、湖北1所、重庆1所、河南1所、黑龙江1所
1996	3	广东4所、四川4所、上海2所、福建2所、浙江1所、江西1所、甘肃1所、北京1所、广西1所

续表

年份	届数	各省参赛高校数
1998	4	广东5所、北京3所、上海4所、四川2所、江西1所、甘肃1所、天津1所、浙江1所、香港3所
2000	5	北京4所、广东2所、上海1所、四川1所、浙江1所、湖北1所、福建1所、河南1所
2001	7	江苏6所、北京5所、广东3所、上海3所、江西1所、四川1所、湖北1所、浙江1所、天津1所、香港1所、陕西1所、澳门1所
2002	8	江苏5所、北京4所、上海3所、广东2所、浙江2所、湖北2所、福建1所、江西1所、四川1所、天津1所、香港1所、辽宁1所、陕西1所
2004	9	上海8所、北京6所、四川5所、江苏4所、广东4所、江西3所、湖北3所、重庆1所、浙江1所、天津1所、香港1所、云南1所、福建1所
2005	10	江苏7所、上海6所、北京5所、广东4所、湖北4所、江西4所、四川3所、黑龙江2所、浙江1所、香港1所、云南1所、山东1所、河南1所、吉林1所
2006	11	北京6所、江西5所、广东4所、江苏4所、上海4所、湖北4所、四川3所、天津3所、香港2所、重庆2所、浙江1所、云南1所、黑龙江1所、河北1所
2007	12	北京7所、上海6所、江苏5所、广东4所、四川3所、黑龙江3所、湖北3所、重庆2所、江西2所、云南1所、广西1所、浙江1所、河南1所、天津1所、香港1所、山东1所
2008	13	上海8所、江苏7所、广东6所、北京5所、四川4所、湖北4所、陕西3所、浙江3所、重庆2所、江西2所、河南2所、澳门2所、天津1所、云南1所、黑龙江1所、吉林1所、香港1所、广西1所
2009	14	北京9所、江苏8所、广东8所、上海7所、四川7所、湖北4所、河南4所、江西4所、重庆3所、陕西3所、天津2所、浙江2所、黑龙江2所、广西1所、云南1所、福建1所、山东1所、香港1所
2010	15	广东10所、北京8所、四川7所、江苏7所、上海、6所、湖北5所、浙江4所、重庆4所、河南、4所、广西3所、江西3所、辽宁2所、陕西、2所、云南2所、天津1所、香港1所、福建、1所、吉林1所

年份	届数	各省参赛高校数
2011	16	广东13所、北京12所、四川8所、江苏8所、上海、6所、陕西、7所、浙江5所、重庆4所、河南、4所、广西、3所、云南3所、辽宁3所、江西、3所、天津、1所、福建1所、湖北1所、山东、1所、香港、1所、黑龙江1所
2012	17	广东12所、四川11所、北京10所、江苏7所、上海6所、重庆7所、江西5所、云南5所、陕西4所、河南4所、广西4所、浙江3所、湖北2所、天津2所、香港1所、宁夏1所、海南1所、福建1所、内蒙古1所、吉林1所、河北1所、黑龙江1所、辽宁1所
2013	18	广东16所、北京14所、四川10所、江苏9所、上海8所、河南6所、重庆6所、陕西5所、湖北5所、江西5所、浙江5所、广西4所、云南4所、辽宁4所、河北3所、天津3所、黑龙江3所、宁夏2所、吉林2所、香港2所、福建1所、山西1所、湖南1所、内蒙古1所、甘肃1所
2014	分区赛	上海14所、北京12所、辽宁11所、湖北11所、江苏10所、四川9所、重庆9所、云南8所、陕西6所、浙江5所、江西4所、广西4所、广西3所、河南3所、黑龙江2所、甘肃1所、天津1所、内蒙古1所、河北1所、山东1所、山西1所、吉林1所
2014	19	广东15所、北京11所、四川8所、江苏8所、上海、6所、浙江6所、湖北5所、辽宁5所、广西、4所、河南4所、重庆4所、江西4所、陕西3所、云南3所、香港2所、福建2所、黑龙江2所、河北2所、内蒙古1所、吉林1所、天津1所、海南1所
2015	分赛区	四川15所、北京11所、湖北10所、广东10所、辽宁9所、上海8所、云南8所、重庆8所、陕西7所、黑龙江7所、江苏6所、浙江6所、广西6所、江西6所、河南5所、天津2所、河北2所、山西2所、甘肃1所、福建1所、山东1所、吉林1所、内蒙古1所
2015	20	北京9所、广东7所、重庆7所、四川6所、江苏6所、辽宁6所、陕西6所、上海5所、浙江5所、广西5所、江西5所、云南5所、黑龙江5所、湖北4所、河南4所、河北1所、福建1所、吉林1所、山西1所、内蒙古1所

续表

年份	届数	各省参赛高校数
2016	分区赛	四川14所、浙江13所、北京13所、广东13所、湖北12所、辽宁12所、云南10所、陕西10所、江苏10所、江西7所、重庆7所、广西6所、黑龙江6所、上海5所、河南5所、天津3所、福建3所、山西2所、河北2所、香港2所、宁夏2所、山东1所、新疆1所、甘肃1所、吉林1所、澳门1所、内蒙古1所
2016	21	北京10所、四川9所、辽宁8所、广东7所、云南、7所、湖北7所、陕西6所、浙江6所、江西、6所、重庆5所、河南5所、上海4所、广西4所、福建3所、江苏3所、黑龙江3所、香港、2所、河北1所、吉林1所、山西1所、澳门、1所、宁夏1所、天津1所、内蒙古1所
2017	分区赛	浙江16所、四川15所、广东13所、北京12所、辽宁11所、湖北11所、云南10所、重庆10所、陕西9所、江苏9所、上海8所、江西7所、广西6所、河南5所、福建4所、黑龙江4所、河北3所、吉林3所、山西2所、甘肃2所、香港2所、天津2所、山东2所、宁夏1所、安徽1所、澳门1所、内蒙古1所
2017	22	北京10所、浙江10所、云南10所、四川8所、辽宁8所、广东8所、湖北8所、陕西6所、重庆6所、上海5所、广西4所、江西4所、河南4所、福建3所、江苏3所、黑龙江2所、天津2所、吉林2所、香港1所、河北1所、山西1所、澳门1所、宁夏1所、内蒙古1所、甘肃1所
2018	分区赛	浙江18所、四川16所、湖北13所、广东12所、北京12所、重庆11所、上海10所、陕西10所、辽宁10所、黑龙江9所、江苏8所、云南8所、广西8所、河南7所、江西7所、福建4所、天津4所、吉林3所、河北3所、山东3所、山西2所、内蒙古2所、甘肃2所、宁夏1所、香港1所、湖南1所
2018	23	北京10所、广东10所、四川9所、辽宁7所、湖北、7所、广西7所、重庆6所、上海6所、河南6所、浙江5所、陕西6所、江苏5所、黑龙江5所、江西4所、云南3所、河北3所、天津2所、吉林2所、山东2所、甘肃1所

续表

年份	届数	各省参赛高校数
2019	分区赛	四川18所、北京16所、浙江13所、重庆12所、广东11所、陕西11所、湖北11所、上海10所、云南8所、广西8所、辽宁8所、黑龙江8所、江西7所、江苏7所、福建6所、河南6所、吉林5所、天津4所、山东4所、内蒙古2所、河北2所、湖南2所、山西2所、甘肃2所、安徽1所、贵州1所、澳门1所
2019	24	北京12所、广东10所、陕西10所、四川7所、重庆8所、上海7所、浙江7所、湖北7所、云南6所、河南5所、江西5所、辽宁3所、广西4所、江苏4所、黑龙江3所、福建3所、山东3所、天津2所、吉林2所、内蒙古2所、甘肃1所、山西1所、河北1所

广东省、北京市、四川省、浙江省、上海市、江苏省、陕西省、云南省、江西省、河南省、广西壮族自治区、福建省这12省市自1994年第一届全国大学生网球锦标赛就有高校开始参加，一直到2019年第24届（从1994年至2019年实际举办了23届中国大学生网球锦标赛，由于2000年第五届和2001年第七届的某种原因错误的计算，跳过第六届，故延续到2019年为第二十四届）。

表1-26　各省参赛届数

广东省 23届	北京市 23届	四川省 23届	浙江省 23届
上海市 23届	江苏省 23届	陕西省 23届	云南省 23届
江西省 23届	河南省 23届	广西壮族自治区 23届	福建省 23届
湖北省 21届	黑龙江 16届	天津市 19届	香港特区 16届
山西省 14届	重庆市 12届	辽宁省 11届	吉林省 11届
山东省 10届	甘肃省 09届	河北省 08届	内蒙古 08届
澳门特区 05届	宁夏回族自治区 05届	湖南省 03届	安徽省 03届
海南省 02届	新疆维吾尔区 01届	贵州省 01届	
2省未参赛：西藏自治区　青海省			

从浙江省高校参加大网赛的历程分析，大致分成三个阶段：第一阶段从1994年第一届到2007年的第十二届基本上是浙江大学孤军奋战；第二阶段从

2008年至2013年，参赛队伍基本在3—5所，战绩仍以浙大为先；第三阶段在2014年实行分区赛加锦标赛的竞赛体系后，浙江省参赛校成倍增长，成为大网赛骨干省份。其中浙大是成立中国大网协的发起校之一，1994年当选为中国大网协第一届的主席单位，并成功地举办了第一届全国大学生网球锦标赛，是浙江省网球运动的领军高校。

1989年举办第一届全国大学生网球邀请赛时，由于信息不畅通，北京只有国际关系学院派队参加。当时国关有一位学生毕业后在上海工作，也是一名网球爱好者，当他听说上海要举办全国大学生网球赛后，便将这个信息反馈给学校。国际关系学院尹钊老师带队参加比赛并把北京高校开展网球情况通报给组委会。从1991年国际关系学院派队参加到1992年国际关系学院和清华大学派队参加，再到2019年的第二十四届北京高校共25所学校参加。北京高校大学生网球运动的发展十分迅速，尤其1995年成立北京大网协后，参加北京大网赛的学校数量逐年扩大，北京大网赛与全国大网赛同步发展，为全国大网赛提供了源源不断的新力量。

上海先后共有21所高校参加了23届中国大学生网球锦标赛。其中，上海大学作为成立中国大学生网球协会筹备委员会骨干学校之一，当选大网协第二、三、四届主席单位，参加了历届锦标赛，为中国大学生网球运动的发展立下了汗马功劳。在锦标赛发展过程中的中后期，上海大学、华东理工大学、上海财经大学和上海交通大学成为上海高校网球运动的四驾马车，驰骋在中国大学生网球锦标赛的场地上，取得了骄人的战绩。

在陕西省13所参赛校中，西安建筑科技大学参加了12届，并在2011年承接了第11届大网赛，现成为大网赛的骨干学校。西北农林科技大学虽然起步较晚，但作为后起之秀也成为大网赛的骨干学校。这两所学校并驾齐驱在2016年大网赛上荣获团体总分第八名，使陕西进入网球强省行列。

云南财经大学是云南省第一所参加大网赛的学校，其次是昆明理工大学。昆明理工大学于2010年参加大网赛，并于2012年（第17届）、2017年（第22届）两次承办了中国大学生网球锦标赛，同时还承办了2014—2019年六届大网赛的分区赛，是大网协和大网赛双重的骨干学校。

河南省高校参加大网赛的数量可谓全国31个参赛省之首，这个"首"字是指河南省高校参加大网赛校长组比赛的规模（近二十余所）居全国第一位，而参加学生组比赛的学校以10所居第10位。河南省最先参加大网赛的学校是河南师大（1995年），该校还承办了2000年第五届大网赛。河南省高校参加大网赛届数最多的前三名分别是中原工学院（12届）、郑州大学（12届）和周口师范学院（10届）。论网球竞技水平，早期中原工学院的部分项目进入过前八名，后期以郑州大学为首的河南队征战大网赛，在各参赛者队伍中处于中下游。

广西高校整体参加大网赛的时间较晚，最早参加大网赛的是广西大学（1996年），其后是桂林电子科技大学（2007年）。桂林电子科技大学于2010年承办了第十五届大网赛，是广西壮族自治区高校参加大网赛届数最多的学校，也是参加大网赛的骨干学校。广西整体竞技水平处在中游，桂林电子科技大学的竞技水平是广西参赛学校的方向标，曾有着优异的战绩，但自2014年起战绩不佳，总分排名有所下滑。

福建省先后有9所学校参加大网赛。其中最早参加大网赛的学校是福州大学，该校从1994年到1996年连续参加了三届，后来陷入沉寂，直至2019年才重归大网赛的赛场。华侨大学参加了1991年第二届全国大学生网球邀请赛。集美大学从2009年起，共参加了9届大网赛，其次是厦门大学，从1995年至2019年间共参加了8届大网赛。福建省的参赛校网球竞技水平较薄弱，集美大学在2012年第十七届大网赛上首次获得女子乙组团体第六名。

东北三省高校参加大网赛的历程先从参赛时间谈起。最先参加大网赛的是黑龙江中医学院，该校参加了1994年和1995年的第一、二届大网赛，但此后渺无音讯。东北三省高校中参加大网赛届数最多的是哈尔滨商业大学，共14届，哈商大还承办过2007年第十二届大网赛。从东三省参赛校数量上比较，辽宁省以18所名列大网赛31个参赛省的第七名，但绝大多数学校是从2014年实行分区赛后开始进入大网赛。

西北五省网球发展属于比较薄弱的省份，其中青海省未派队参加大网赛，其他四省参赛学校也比较少，陕西省和甘肃省各4所、宁夏回族自治区2所，新疆维吾尔自治区的1所只参加过一次分区赛。

香港与澳门两地的高校参加中国大学生网球锦标赛的历程中，最值得回忆的年代是1997年香港回归祖国的第二年，香港特别行政区首次派出香港中文大学、香港理工大学和香港科技大学三所学校参加比赛。

（二）参赛学校

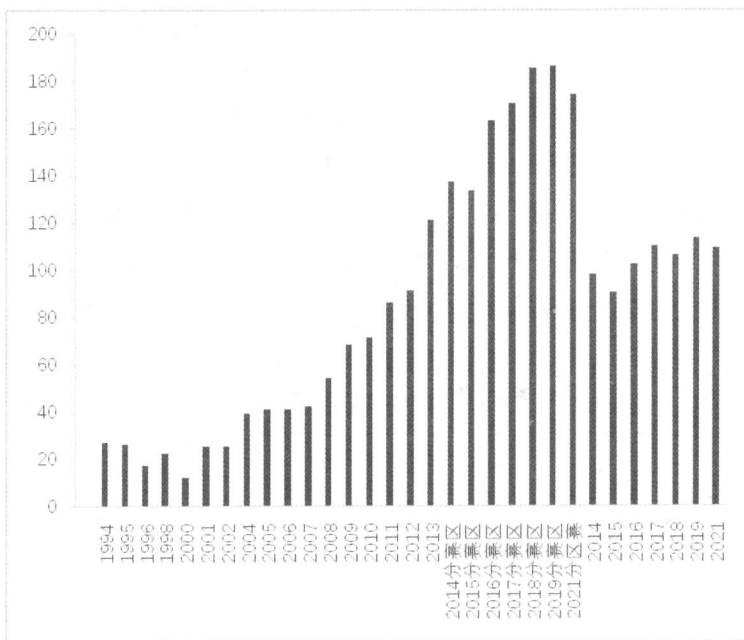

图1-2　历届锦标赛参赛学校

大网赛从1994年第一届的27所到2019年第二十四届的186所高校参加，发展十分迅速，这为提高大学生网球运动技术水平，促进大学生网球运动的广泛开展，增进各兄弟院校之间的网球交流、团结和友谊，互相学习、借鉴思路、共同发展作出了不可磨灭的贡献。

上海大学、浙江大学、西南石油大学三所高校参加了历届锦标赛，并驾齐驱名列335所高校之首，是大网赛的坚实力量。其中上海大学作为成立中国大学生网球协会筹备委员会骨干学校之一，当选大网协第二、三、四届主席单位，为中国大学生网球运动的发展做出了贡献。浙江大学是成立中国大网协的发起校之一，1994年当选为中国大网协第一届的主席单位，并成功地举办了第一届全国大学生网球锦标赛，在24届大网赛上也有着强劲实力。浙大优异的成绩与其大力推进教学改革密不可分，在改革开放之际，浙江大学成为国家教育部直属高等工科学校综合教改的试点学校之一，体育教育改革亦被列入学校教改议事日程。1982年浙江大学体育部以篮球、排球、网球等课程为试点，在国内率先开展体育专项教学的实践与探索。在这种改革形势下，浙大的网球发展早于其他高校，自然成为全国高校网球运动的领军高校。

华南理工大学、中山大学、暨南大学、清华大学、四川大学在三届邀请赛时期就开始参加大网赛，参与了全国大学生网球协会、大网赛的发起倡导活动，是大网赛元老级高校。江西财经大学参加了22届锦标赛，名列第四名，也是1994年第一届锦标赛参赛学校元老之一，并于1995年承办了第二届全国大学生网球锦标赛。华东理工大学以参加了21届锦标赛的优异成绩名列第七名，也是2008年锦标赛承办学校。

表1-27　参加锦标赛届数最多的前十名学校（全勤届数为23届）

01 浙江大学	（23届）
01 上海大学	（23届）
01 西南石油大学	（23届）
04 华南理工大学	（22届/缺席1996年）
04 暨南大学	（22届/缺席1996年）
04 江西财经大学	（22届/缺席2000年）
07 华东理工大学	（21届/缺席1994年/2000年）
07 清华大学	（21届/缺席1996年/2000年）
09 四川大学	（20届/缺席2000年/2001年/2002年）
09 中山大学	（20届/缺席2000年/2002年/2007年）

（三）参赛人数

大网赛参赛人数的变化与参赛高校的变化几乎是同步的，从1994年第一届的126人发展到2019年第二十四届的1499名运动员参加，参赛人数增加了约30倍，发生了翻天覆地的变化。这不仅源于大网赛本身的发展壮大，更在于大网赛的赛制日益公平、管理不断优化。从图中可以明显看到，参赛人数于2008年、2013年分别发生了两次飞速跃升，而这也对应了大网赛的两次改革，尤其是参赛组别划分的优化，将职业网球运动员学生、体育专业网球运动员学生、普通业余学生分开，使竞赛更公平、合理，极大地提高了学生尤其是普通学生参赛的积极性。全国大学生网球分会于2013年推出的跨年度"联赛制"比赛，在保证参赛院校积极性的前提下，减少了承办校的压力，合理安排了比赛时间和场次，使大网赛得到了进一步、可持续的发展。

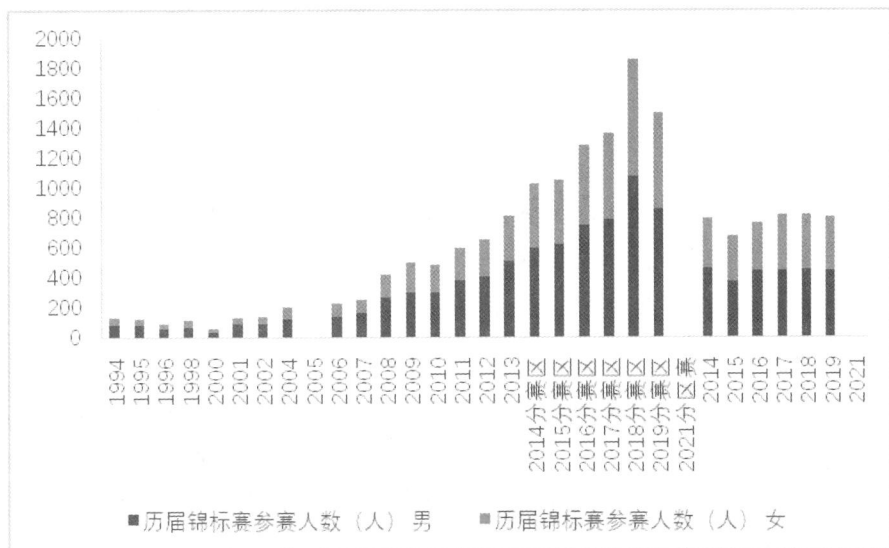

图1-3 历届锦标赛参赛人数

（四）参赛组别

从1994年到2019年锦标赛组别的划分大致分为三个阶段：（1）1994—2006年分为甲、乙组，乙组运动员相当于现在的丁组；（2）2007—2014年分为甲、乙、丙组，乙组运动员大致与现在的乙组和丙组，丙组与现在的丁组大致相同；（3）2015年以后分为现在的四个组别，即甲、乙、丙、丁组。

在大网赛开展初期，学生组只设一个组别的比赛。2001年全国第七届大网赛增设了乙组，乙组为高水平运动员，甲组保持着普通学生的身份，当时有乙组选手的大学仅四所（上海大学女乙3人、男乙1人，暨南大学女乙2人、男乙4人，华南理工男乙1人，上海交大女乙1人、男乙4人），总计男乙10人，女乙6人。

随着拥有乙组学生的学校从2001年4所上升到2010年45所，从16名运动员扩大到194名，占参赛校的64%，运动员占41%，2010年大网赛变更为甲、乙、丙三个组别：甲组为普通学生，乙组为高水平运动员特招学生和体育专业学生，丙组为国内现役或退役运动员在大学读书的学生。丙组运动员共97名，来自全国21所大学，占参赛校的30%，运动员占20.5%；而甲组共有45所大学，186名运动员。甲、乙组从参赛校到运动员大致相等，是大学网球从普及到提高的转变的体现。乙组和丙组运动员加入大网赛，为大网赛今后的发展又注入新的活力，提高了大网赛的竞技水平，也对赛事的组织要求越来越高。

2013年联赛改革时，因为参赛学校的数量不断增加，将原乙组拆分为乙组和丙组，乙组为网球高水平特长生学生，丙组为体育院系的学生，原高水平运动员的丙组更名为丁组。最终，形成了现阶段分区赛为甲、乙、丙三个组别，锦标赛为甲、乙、丙、丁四个组别的划分。

可以看到，大网赛规程在实践中得到了不断完善，组别划分不断明确，形成了现在将普通同学、享受网球专项高考体育加分的学生以及现役或退役运动员分开划分组别，这为参赛运动员提供了一个相对公平的竞赛平台。这样的组别划分吸引了更多的大学生参赛。

表1-28　历届锦标赛甲组参赛情况

年份	男子甲组			女子甲组		
	团体（队）	单打（人）	双打（对）	团体（队）	单打（人）	双打（对）
2019	115-32	72	39	94-29	57	33
2018	120-29	73	43	91-28	57	34
2017	107-29	78	43	78-28	64	36
2016	10-30	74	26	66-23	47	21
2015	80-25	57	32	54-22	47	23
2014	84-55	97	39	39-63	63	25

年份	男子甲组			女子甲组		
	团体（队）	单打（人）	双打（对）	团体（队）	单打（人）	双打（对）
2013	57	114	41	42	68	32
2012	47	83	32	27	52	19
2011	46	85	29	27	50	17
2010	34	0	0	21	0	0
2009	37	91	40	24	53	28
2008	34	0	0	17	0	0
2007	27	0	0	15	0	0
2006	29	0	0	19	0	0
2005	0	0	0	0	0	0
2004	29	0	0	21	0	0
2002	21	37	16	14	24	10
2001	22	44	22	12	28	13
2000	08	20	11	05	12	06
1998	17	48	24	17	43	20
1996	17	0	0	08	0	0
1995	0	57	32	0	31	13
1994	20	46	19	14	31	12

注：2014—2019年团体队数据为分区赛——锦标赛数据。

表1-29 1994—2013年锦标赛乙、丙组参赛情况

年份	男子组			女子组		
	团体（队）	单打（人）	双打（对）	团体（队）	单打（人）	双打（对）
2013	83	124	64	51	82	35
2012	63	128	46	43	80	31
2011	64	115	44	42	64	30
2010	55	0	0	38	0	0
2009	47	100	45	36	78	40
2008	45	0	0	39	0	0
2007	29	0	0	20	0	0
2006	11	0	0	09	0	0
2005	0	0	0	0	0	0
2004	05	0	0	04	0	0
2002	06	010	04	07	12	04
2001	0	08	03	0	07	02
2000	0	05	0	0	03	0
1998	0	0	0	0	0	0
1996	0	0	0	0	0	0
1995	0	05	0	0	06	0
1994	0	04	0	0	02	0

以上未标注的参赛数据，一是秩序册未注明运动员参赛项目，或未设团体项目；二是由于最初几届乙组参赛学校或运动员甚少，只参加单项赛。

表1-30 2014—2019年锦标赛乙、丙、丁组参赛情况

组别＼年份		2019	2018	2017	2016	2015	2014
男子乙组	团体	17	13	19	19	11	16
	单打	31	26	26	25	25	28
	双打	14	11	10	16	8	11
女子乙组	团体	13	18	13	13	15	15
	单打	29	29	23	22	22	9
	双打	9	14	9	9	12	9
男子丙组	团体	23	23	23	24	23	22
	单打	48	46	47	50	43	42
	双打	23	24	27	26	22	17
女子丙组	团体	24	22	22	21	21	24
	单打	46	43	48	39	37	46
	双打	23	22	21	21	21	17
男子丁组	团体	20	22	22	21	21	31
	单打	48	56	55	48	46	57
	双打	31	32	30	32	26	30
女子丁组	团体	18	17	19	18	18	23
	单打	35	36	40	37	36	39
	双打	18	18	23	21	20	20

（五）历届总体数据图示

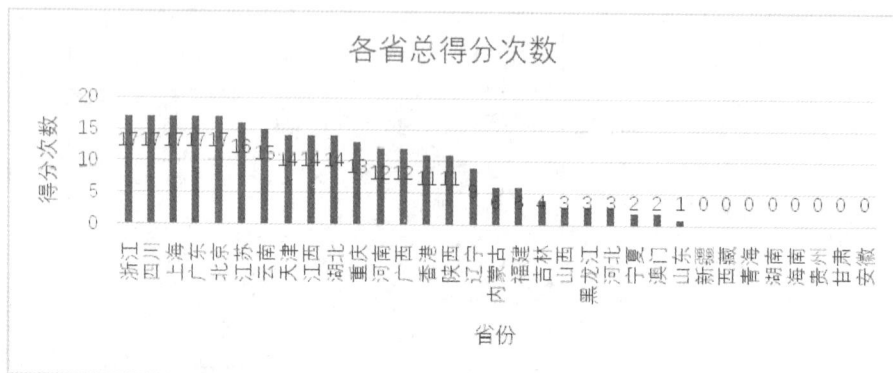

图1-4　各省总得分数

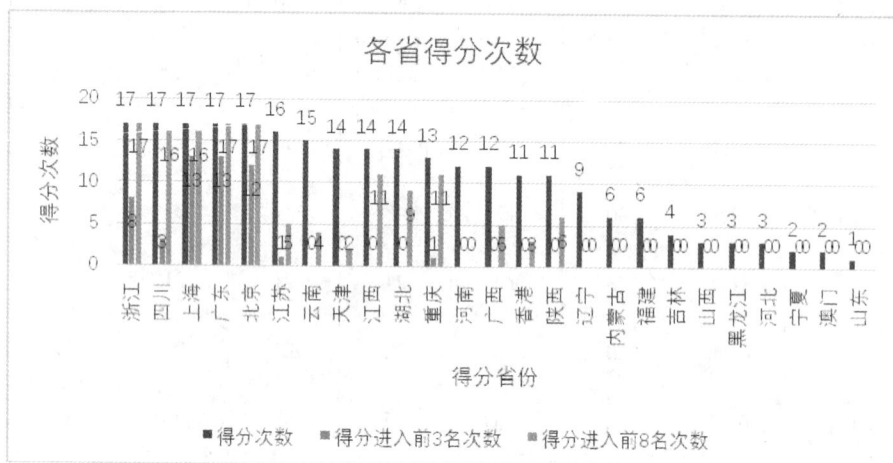

图1-5　各省得分次数

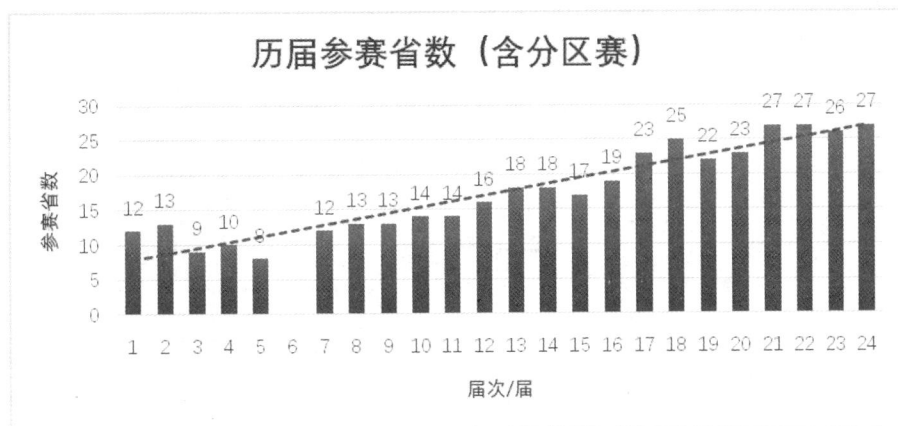

图1-6　历届参赛省数

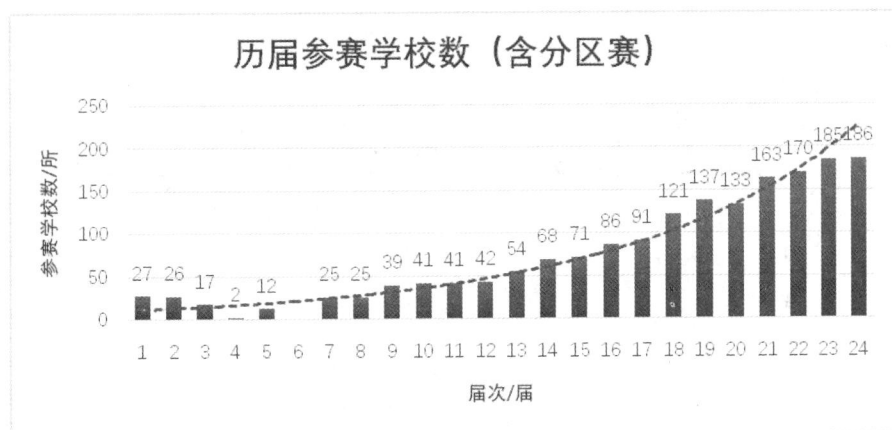

图1-7　历届参赛学校数

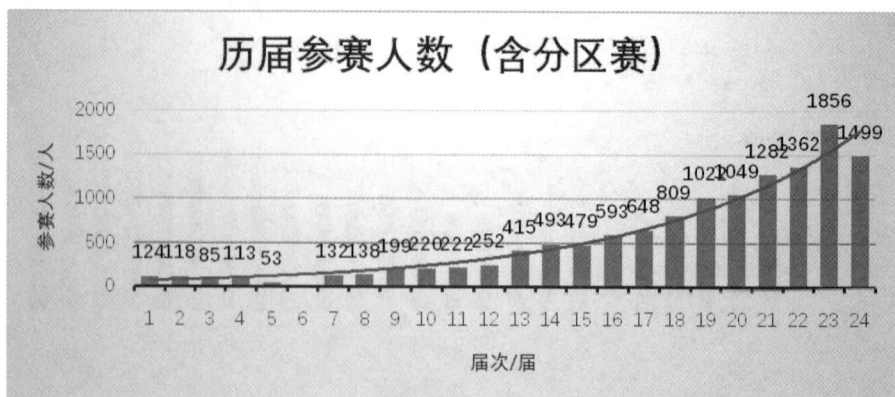

图1-8　历届参赛人数

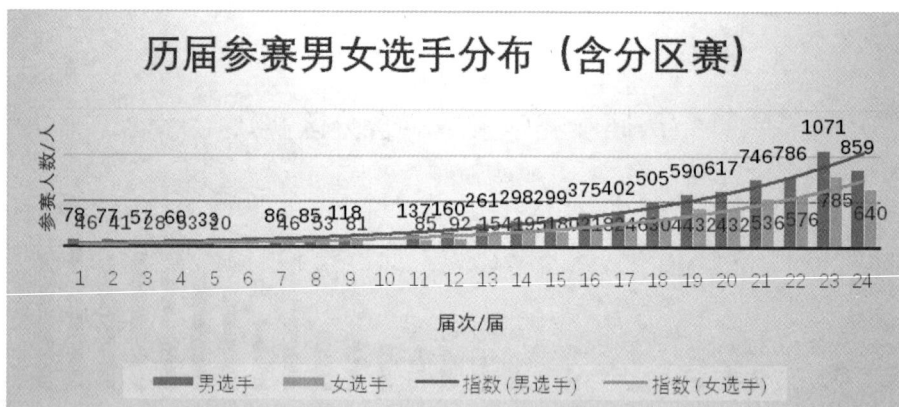

图1-9　历届参赛男女选手分布

三、赛事报道

由于历史资料的缺失，尚无法全面呈现出每届比赛的状况，笔者重点搜集了联赛改革以来，即第十八届大学生网球锦标赛举办以来的相关新闻报道，选取较为权威和专业的报道呈现如下。

（一）第十八届全国大学生网球锦标赛

第十八届全国大学生网球锦标赛开幕[①]

中新网北京7月26日电（记者 马海燕）由中国大学生体育协会网球分会主办、中国人民大学承办的第十八届全国大学生网球锦标赛暨全国高校"校长杯"网球比赛今日在国家网球中心开幕。来自清华大学、北京大学、中国人民大学、浙江大学、武汉大学、南京大学、香港中文大学等全国159所高校的1684名师生参加比赛，规模创历届之最。

教育部、国家体育总局、北京市教工委、大学生体育协会领导等出席了26日的开幕式。90所高校代表挥舞校旗入场。中国人民大学校长陈雨露宣布比赛开赛。中国大学生体育协会网球分会主席牛维麟表示，此项赛事的举办将促进全国各校间的体育交流，促进优雅、时尚、健康的网球运动的魅力在高校普及。

全国大学生网球锦标赛是由中国大学生体育协会批准的一项传统赛事，自1994年起开始举办。本届比赛设学生组与"校长杯"两类比赛。其中，学生组比赛分甲、乙、丙三组，下设男女团体、男女单打、男女双打等18个项目；"校长杯"比赛分甲、乙、丙、丁组双打4个项目，共计22个项目。项目决赛将于7月28日在国家网球中心钻石球场举行。

中国人民大学是全国网球运动开展较好的高校之一。2013年7月7日，该校国学院2011级学生彭帅和中国台湾搭档谢淑薇夺得2013赛季温布尔登网球公开赛女双冠军。今年3月，该校劳动人事学院2011级学生孟冉入选世界大学生运动会中国大学生网球队集训名单。这些都助推了网球在青年学生中的热度。

[①] 人民网http://sports.people.com.cn/n/2013/0726/c22176-22344039.html

（二）第十九届全国大学生网球锦标赛

第19届全国大学生网球赛开幕 逾千名师生参赛[①]

中新网金华7月25日电（见习记者 李婷婷）25日，第19届全国大学生网球锦标赛暨全国高校"校长杯"网球比赛在浙江师范大学开幕。据悉，本届大网赛于7月21日开赛，将于28日落幕，共包括全国高校网球科研论文报告会、学生组比赛和校长组比赛三项议程。

其中，科报会已于7月19—20日在浙师大先期举行；学生组和校长组两个组别将有来自清华大学、浙江大学、中国人民大学等全国156多所高校的逾千名师生参赛。他们将在8天时间内进行28个项目2000多场次的角逐。

记者了解到，学生组比赛分甲、乙、丙、丁四组，下设男女团体、男女单打、男女双打等24个项目；"校长杯"比赛则分为甲、乙、丙、丁组双打4个项目。故此，本届大赛也成为历届赛事中组别最多、项目最多的一届。

据悉，自1994年起，全国大学生网球锦标赛已成功举办十八届，是中国大学生体育协会每年众多赛事中规模最大、规格最高的赛事。

而此次在浙师大举办的第19届大网赛主题为"网聚高校情、球传中国梦"。其会徽和吉祥物则皆带有浓厚的金华特色和网球运动特点。其中，吉祥物"佛娃""茶茶"分别以带有鲜明金华特色的佛手和茶花为原型，并以可爱的卡通形象呈现；会徽则采用亮丽的网球色彩，将网球和球拍动感结合。两者的设计都凸显了地域特色和运动员们的朝气活力。

据大赛裁判长陆英浩介绍，在此前的21—25日5天时间内，大赛已完成了全部的414场团体赛，接下来将会进行单打赛。

来自西北农林科技大学的大二学生祁悦是本次大赛的参赛选手之一。记者见到他时，他正在网球场上紧张地为明天的男子双打做赛前训练。他说，这是他第二次参加大网赛。"我比上次多了许多经验和信心。"由于高温和训练，祁悦身上一直沁着热汗，脸也涨得通红。

和他一样，整个网球场挤满了在认真比赛或者训练的运动员们，其中也

---

① 中国新闻网https://www.chinanews.com.cn/ty/2014/07-25/6427878.shtml

不乏许多年近中旬的校长们，他们在烈日下舞动着网球拍，挥洒汗水。

"他们不仅是在和对手比赛，也是在和时间跟天气比赛。"陆英浩如是说道。

人民大学成第十九届全国大学生网球锦标赛大赢家①

近日，第十九届全国大学生网球锦标赛暨"校长杯"网球赛在浙江师范大学落下帷幕。人民大学网球队共获得两个男子丁组（专业组）和女子甲组两个团体冠军，以及男子乙组单打、男子丁组单打、女子乙组单打、女子甲组双打四个单项冠军，成为本次锦标赛的大赢家。

本届大赛是历年全国大学生网球锦标赛中组别最多、项目最多的一届，设大学生组与"校长杯"两类比赛。其中，学生组比赛分甲、乙、丙、丁四组，下设男女团体、男女单打、男女双打等24个项目。为备战本次比赛，人民大学网球队队员自考试周以来一直坚持训练，暑假期间更是保证每天六个小时高强度的集训。到达浙江师范大学后，队员们克服天气闷热、赛程紧、比赛多的困难，完成了赛期制定的比赛任务，继上届赛事获得两个团体冠军和三个单项冠军之后，创造了人民大学在此项赛事上新的纪录，展现了人大学子良好的精神风貌。

表1-31　中国人民大学网球队成绩一览表

男子丁组团体冠军（专业组）	2012级文学院柏衍 2011级公共管理学院李玉成
男子乙组单打冠军	2011级环境学院何雷鸣
男子丁组单打冠军	2012级文学院柏衍
女子乙组单打冠军	2011级劳动人事学院孟冉
女子甲组团体冠军	2012级外语学院范雨洁 2011级文学院栾萱
女子甲组双打冠军	2012级外语学院范雨洁 2011级文学院栾萱

① 中国人民大学新闻网https://news.ruc.edu.cn/archives/86343

续表

男子乙组团体亚军	2011级环境学院何雷鸣 2012级社会与人口学院陈锡伟 2013级文学院陈雨昕 2013级社会与人口学院陈雨辰
男子乙组双打亚军	2013级文学院陈雨昕 2013级社会与人口学院陈雨辰
女子乙组双打季军	2012级信息资源管理学院张思昊 2012级公共管理学院李天骄
女子乙组团体季军	2011级劳动人事学院孟冉 2012级信息资源管理学院张思昊 2012级公共管理学院李天骄 2013级农业与农村发展学院王雅馨
男甲团体第五名	2012级信息学院冯越 2012级公共管理学院李萌
男子乙组单打第六名	2012级社会与人口学院陈锡伟

（三）第二十届全国大学生网球锦标赛

"矿大杯"第二十届中国大学生网球锦标赛暨高校"校长杯"网球比赛开幕①

7月27日晚，"矿大杯"第二十届中国大学生网球锦标赛暨高校"校长杯"网球比赛开幕式在中国矿业大学举行。

教育部体卫艺司巡视员廖文科出席开幕式并致辞。他指出，网球运动是高校体育文化事业不可缺少的重要部分，大学生网球锦标赛暨高校"校长杯"网球赛的举办有利于加强高校体育文化交流，从而更好地推动大学生体育活动的广泛开展，推动高校体育文化事业的发展。他希望各参赛队伍在比赛中，切磋、交流，赛出风格，赛出水平，并预祝本次比赛取得圆满成功。

---

① 中国矿业大学新闻网http://xwzx.cumt.edu.cn/fd/95/c2290a261525/page.html

中国大学生体育协会网球分会主席牛维麟致开幕辞。他代表组委会向中国矿业大学为本届比赛所做的准备工作表示感谢，并希望所有会员单位能够共同努力，将大学生网球锦标赛暨高校"校长杯"网球比赛打造成我国高校民间最具活力的群众性体育赛事。

中国矿业大学党委书记邹放鸣宣布"矿大杯"第二十届中国大学生网球锦标赛暨高校"校长杯"网球比赛开幕。

中国矿业大学校长葛世荣致欢迎辞。他指出，中国矿业大学在百年办学历程中形成了重视体育工作、开展体育运动的优良传统，随着学校的大力推广，网球运动已经发展成为矿业大学校园体育运动文化的靓丽风景线。他表示，中国矿业大学非常珍惜本次承办大学生网球锦标赛暨高校"校长杯"网球比赛的机会，学校各部门和有关单位定当恪尽职守、通力协作、热情服务，认真做好各项工作，确保比赛顺利进行。

中国大学生体育协会专职副主席张燕军，中国工程院院士、四川大学校长、中国大学生体育协会网球分会名誉主席谢和平，江苏省教育厅体卫艺处处长杜伟等出席开幕式。开幕式由中国矿业大学党委副书记曹德欣主持。

开幕式上，裁判员林杨，运动员冯琦琳分别代表裁判员、运动员宣誓。

各参赛队教练员、运动员代表参加了开幕式。

据悉，本届比赛共有来自全国130所高校的校长和学生参赛，其中，"校长组"和"学生组"各设置四个组别的比赛。比赛将持续至8月2日，最终将对各组前八名的个人（团体）进行奖励。此外，赛会还将评选产生体育道德风尚奖（集体、个人），最佳组织奖、最佳教练、最佳裁判员奖等奖项。

（四）第二十一届全国大学生网球锦标赛

全国大学生网球锦标赛在郑启幕[①]

本报讯（记者 王红）昨日上午，第二十一届全国大学生网球锦标赛暨全国高校"校长杯"网球赛（大网赛）在郑州大学启幕，来自全国各地139所高校的运动精英同场竞技，逐鹿中原。

---

① 郑州日报https://zzrb.zynews.cn/html/2016-07/28/content_755204.html

全国大学生网球锦标赛是由中国大学生体育协会主办的全国性网球赛事。自1994年举办以来，已成为全国运动品牌赛事，在中国大学生体育协会每年举办的众多赛事中规模最大、规格最高。

本届大赛是该赛事20多年来首次在郑州举办，由郑州大学和河南工业大学承办，吸引了来自清华大学、北京大学、国际关系学院、浙江大学以及香港、澳门在内的国内139所高校、超过1300名师生参加比赛。大赛设学生组和校长组两类比赛。其中，学生组分为甲乙丙丁四个组别，每组分别设有男子单打、女子单打、男子双打、女子双打、男子团体、女子团体等比赛项目，校长组分为甲乙丙丁四组双打比赛。

为提高高校体育科学研究水平，加快科研人才的培养，更好地推动我国高校网球运动及学校网球教学、训练和竞赛的开展，比赛期间还举行了第十一届全国高校网球科研论文报告会暨中国大学校长"谈学校体育"高层论坛。

与此同时，本次大网赛首次设有网络全程直播。由郑州大学校广播电视台安排摄像机全程跟拍，将比赛实况实时转播在网络上。

139所院校师生郑州网球比赛规模创历届之最[①]

人民网郑州7月29日电 7月27日，第二十一届全国大学生网球锦标赛暨全国高校"校长杯"网球比赛开幕式在郑州大学举行。来自北京大学、清华大学、澳门大学等全国139所院校的1800余名师生，参加了比赛，规模创历届之最。

教育部学生体育协会联合秘书处副秘书长，中国大学生体育协会专职副主席张燕军、中国大学生体育协会网球分会名誉主席谢和平、全国政协常委、河南省政协副主席高体健、中国大学生体育协会网球分会主席牛维麟、河南省教育厅副厅长刁玉华、国家体育总局网球运动管理中心竞赛部部长万建斌、河南省体育局副局长蒋承顺、郑州大学党委书记牛书成、郑州大学校长刘炯天、河南工业大学副校长李丽英等出席了开幕式。

大赛自1994年起已成功举办二十届，成为中国大学生体育协会规模最

---

① 郑州大学"郑大故事"专题网站http://www7.zzu.edu.cn/story/info/1004/1148.html

大、规格最高的年度赛事。本次大赛由中国大学生体育协会网球分会主办、郑州大学、河南工业大学承办；比赛时间为7月24日至7月31日，包含"论文科报会"、学生组比赛和校长组比赛。团体赛共设男子和女子的甲组、乙组、丙组、丁组，男子有94支球队、女子有74支球队参加团体赛。比赛场地一般是在高校网球场，比赛时间不固定。

论文科报会是第十一届全国高校网球科研论文报告会暨中国大学校长"谈学校体育"高层论坛的简称，将在27日－29日在郑州大学举行，旨在加强全国高校体育工作者之间的学术交流，促进体育科研成果的宣传、推广与应用，提高高校体育科学研究水平，加快科研人才的培养，更好地推动我国高校网球运动及学校网球教学、训练和竞赛的开展。

学生组比赛于7月24日正式开始。比赛通常分为甲、乙、丙、丁四个组别。甲组为未享受高考体育加分的本科生以及普通高校在校的研究生。乙组是高校经高水平运动员招生渠道达到二本线和二本线65%录取的学生。丙组是普通高校体育院系及体育院校，所有项目二级运动员（含二级）以下的学生。丁组是普通高校经高水平运动员招生渠道单招的学生、普通高校体育院系及体育院校一级运动员（含所有项目）及以上的学生、普通高校经六部委政策免试就读高等学校的优秀运动员。

"校长杯"比赛时间从28日开始，30日结束，中间穿插有学生组单项比赛。校长组同样分为甲组、乙组、丙组和丁组。竞赛项目为甲、乙、丙、丁组双打。甲组，一人以上（含一人）曾在历届大网赛校长组获得甲组前八名和上届乙组前八名的选手。乙组，首次参加或在历届大网赛校长组未获得甲组前八名和上届乙组前八名的选手；教育部、各省、自治区、直辖市教育厅（教委）副厅级以上领导首次报名的组合。丙组，年满55周岁的校级领导的组合（两人均年满55周岁，即1961年6月30日以前出生）、男女混合搭档的校级领导组合、60周岁（1956年6月30日以前出生）以上和一名年龄小于55周岁的校领导，两人年龄相加不少于110岁的组合、报名少于等于3个队不单独设组，编入乙组参加比赛（名次并列），颁发奖杯。（智泓 实习生 王伟）

（五）第二十二届全国大学生网球锦标赛

第二十二届中国大学生网球锦标赛暨中国高校"校长杯"完美落幕①

7月29日，"中国移动杯"第二十二届中国大学生网球锦标赛暨中国高校"校长杯"网球比赛在昆明理工大学拉开帷幕。

中国大学生网球锦标赛是我国高校网球最高水平的赛事，自1994年以来成功举办21届，已经成为我国高校规模最大、规格最高、影响最广的体育赛事之一。

开幕式：

云南省人大常委会副主任杨保建宣布"中国移动杯"第二十二届中国大学生网球锦标赛暨中国高校"校长杯"网球比赛开幕！

开幕式结束后，大网赛学生单项比赛和"校长杯"比赛正式开赛。来自全国83所高校的校领导队伍和110所高校的学生队伍将在未来几天进行激烈的角逐。

嘉年华：

7月28日，经过为期四天的激烈角逐，第二十二届中国大学生网球锦标赛团体赛在昆明理工大学呈贡校区落下帷幕。为了将体育文化与传统文化相融合，更为了增强大家的团队意识，组委会在昆明理工大学公教楼小剧场举办了第二十二届中国大学生网球锦标赛嘉年华晚会暨团体赛颁奖典礼。

团体赛颁奖仪式分别颁发了男子和女子甲组、乙组、丙组、丁组的冠亚季军，并颁发了通过网络投票评选的最具人气个人奖和最具人气学校。最终，上海大学、成都体育学院、华东理工大学分别获得女子丁组冠亚季军，西南大学、上海大学、四川大学分别获得男子丁组冠亚季军；最具人气个人奖由北京化工大学的美女运动员获得，最具人气大学有天津大学仁爱学院、上海交通大学、北京体育大学。

晚会最后进行了隆重的交接旗仪式，昆明理工大学副校长周峰越将中国

---

① 搜狐网https://www.sohu.com/a/161679014_501198

大学生体育协会网球分会的会旗交给中国大学生体育协会网球分会主席牛维麟，预示着本届大网赛团体赛的圆满落幕，牛维麟主席挥动着会旗，并将它交到下一届大学生网球锦标赛的承办单位东北电力大学党委书记李国庆手中，这是体育运动和体育精神的传承，我们预祝明年比赛更精彩。

（六）第二十三届全国大学生网球锦标赛

第二十三届中国大学生网球锦标赛暨中国高校"校长杯"网球比赛江城开赛①

7月31日，由中国大学生体育协会主办的第二十三届中国大学生网球锦标赛暨中国高校"校长杯"网球比赛在东北电力大学拉开帷幕。

副省长安立佳、省政协副主席支建华、中国大学生体育协会常务理事张燕军、市长刘非、副市长盖东平出席开幕式。

副省长安立佳宣布比赛开幕。中国大学生体育协会网球分会主席牛维麟致开幕辞。

本届比赛共有来自清华大学、北京大学、中国人民大学等全国167所高校上千名师生参赛。比赛分学生组和"校长杯"两个组别，学生组分为甲、乙、丙、丁四组，设有男女团体、男女单打、男女双打等24个项目。"校长杯"比赛分为甲、乙、丙、丁组双打4个项目，同时开展教授组比赛。

据了解，中国大学生网球锦标赛创办于1994年，现已成为我国高校网球运动规格最高、影响最大的赛事，也是全国高校网球爱好者和体育教育工作者展示交流的重要平台。比赛期间，东北电力大学还将开展科学论文报告会、嘉年华、校长论坛、网球文化展等一系列赛事相关文化活动。

---

① 吉林市人民政府http://www.jlcity.gov.cn/yw/jcyw/201808/t20180801_466603.html

"康湃思杯"第二十三届中国大学生网球锦标赛暨第十八届中国高校 "校长杯"网球赛开幕[①]

7月31日，由我校承办的"康湃思杯"第二十三届中国大学生网球锦标赛暨第十八届中国高校"校长杯"网球赛在东北电力大学石头楼前广场举行开幕式，本次大赛由中国大学生体育协会主办，中国大学生体育协会网球分会执行。来自全国八大赛区的167所高校的运动员、教练员、裁判员参加了开幕式。

吉林省人民政府副省长安立佳、吉林省政协副主席支建华，中国大学生体育协会常务理事张燕军，中国大学生体育协会网球分会主席牛维麟，吉林省人民政府副秘书长高材林，吉林省高校工委书记、教育厅厅长李晓杰，吉林市人民政府市长刘非，东北电力大学党委书记李国庆，吉林省教育厅副厅长战高峰，吉林市人民政府副市长盖东平，中国人民大学党委副书记吴付来，教育部体卫艺司体卫处副处长许弘，吉林省教育厅体育卫生与艺术教育处处长杜颗亮，吉林市体育局局长王一鸣，中国大学生体育协会管理部主任籍强，康湃思（北京）体育管理有限公司副总经理李良忠，中国大学生体育协会网球分会常务副主席郭惠民，中国大学生体育协会网球分会秘书长付浩，浙江天龙网球股份有限公司董事长陈旭出席开幕式。校长蔡国伟主持开幕式。

开幕式上，东北电力大学党委书记李国庆教授致欢迎辞，中国大学生体育协会网球分会主席牛维麟致开幕辞，吉林省人民政府副省长安立佳宣布第二十三届中国大学生网球锦标赛暨中国高校"校长杯"网球比赛开幕。

李国庆在致辞中代表东北电力大学全体师生向莅临赛会的领导、嘉宾、参赛运动员、教练员、裁判员表示欢迎。他介绍了学校情况和体育教学、科研及竞技比赛工作所取得的成绩。他表示学校将全力为比赛提供优质服务，创造良好环境，在各级领导的关心支持下，在全体参赛人员的共同努力下，将这次大赛办成体育的舞台、城市的盛会，成为弘扬和传播体育精神和全民

---

① 东北电力大学http://www.neepu.edu.cn/info/1109/23682.html

健身理念的一张亮丽名片。

牛维麟代表大会组委会向东北电力大学为本届比赛所做的准备工作表示感谢，并希望所有会员单位能够共同努力，将大学生网球锦标赛暨高校"校长杯"网球比赛打造成我国高校民间最具活力的群众性体育赛事，并预祝大赛取得圆满成功。

运动员代表和裁判员代表宣誓。运动员代表王尔西表示一定会严格遵守赛事的各项安排，遵守比赛规则和赛场纪律，服从裁判公平竞争，赛出风格，赛出水平；裁判员代表曹继生表示将严格执行本次大赛的规则和裁判方法，坚持公平、公正、公开的原则，确保比赛顺利进行。

中国大学生网球锦标赛是由中国大学生体育协会批准，中国大学生体育协会网球分会主办的一项传统赛事，已经成为中国大学生体育协会规模最大、规格最高的年度赛事。赛事的成功举办有助于全国各高校之间的体育交流，进一步推动网球运动在大学校园的普及，为响应党和国家的号召，建设教育强国、体育强国做出实质性的努力和贡献。

本届大网赛学生组共设男女甲组、乙组、丙组、丁组的团体、单打、双打和校长组、教授组双打项目，将有来自全国八大赛区的167所高校的1100余名运动员参加本届大网赛总决赛。同时，本届大网赛将汇集竞赛、科研、网球文化展、校长论坛、嘉年华等多种形式的活动，充分展示当代中国大学生的风采。

（七）第二十四届全国大学生网球锦标赛

第二十四届中国大学生网球锦标赛开幕式、嘉年华晚会暨团体赛颁奖仪式在学校举行[①]

7月21日，"农行杯"第二十四届中国大学网球锦标赛（总决赛）在我校中心体育馆举行开幕式、嘉年华晚会暨团体赛颁奖仪式，本次大赛由中国大学生体育协会主办，中国大学生体育协会网球分会执行，我校承办。来自全

---

① 澎湃新闻https://m.thepaper.cn/baijiahao_3981975

国八大赛区的180所高校运动员、教练员、裁判员参加了此次典礼。

四川大学原校长、中国工程院院士、中国大学生体育协会网球分会名誉主席谢和平，教育部学生体育协会联合秘书处原副秘书长、中国大学生体育协会常务理事张燕军，中国大学生体育协会网球分会主席牛维麟，中国农业银行重庆分行党委书记、行长韩国强，中共重庆市委教育工委委员、重庆市教委副主任邓沁泉，重庆市体育局副局长张欣，中国大学生体育协会网球分会秘书长付浩，中国大学生体育协会康湃思体育管理有限公司运营总监徐辉，甲合乙体育文化发展有限公司运营总监文欣，学校党委书记李旭锋，副书记潘洵，副校长靳玉乐出席开幕式。开幕式由校长张卫国主持。

开幕式上，李旭锋书记致欢迎辞，中国农业银行重庆分行行长韩国强、中国大学生体育协会网球分会主席牛维麟、重庆市教委副主任邓沁泉分别致辞，中国大学生体育协会常务理事张燕军宣布第二十四届中国大学网球锦标赛（总决赛）开幕。

李旭锋书记代表我校全体师生向莅临赛会的领导、嘉宾、参赛运动员、教练员、裁判员表示诚挚的欢迎。他介绍了学校情况、体育教学和竞技比赛工作取得的成绩。李书记强调，中国大学生网球锦标赛是中国大学生体育协会规模最大、规格最高的年度赛事，举办该赛事有助于促进全国高校之间的体育交流，推动网球运动在大学校园的普及。"第二十四届大网赛在西南大学举办，既是对学校体育工作的充分肯定，也是对我们工作的鞭策激励。我们有条件、有能力、有信心为本届赛事提供优质服务、创造良好环境，将本次大网赛办成一次文明、热烈、精彩的体育盛会！"

韩国强行长向出席本次赛事活动的领导和嘉宾致以诚挚的问候，向参加比赛的运动员和工作人员表示崇高的敬意。韩行长提出，网球运动是一项具有强竞技性、高观赏性的运动，重庆农行此次与大网赛、西南大学合作，希望通过对本次赛事的支持，为高校网球运动的普及与发展做出积极贡献。

牛维麟主席代表组委会向我校为本届比赛所做出的准备工作表示感谢，他认为，我校为此次比赛创造了良好的环境、提供了全面的保障，完美诠释了"含弘光大、继往开来"的校训。希望爱好网球运动的青年朋友们在比赛场上相互尊重、拼搏进取、赛出成绩、赛出友谊、赛出当代大学生风采，并预祝大赛取得圆满成功。

邓沁泉副主任代表中共重庆市委教育工委、重庆市教委对第二十四届中国大学生网球锦标赛的开幕表示热烈祝贺。他表示，非常高兴本届比赛选择在重庆、在西南大学这所百年学府举行。重庆市历来重视体育学科建设，希望西南大学站在体育强国、体育强市和培养德智体美劳全面发展的社会主义建设者和接班人的高度，办好本届网球联赛。

在代表宣誓环节，运动员代表郭涵煜表示一定严格遵守赛事的各项安排，遵守竞赛规则和赛场纪律，服从裁判，尊重对手，团结协作，顽强拼搏，赛出风格，赛出水平；裁判员代表张佳琦表示将严格遵守大赛的各项安排，遵守竞赛规则和裁判员纪律，做到严肃、认真、公平、公正，以专业裁判员素质确保比赛顺利进行。

嘉年华暨团体赛颁奖仪式在我校学子热情洋溢的啦啦操表演中拉开序幕，各高校运动员们共同献上歌曲串烧节目，随后进行团体赛第一轮颁奖。在颁奖典礼上，莅临嘉宾为女子甲组、男子甲组、女子乙组和男子乙组组别的冠、亚、季军颁发了奖牌、吉祥物和奖杯。

玉溪师范学院带来舞蹈表演《我的祖国》，随后进行团体赛第二轮颁奖。莅临嘉宾为女子丙组、男子丙组、女子丁组和男子丁组组别的冠、亚、季军颁发了奖牌、吉祥物和奖杯。在成都体育学院带来的器乐演奏《民乐新编》中，全场观众阵阵惊呼。

据悉，在刚刚结束的世界大学生运动会中，我校郭涵煜搭档北京体育大学叶秋雨获得第三十届世界大学生运动会网球女子双打冠军；与此同时，我校许帅搭档南昌大学吴昊获得了第三十届世界大学生运动会网球男子双打季军，四位运动健将及其教练也来到晚会现场。

在射艺表演《一羽惊弦》结束后，晚会举行了会旗交接仪式。靳玉乐副校长亲手将大学生体育协会网球分会会旗交给大学生体育协会网球分会主席牛维麟手中，标志着本届大网赛团体赛的圆满落幕。牛维麟主席挥动会旗，并将它交到下一届举办大学生网球锦标赛的四川轻化工大学党委书记王洪辉手中。这标志了体育运动和体育精神在高校的传承，预祝明年比赛同样精彩！

最后，嘉年华晚会暨团体赛颁奖仪式在合唱《歌唱祖国》的歌声中圆满落幕。

第二十四届中国大学生网球锦标赛拉开序幕[①]

2019年7月16日，"农行杯"第二十四届中国大学生网球锦标赛总决赛（学生组）及网球科研论文报告会报到工作在西南大学拉开序幕，来自全国23个省、市、自治区、直辖市的115所高校的241支代表队，共计829名运动员，将陆续抵达重庆并参加比赛。本次报到工作将会持续两天。

上午8时，工作人员及志愿者准时到位，着统一服装、佩戴工作牌，迎接来自全国各地的参赛运动员和科报会参会人员，在学生组报到现场，各学校的运动员们陆续前来报道，在领队、教练的带领下有序办理报到手续，工作人员和志愿者耐心热情地接待前来报到的运动员们，按报到流程引导运动员完成报到，并对运动员的疑问进行了细致的解答。

本次报到分为签到、资格审查、缴纳费用、领取材料、办理食宿六个流程；参赛队员需带好自己的身份证、学生证和同意书进行检查，同时缴纳参赛费、裁判费、食宿费等各项费用。参赛队员需要了解食宿规则，并领取好参赛证件以供比赛期间查验。

同时各代表队也在报到后预约近两天的训练时间和训练场地，提前适应比赛环境，为之后的比赛做准备。在交通方面上，报到处门口准备好了校车，接送运动员至网球中心赛场和第二网球场，在学校各处也会有志愿者带领各代表队熟悉环境。截至20点，已经有六十五支队伍抵达西南大学报到，并成功入住。

报到期间，来自各代表队的运动员和志愿者接受了我们的采访。对于之后几天的比赛，北京化工大学的张宇顿与我们分享了比赛经验，并表示对于本次比赛充满了信心。"参加本次比赛我依然非常激动"重庆医科大学的网球女队队长胡梦洁说道，她告诉我们这是她第三次参加大网赛，希望她在本次比赛中取得更好的成绩；南昌大学带队队长表示："来渝以后，觉得这边

---

① 中国学生体育网https://www.sports.edu.cn/web/news/content_599.shtml

天气很凉爽，志愿者服务很热情。住宿在竹园，宿舍条件很好，很温馨。适应过场地，觉得场地很好打，设施设备都很不错，当地的老师教练也都很热情。"西南大学的志愿者代表则表示从各地来的代表队都十分好相处，报到工作正紧张有序地进行中。

中午，西南大学竹园食堂二楼早已为参赛队员准备好了丰盛可口的午餐。为了适应来自五湖四海的代表队的口味，学校食堂准备了各式各样的餐食，在之后比赛进行的十天里，所有工作人员和运动员都会在这里用餐。在住宿方面上，学校为运动员准备的宿舍也是标准的四人间寝室，宿舍内备有空调、棉被、洗漱用具，热水将在中午至晚上十二点供应。

下午的绵绵小雨并不能浇灭运动员训练的热情，到达赛区的各代表队运动员已经在运动场上开始训练。天气预报显示最近几天都可能有雨，但承办方早已准备好了预案，以确保比赛顺利进行。

今天之前，有75名裁判员参加了为期三天的裁判员培训班，并通过考核。本次锦标赛将有3名国际级、17名国家级、63名网球裁判员和竞赛工作人员参加执裁工作。

目前，科报会的报到工作已基本完成，学生组运动员的报到工作将在明天继续进行。对此次比赛，运动员们纷纷表示将尽自己最大的努力赛出好成绩、比出好风采。组委会工作人员也表示，必将做好自己的本职工作，维护比赛期间安全秩序，确保此次网球比赛顺利进行。

对于此次比赛，西南大学前期已进行了长期充足的准备工作，做了详细周密的活动策划。组织机构方面，学校成立了以党委书记李旭锋，校长、党委副书记张卫国为组长，党委副书记潘洵、副校长靳玉乐为副组长，党办、校办等相关职能部门主要负责人为成员的领导小组，下设办公室统筹协调对接。场地建设方面，学校先后投入1000多万元资金，对第五运动场、网球中心、第二网球场等场地进行改造翻新，完成高等级网球比赛场地23片。迎接检查方面，2019年4月18日—19日，中国大学生体育协会网球分会常务副主席、国际关系学院副校长郭惠民教授一行六人，到学校实地考察赛事筹备情况，对于西南大学筹备工作给予高度评价和充分肯定。目前，组委会各组，包括接待组、宣传组、竞赛组、学术活动组等多个小组，分工合作，具体落实推进各项赛事准备工作，迎接正式比赛的到来。

第二十四届中国大学生网球锦标赛是由中国大学生体育协会主办，中国大学生体育协会网球分会执行，甲合乙（北京）体育文化发展有限公司独家运营推广，康湃思（北京）体育管理有限公司协办。赛事由SuperTennis和菁体育提供媒体支持，中国农业银行重庆市分行冠名支持。欧帝尔赞助比赛用球。

（八）第二十五届全国大学生网球锦标赛

第25届中国大学生网球锦标赛（总决赛）暨第20届中国高校"校长杯"网球比赛开幕式举行[①]

7月22日晚，由中国大学生体育协会主办、中国大学生体育协会网球分会执行，康湃思（北京）体育管理有限公司协办，甲合乙（北京）体育文化发展有限公司独家营运推广，四川轻化工大学承办，欧帝尔提供比赛用球的"农行杯"第25届中国大学生网球锦标赛（总决赛）暨第20届中国高校"校长杯"网球比赛盛大开幕。中国大学生体育协会与网球分会领导、四川省教育厅领导、宜宾市领导、四川轻化工大学党政领导，来自全国八大赛区170所高校的运动员、教练员、裁判员欢聚一堂，共襄全国大学师生网球盛会，共建网球运动交流平台，共享竞技网球无限魅力。

开幕式在庄严的《中华人民共和国国歌》声中拉开帷幕。

四川轻化工大学校长庹先国为开幕式致辞。他代表学校全体师生，向莅临比赛的领导、嘉宾表示热烈的欢迎！向为本次赛事顺利举行付出心血和汗水的宜宾市相关同志们和学校师生们表示崇高的敬意！向为本次比赛提供赞助的中国农业银行四川省分行，以及特约合作伙伴五粮液集团、中国移动、北京竞业达数码科技股份有限公司、利亚德（北京）光电集团有限公司致以诚挚的感谢！向长期以来关心支持学校事业发展的各界朋友表示衷心的感谢！

庹先国向与会嘉宾介绍了学校的发展情况。他指出，学校始终高度重视

---

① 人民资讯https://baijiahao.baidu.com/s?id=17060418343923139365&wfr=spider&for=pc

体育运动，把体育铸魂作为德育育人的核心内容之一。近年来，体育理念深入人心，师生体育素质不断提高，体育文化活跃校园。学校现有36片标准网球场、3个多功能体育馆、2个室内恒温游泳馆、2个风雨操场、6个标准运动场、75个篮球场、53个羽毛球场；有体育专业硕士和本科生700余人，有田径、游泳、篮球、排球等11个运动竞赛代表队。本届网球赛在四川轻化工大学举办，我们深感荣耀和自豪。我们一定不负众望，将以饱满的热情、专业的水准、优质的服务办好本次比赛，充分展示川轻化人专业、敬业、乐业、勤业的良好风貌！

庹先国强调，在网球场上逐梦，获得的每一项奖励，都是运动员运动技能、身体素质和顽强拼搏的胜利结晶，更是团队精神、协作精神、奉献精神的淋漓体现。他希望更多的师生认识网球，热爱网球，成为网球运动的爱好者、参与者、传播者；希望全体运动员牢固树立终身体育的观念，弘扬中华体育精神，沉着冷静，拼耐心，博信心，关键分绝不手软，勇"网"直前，为各代表队增光！为中国共产党百年华诞献礼！希望静卧长江零公里处、倚靠观斗山、远望龙头山首的四川轻化工大学宜宾校区，能给大家留下美好的记忆并预祝本次大网赛圆满成功！

宜宾市人民政府副市长陶学周代表宜宾市委、市政府向莅临本次活动的领导、嘉宾、运动员、教练员、裁判员、朋友们表示热烈欢迎！他向来宾们介绍了宜宾近年来经济、社会、文化特别是"大学城"的建设与发展。

陶学周指出，本次"大网赛"是宜宾历史上承接规模最大的大学生体育赛事，代表着中国大学生体育协会、体育协会网球分会和全体参赛运动员对宜宾深入推进全民健身的充分肯定和高度信任。真心希望通过本届赛事，发扬当代高校运动员专业友爱、团结奋进的体育精神，进一步展示自强不息、勇争一流的时代风貌；真切希望参加比赛的各位朋友，在比赛中严格遵从主办方的各项安排，牢牢把握安全底线，赛出风格、赛出友谊、赛出精彩。同时，借此机会，也真诚希望各高校到宜考察交流、合作办学，在建设现代产业学院、学科建设、人才培养、产教融合等方面展开更加紧密的合作，助力宜宾市加快建设成渝地区双城经济圈科教副中心！

中国大学生体育协会网球分会主席牛维麟代表中国大学生体育协会网球

分会向本次赛会表示热烈祝贺！向所有参赛学校致以最热烈的欢迎！向承办本次比赛的四川轻化工大学，以及为赛会服务的所有工作人员致以最衷心的感谢！他指出，本次比赛由四川轻化工大学承办，可以说四川轻化工大学从学校领导到各有关部门为比赛做了大量艰苦细致的工作，从资金筹措到场馆建设，从接待安排到吃住行，无不体现精心细致和周全，为本次比赛创造了良好的环境、提供了全面的保障，完美诠释了"厚德达理、励志勤工"的学校精神，是一次令人难以忘却的"不一样"的比赛！

开幕式上，运动员代表郭勇宣誓、裁判员代表李媛媛分别宣誓。

随着背景音乐响起，领导、嘉宾们共同开启赛事：第25届中国大学生网球锦标赛（总决赛）暨第20届中国高校"校长杯"网球比赛正式开幕！伴随灯光变换、会旗招展，各高校校徽图案出现在主屏幕上，现场迎来热烈的掌声。

四川轻化工大学副校长颜杰主持开幕式。出席仪式的领导还有四川轻化工大学党委书记王洪辉；教育部学生体育协会联合秘书处原副秘书长、中国大学生体育协会常务理事张燕军；四川大学原校长、中国工程院院士、中国大学生体育协会网球分会名誉主席谢和平；中国大学生体育协会网球分会常务副主席郭惠民、李幼平、郝际平、俞海洛；中国大学生体育协会网球分会秘书长付浩；四川省教育厅二级巡视员程微梦；中国农业银行自贡分行副行长张海燕。（通讯员：四川轻化工大学康珺）

（九）第二十六届全国大学生网球锦标赛

副校长颜杰出席第26届大网赛（总决赛）第一次筹备工作会[①]

3月5日下午，中国大学生第26届大网赛（总决赛）第一次筹备会在我校李白河校区举行。中国大学生体育协会网球分会秘书长、西南大学体育学院党委书记郭立亚，中国大学生体育协会网球分会办公室主任吴璇，西南大学体育学院院长黄晓灵；我校副校长颜杰，体育学院党委书记肖昌贵，院长王红旗，副

---

① 四川轻化工大学https://tyxy.suse.edu.cn/p/0/?StId=st_app_news_i_x637823343236272903

院长林闯、华锐，校网协秘书长朱文渝等出席会议。会议由林闯主持。

肖昌贵致辞，感谢西南大学体育学院一直以来对我校体育学院给予的支持帮助，表示参与大网赛工作是体育学院的极大荣幸，体育学院将早谋划早安排，认真做好保障和服务工作。王红旗重点从承办条件、问题与建议作了承办工作汇报，对我校2021年举办第25届大网赛（总决赛）进行总结。

郭立亚、黄晓灵分别作了讲话，对我校举办25届大网赛（总决赛）给予充分肯定，感谢我校为大网赛提供了良好环境、精心准备和热情服务，表示中国大学生体育协会网球分会将支持我校承办第26届大网赛（总决赛）。

副校长颜杰代表学校对西南大学成为中国大学生体育协会网球分会主席单位表示祝贺，对郭立亚秘书长一行表示热烈欢迎，对西南大学长期以来给予我校的帮助和支持表示感谢，希望双方加强交流学习。副校长颜杰表示，我校高度重视体育工作，将全力支持中国大学生体育协会网球分会开展网球赛事，继续申办第26届大网赛（总决赛），并就大网赛在比赛日期、疫情管控、赛程安排等方面提出了建议。

会议前，副校长颜杰陪同郭立亚秘书长一行考察了李白河校区体育场馆、学生食堂、学生宿舍等设施，观赏了美丽的校园风貌。会议结束后，副校长颜杰和郭立亚秘书长一行进行了场地体验赛。

四、历届成绩分析

这份2001年至2019年历届中国大学生网球锦标赛，是以该省参赛学校所获锦标赛各组别和各项目前八名的成绩而汇编。

（1）统计数据缺2000年和2008年成绩。

（2）统计数据缺2012年男子甲组单打和女子甲组双打成绩。

（3）统计数据缺2005年秩序册。

（4）以省为单位计算2001年至2019年进入团体前八名团体总分。

（5）以该省每届获团体总分计算名次。

（6）各省参赛学校所获名次计算团体总分。

表1-32 各省参赛学校所获名次计算团体总分

第一名	第二名	第三名	第四名	第五名	第六名	第七名	第八名
9分	7分	6分	5分	4分	3分	2分	1分

表1-33 2001年第七届"巴士杯"锦标赛各省参赛情况及成绩

排名	省份	总得分	参赛学校数	得分学校数
1	上海市	138	3	3
2	浙江省	56	1	1
3	广东省	54	3	3
4	北京市	33	5	4
5	四川省	5	1	1
6	江西省	5	1	1
7	香港特区	4	1	1
8	天津市	3	1	1
9	江苏省	0	6	0
10	湖北省	0	1	0
11	陕西省	0	1	0
12	澳门特区	0	1	0

表1-34 2002年第八届锦标赛各省参赛情况及成绩

排名	省份	总得分	参赛学校数	得分学校数
1	上海市	124	3	3
2	广东省	101	2	2
3	浙江省	63	2	1
4	江苏省	27	5	2
5	湖北省	26	2	1

续表

排名	省份	总得分	参赛学校数	得分学校数
6	北京市	26	4	4
7	陕西省	13	1	1
8	四川省	5	1	1
9	辽宁省	4	1	1
10	江西省	3	1	1
11	香港特区	2	1	1
12	天津市	1	1	1
13	福建省	0	1	0

表1-35　2004年第九届锦标赛各省参赛情况及成绩

排名	省份	总得分	参赛学校数	得分学校数
1	广东省	113	4	3
2	浙江省	51	1	1
3	上海市	43	8	4
4	四川省	42	5	3
5	北京市	27	6	3
6	江苏省	25	4	2
7	云南省	25	1	1
8	湖北省	19	3	2
9	香港特区	18	1	1
10	天津市	6	1	1
11	江西省	0	3	0
12	重庆市	0	1	0
13	福建省	0	1	0

表1-36 2005年第十届锦标赛各省参赛情况及成绩

排名	省份	总得分	参赛学校数	得分学校数
1	广东省	94	4	2
2	浙江省	52.5	1	1
3	江苏省	49	7	4
4	上海市	47.5	6	3
5	四川省	43	3	3
6	北京市	31.5	5	3
7	湖北省	29	4	2
8	云南省	16	1	1
9	香港特区	14	1	1
10	江西省	3.5	4	1
11	吉林省	1	1	1

表1-37 2006年第十一届锦标赛各省参赛情况及成绩

排名	省份	总得分	参赛学校数	得分学校数
1	广东省	154	4	4
2	浙江省	61	1	1
3	北京市	38	6	4
4	重庆市	35	2	2
5	江苏省	30	5	2
6	云南省	29	1	1
7	湖北省	27	4	3
8	天津市	21	3	2
9	上海市	20	3	3
10	香港特区	9	2	1
11	四川省	6	3	2
12	江西省	0	5	0
13	黑龙江省	0	1	0
14	河北省	0	1	0

表1-38　2007年第十二届锦标赛各省参赛情况及成绩

排名	省份	总得分	参赛学校数	得分学校数
1	广东省	106	4	4
2	上海市	97	6	4
3	北京市	81	7	5
4	江苏省	75	5	5
5	四川省	73	3	3
6	浙江省	60	1	1
7	重庆市	43	2	2
8	湖北省	37	3	3
9	江西省	30	2	2
10	天津市	27	1	1
11	云南省	25	1	1
12	香港特区	20	1	1
13	黑龙江省	17	3	3
14	河南省	15	1	1
15	广西壮族自治区	6	1	1
16	山东省	0	1	0

（2008年数据缺失）

表1-39　2009年第十四届锦标赛各省参赛情况及成绩

排名	省份	总得分	参赛学校数	得分学校数
1	上海市	141	7	4
2	广东省	118	8	6
3	四川省	104	7	6
4	北京市	74	9	4
5	浙江省	72	2	2
6	广西壮族自治区	41	1	1
7	江西省	27	4	3
8	重庆市	19	3	2

续表

排名	省份	总得分	参赛学校数	得分学校数
9	湖北省	15	4	4
10	江苏省	14	8	4
11	天津市	13	2	2
12	陕西省	12	3	2
13	云南省	10	1	1
14	河南省	4	4	1
15	香港特区	1	1	1
16	黑龙江省	0	2	0
17	福建省	0	1	0
18	山东省	0	1	0

表1-40　2010年第十五届锦标赛各省参赛情况及成绩

排名	省份	总得分	参赛学校数	得分学校数
1	上海市	154	6	4
2	北京市	90	8	4
3	广东省	81	10	7
4	浙江省	55	4	3
5	江西省	52	3	3
6	广西壮族自治区	48	3	1
7	重庆市	42	4	3
8	四川省	37	7	3
9	湖北省	37	5	4
10	天津市	23	1	1
11	云南省	16	2	2
12	江苏省	12	7	1
13	河南省	7	4	1
14	辽宁省	3	3	1
15	陕西省	0	2	0

续表

排名	省份	总得分	参赛学校数	得分学校数
16	香港特区	0	1	0
17	吉林省	0	1	0

表1-41　2011年第十六届锦标赛各省参赛情况及成绩

排名	省份	总得分	参赛学校数	得分学校数
1	上海市	163	6	5
2	北京市	138	12	8
3	浙江省	77	5	3
4	四川省	60	8	5
5	广东省	56	13	7
6	江西省	28	3	3
7	广西壮族自治区	27	3	2
8	陕西省	26	7	3
9	云南省	22	3	1
10	重庆市	20	4	3
11	河南省	17	4	2
12	江苏省	14	8	2
13	天津市	14	1	1
14	辽宁省	4	3	1
15	湖北省	0	1	0
16	黑龙江省	0	1	0
17	福建省	0	1	0
18	山东省	0	1	0
19	香港特区	0	1	0

表1-42 2012年第十七届锦标赛各省参赛情况及成绩

排名	省份	总得分	参赛学校数	得分学校数
1	北京市	110	10	4
2	上海市	106	6	4
3	广东省	67	12	7
4	浙江省	55	3	1
5	四川省	48	12	6
6	江西省	39	5	3
7	陕西省	28	4	3
8	广西壮族自治区	26	4	2
9	江苏省	22	7	3
10	重庆市	22	6	3
11	云南省	20	5	2
12	香港特区	16	1	1
13	河南省	14	4	2
14	内蒙古自治区	7	1	1
15	天津市	4	2	1
16	福建省	3	1	1
17	湖北省	0	2	0
18	吉林省	0	1	0
19	辽宁省	0	1	0
20	河北省	0	1	0
21	海南省	0	1	0
22	宁夏回族自治区	0	1	0
23	黑龙江省	0	1	0

表1-43 2013年第十八届锦标赛各省参赛情况及成绩

排名	省份	总得分	参赛学校数	得分学校数
1	北京市	147	14	5
2	广东省	114	16	8
3	浙江省	96	5	3
4	上海市	76	8	4
5	重庆市	50	6	3
6	四川省	41	10	4
7	江西省	26	5	3
8	香港特区	21	2	1
9	广西壮族自治区	21	4	2
10	陕西省	21	5	4
11	内蒙古自治区	12	1	1
12	辽宁省	11	4	2
13	云南省	6	4	2
14	江苏省	6	9	2
15	河南省	5	6	1
16	河北省	4	3	1
17	天津市	4	3	1
18	湖北省	3	5	1
19	黑龙江省	0	3	0
20	吉林省	0	2	0
21	宁夏回族自治区	0	2	0
22	福建省	0	1	0
23	山西省	0	1	0
24	湖南省	0	1	0
25	甘肃省	0	1	0

表1-44 2014年第十九届锦标赛各省参赛情况及成绩

排名	省份	总得分	参赛学校数	得分学校数
1	北京市	165.5	11	6
2	四川省	115.5	8	6
3	广东省	113.5	15	8
4	浙江省	96	6	5
5	上海市	90	6	4
6	江西省	57	4	2
7	重庆市	47	4	3
8	香港特区	38.5	2	2
9	江苏省	32	8	3
10	辽宁省	29	5	3
11	内蒙古自治区	23.5	1	1
12	云南省	18	3	3
13	陕西省	16	3	2
14	湖北省	13.5	5	2
15	河南省	8	4	2
16	河北省	7	2	1
17	福建省	7	2	1
18	广西壮族自治区	7	4	1
19	吉林省	2.5	1	1
20	天津市	1	1	1
21	黑龙江省	0	2	0
22	海南省	0	1	0

表1-45　2015年第二十届锦标赛各省参赛情况及成绩

排名	省份	总得分	参赛学校数	得分学校数
1	北京市	155	9	8
2	上海市	111	5	5
3	四川省	110	6	4
4	广东省	101	7	5
5	浙江省	78	5	4
6	江西省	73	5	4
7	重庆市	67	7	6
8	陕西省	64	6	4
9	云南省	43	5	3
10	辽宁省	19	6	3
11	福建省	14	1	1
12	广西壮族自治区	11	5	1
13	湖北省	11	4	2
14	江苏省	9	6	3
15	内蒙古自治区	7	1	1
16	河南省	3	4	1
17	山西省	2	1	1
18	黑龙江省	0	5	0
19	河北省	0	1	0
20	吉林省	0	1	0

表1-46　2016年第二十一届锦标赛各省参赛情况及成绩

排名	省份	总得分	参赛学校数	得分学校数
1	北京市	168.5	10	8
2	广东省	114.5	7	6
3	上海市	83	4	4
4	陕西省	79.5	6	4
5	重庆市	75	5	4

续表

排名	省份	总得分	参赛学校数	得分学校数
6	四川省	70.5	9	5
7	浙江省	70	6	4
8	江西省	53.5	6	3
9	香港特区	38.5	2	2
10	湖北省	35	7	3
11	辽宁省	25.5	8	2
12	云南省	19.5	7	3
13	河南省	10	5	2
14	内蒙古自治区	9.5	1	1
15	江苏省	7.5	3	1
16	广西壮族自治区	7	4	1
17	澳门特区	5.5	1	1
18	山西省	3	1	1
19	黑龙江省	2.5	3	1
20	福建省	2.5	3	1
21	宁夏回族自治区	2.5	1	1
22	天津市	2.5	1	1
23	河北省	0	1	0
24	吉林省	0	1	0

表1-47　2017年第二十二届锦标赛各省参赛情况及成绩

排名	省份	总得分	参赛学校数	得分学校数
1	北京市	139.5	10	4
2	浙江省	131	10	5
3	上海市	103.5	5	4
4	重庆市	99.5	6	4
5	四川省	96	8	4
6	广东省	93	8	7

续表

排名	省份	总得分	参赛学校数	得分学校数
7	湖北省	42.5	8	3
8	云南省	37.5	10	5
9	陕西省	35.5	6	3
10	江西省	33	4	2
11	辽宁省	21.5	8	4
12	天津市	14.5	2	1
13	香港特区	13	1	1
14	广西壮族自治区	7	4	2
15	山西省	6	1	1
16	河南省	3	4	1
17	宁夏回族自治区	3	1	1
18	江苏省	2	3	1
19	河北省	1.5	1	1
20	吉林省	1.5	2	1
21	福建省	1	3	1
22	澳门特区	1	1	1
23	黑龙江省	0	2	0
24	内蒙古自治区	0	1	0
25	甘肃省	0	1	0

表1-48　2018年第二十三届锦标赛各省参赛情况及成绩

排名	省份	总得分	参赛学校数	得分学校数
1	广东省	146	10	7
2	上海市	130	6	4
3	北京市	125	11	5
4	四川省	125	9	7

续表

排名	省份	总得分	参赛学校数	得分学校数
5	重庆市	101	6	4
6	浙江省	72	5	5
7	湖北省	43	7	4
8	江西省	42	4	2
9	陕西省	31	6	5
10	河南省	16	6	1
11	江苏省	11	5	2
12	辽宁省	11	7	2
13	云南省	11	3	2
14	天津市	10	2	2
15	吉林省	7	2	1
16	黑龙江省	5	5	2
17	广西壮族自治区	4	7	2
18	河北省	0	3	0
19	山东省	0	2	0
20	甘肃省	0	1	0

表1-49　2019年第二十四届锦标赛各省参赛情况及成绩

排名	省份	总得分	参赛学校数	得分学校数
1	重庆市	185	8	7
2	北京市	108	12	7
3	上海市	98	7	5
4	四川省	94	7	5
5	广东省	91	10	7
6	浙江省	69	7	3
7	江西省	57	5	3
8	湖北省	41	7	4
9	陕西省	40	10	4

续表

排名	省份	总得分	参赛学校数	得分学校数
10	辽宁省	23	4	2
11	云南省	16	6	3
12	天津市	14	2	2
13	内蒙古自治区	14	2	2
14	河南省	13	5	2
15	广西壮族自治区	11	4	2
16	山东省	8	3	1
17	江苏省	4	4	1
18	福建省	3	3	1
19	黑龙江省	0	3	0
20	吉林省	0	2	0
21	甘肃省	0	1	0
22	河北省	0	1	0
23	山西省	0	1	0

表1-50 参赛省份得分、名次情况

序号	参赛省份（按得分次数排序）	得分次数／次	得分进入前3名次数	得分进入前5名次数	得分进入前8名次数	得分进入前10名次数
1	浙江省	17	8	13	17	17
2	四川省	17	3	12	16	16
3	上海市	17	13	16	16	17
4	广东省	17	13	16	17	17
5	北京市	17	12	15	17	17
6	江苏省	16	1	4	5	8
7	云南省	15	0	0	4	6
8	天津市	14	0	0	2	5
9	江西省	14	0	1	11	14
10	湖北省	14	0	1	9	11

续表

序号	参赛省份（按得分次数排序）	得分次数 / 次	得分进入前 3 名次数	得分进入前 5 名次数	得分进入前 8 名次数	得分进入前 10 名次数
11	重庆市	13	1	6	11	13
12	河南省	12	0	0	0	1
13	广西省	12	0	0	5	5
14	香港特区	11	0	0	3	7
15	陕西省	11	0	1	6	9
16	辽宁省	9	0	0	0	3
17	内蒙古自治区	6	0	0	0	0
18	福建省	6	0	0	0	0
19	吉林省	4	0	0	0	0
20	山西省	3	0	0	0	0
21	黑龙江省	3	0	0	0	0
22	河北省	3	0	0	0	0
23	宁夏回族自治区	2	0	0	0	0
24	澳门特区	2	0	0	0	0
25	山东省	1	0	0	0	0
26	新疆维吾尔自治区	0	0	0	0	0
27	西藏自治区	0	0	0	0	0
28	青海省	0	0	0	0	0
29	湖南省	0	0	0	0	0
30	海南省	0	0	0	0	0
31	贵州省	0	0	0	0	0
32	甘肃省	0	0	0	0	0
33	安徽省	0	0	0	0	0

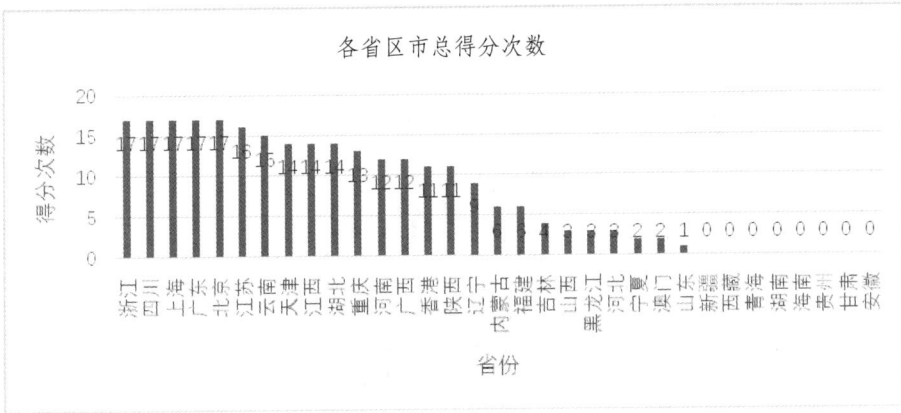

图1-10 各省区市总得分次数

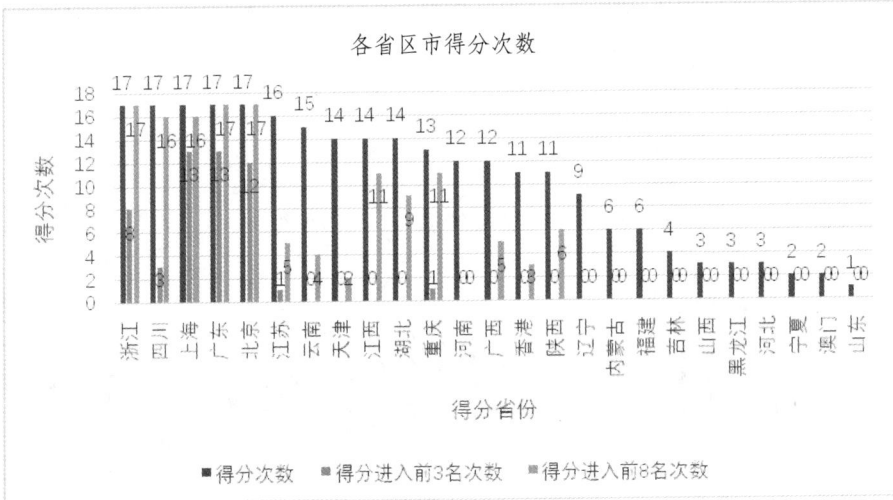

图1-11 各省区市得分次数

各省区市得分次数（按总分进入前3名次序排列）

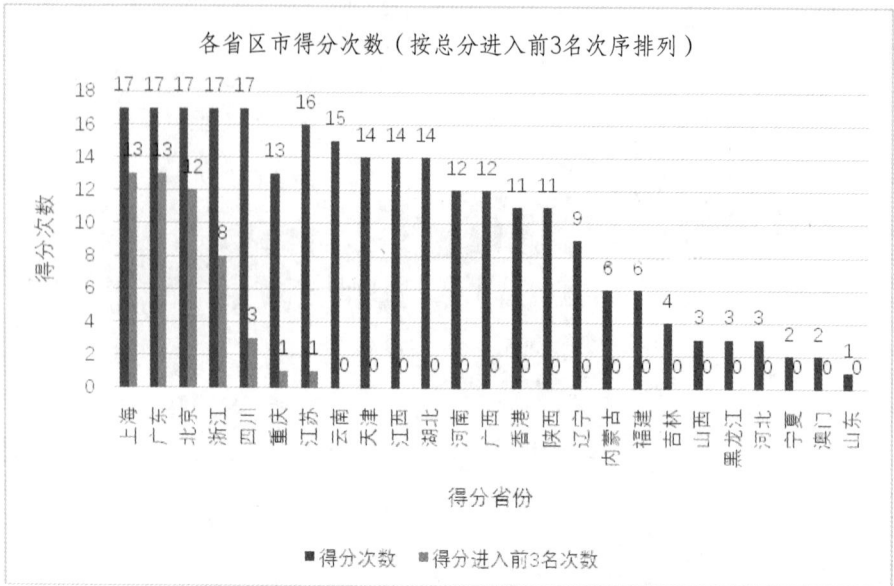

图1-12 各省区市得分次数（按总分进入前3名次序排列）

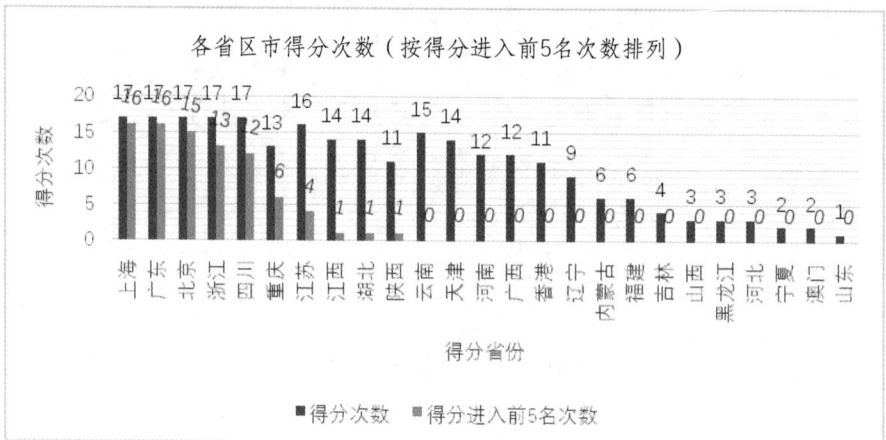

各省区市得分次数（按得分进入前5名次数排列）

图1-13 各省区市得分次数（按总分进入前5名次序排列）

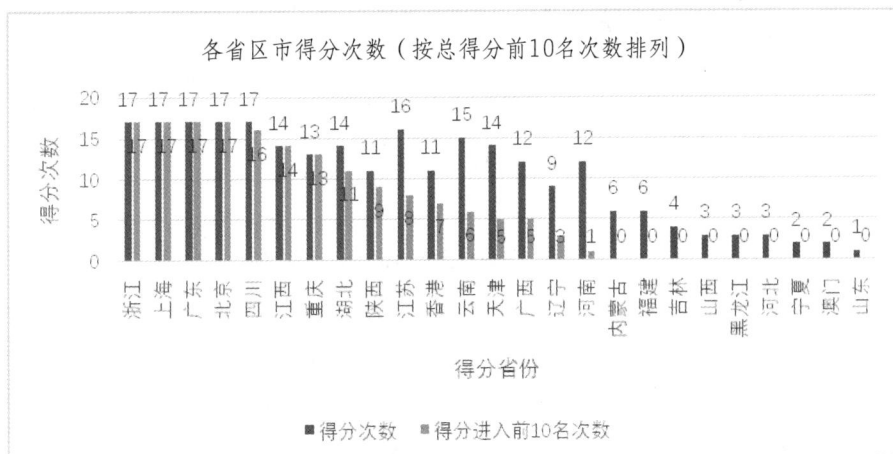

图1-14　各省区市得分次数（按总分进入前10名次序排列）

第三节　历届组织机构的发展过程

一、锦标赛组织机构的发展

全国大学生网球竞赛规模从小到大，参赛学校逐年增长，使得赛事更加丰富化、多元化。竞赛规程的内容逐届增多，组织机构也随之扩大，从第一届全国大网赛到第二十四届中国大学生网球锦标赛，参与人数呈几何增长。

二、历届组织机构

下面各类职务及名单是根据历届秩序册为依据。

（一）1994年第一届全国大学生网球锦标赛

1.组织委员会

主任：吴世明，浙江大学副校长，中国大网协第一任主席。

秘书长：姚天白，浙江大学，中国大网协第一任秘书长。

2.组织机构

仲裁委员会：王启东、梅福基、宣大吾。

注：组委会的组织机构只设"仲裁委员会"。

3.大会工作机构（5个主要部门）

（1）秘书处（办公室/宣传组/联络组）。

（2）后勤处（财务组/接待组/交通组）。

（3）竞赛处（编排组/裁判组/场地器材组/奖品组）。

（4）集资广告处。

（5）保卫处。

组委会榜上有名的约88人（包括参赛校领队21人）。

（二）1995年第二届全国大学生网球赛

1.组织委员会

路甬祥，浙江大学校长，中国大网协名誉主席。

吴世明，浙江大学副校长，中国大网协主席。

姚天白，浙江大学，中国大网协秘书长。

张健，上海大学，中国大网协副秘书长。

2.组织机构

仲裁委员会：郎荣奎、宣大吾、龚友金。

3.工作机构

秘书处、宣传处、筹资处、后勤处、竞赛处、办公室、广告宣传总策划。

（三）1996年第三届全国大学生网球赛

1.组织委员会

吴世明，浙江大学副校长，中国大网协主席。

姚天白，浙江大学，中国大网协秘书长。

沈际洪，四川联大，中国大网协副秘书长。

张健，上海大学，中国大网协副秘书长。

陈湛湘，中山大学，中国大网协副秘书长。

2.组织机构

没有专门设立组织机构，有关委员会都包括在办事机构内，包括裁判委员会。

3.办事机构

办公室、竞赛部、仲裁委员会、宣传部、接待部（包括医生）、保卫部、协调部。

（四）1998年第四届全国大学生网球赛（亚洲邀请赛）

1.组织委员会

教育部、国家体育总局、中国大体协、浙江省、新华社、杭州市等各级领导。

2.组织机构

仲裁委员会：黄明教、陆志平、宋连根、朱保尔（天津大学）。

裁判委员会：裁判长：宋连根；副裁判长：朱明。裁判员共24名，编排记录组：3名。

3.工作机构

会务办公室、新闻宣传部、竞赛部、集资广告部、后勤部（礼品、奖品、纪念品组/场地器材组）、联合秘书处、保卫部、外事部、浙江大学博士生分会。

（五）2000年第五届全国大学生网球赛

1.组织委员会

壮云乾，上海大学副校长，中国大网协第二任主席。

钱威利，上海大学，中国大网协第二任秘书长。

姚天白，浙江大学，中国大网协副秘书长。

2.组织机构

没有专门设立组织机构，有关委员会都包括在办事机构内，包括裁判委员会等。

3.办事机构

资格审查委员会、裁判委员会、仲裁委员会、接待部、宣传部、安全保卫部、联络部、竞赛部、后勤部、场地部、办公室。

第五届大学生网球锦标赛论文研讨会成员合影

（六）2001年第七届全国大学生网球赛

1.组织委员会

壮云乾，上海大学副校长，中国大网协主席。

钱威利，上海大学，中国大网协秘书长。

顾红，上海大学。

2.组织机构

技术仲裁委员会：钱威利、杨学明等。

资格审查委员会：由中国大体协人员担任。

裁判委员会：方斐雯、方颖衷等，裁判员27人。

精神文明评比委员会：均由承办单位有关人员担任。

竞赛委员会：包括竞赛组、编排组、奖品组、场地器材组、联络组，均由承办单位有关人员担任。

　　注：第一次设立精神文明评比委员会。

　　3.工作机构

　　宣传组、保卫组、行政组、后勤组、财务组。

（七）2002年第八届全国大学生网球锦标赛

　　1.组织委员会

　　壮云乾，上海大学副校长，全国大网协主席。

　　钱威利，上海大学，全国大网协秘书长。

　　注：现在全称："中国大学生体育协会网球分会"，简称"网球分会"。在"大网协"成立之初，秩序册内容中都称"中国大学生网球协会"。

　　2.组织机构

　　资格审查委员会：钱威利、程洁（中国大体协）。

　　仲裁委员会：温石生、杨学明、刘上行（东道主）。

　　3.工作机构

　　办公室、竞赛部、宣传部、活动礼仪部、后勤部、财务集资部、保卫部。

2002年中国大学生网球协会年会，孙建国提供

中国大学生网球协会主席团会议留念，孙建国供图

（八）2004年第九届全国大学生网球锦标赛

1.组织委员会

壮云乾，上海大学副校长，中国大网协主席。

钱威利，上海大学，中国大网协秘书长。

杨学明，西南石油大学（承办单位）。

2.组织机构

资格审查委员会：钱威利、程洁（中国大体协）。

仲裁委员会：杨学明、刘上行（暨南大学）、沈际洪（四川联大）。

3.办事机构

办公室、接待组、宣传组（体育道德风尚奖评审组）、竞赛组、保卫组。

中国大学生体育协会网球分会第三届委员会代表合影

（九）2005年第十届全国大学生网球锦标赛

1.组织委员会

壮云乾，上海大学副校长，中国大网协主席。

钱威利，上海大学，中国大网协秘书长。

2.组织机构

资格审查委员会：钱威利、程洁（中国大体协）、白克义（中国矿大/承办单位）。

仲裁委员会：王平，江苏科大/中国大网协副主席）；程杰，上海大学；杨学明，西南石油大学。

3.工作机构

办公室、竞赛组、宣传组、接待组、后勤组、场地组、文艺活动组、保卫组、医疗检疫组、财务组（共10个部门）。

　　注：第一次设立众多的工作机构为赛会服务。

2005年5月份，拍摄于上海交通大学

2005年12月网球分会在清华大学合影

（十）2006年第十一届全国大学生网球锦标赛

1.组织委员会

壮云乾，上海大学，中国大网协主席。

钱威利，上海大学，中国大网协秘书长。

2.组织机构

竞赛部：韦嘉精（华南理工）。

仲裁委员会：杨学明（西南石油）。

资格审查组：孙建国（清华大学）、程杰（上海大学）。

体育道德评审组：尹钊（国际关系学院）。

3.工作机构

办公室、竞赛部、宣传部、后勤接待部、安全保卫部、场地器材部、商务部、志愿者部。

注：第一次设立志愿者部，共11人，每名志愿者负责5所参赛学校。

2006年网球分会理事会合影

（十一）2007年第一届"索尼爱立信"全国大学生网球联赛

1.2007年第一届"索尼爱立信"全国大学生网球联赛

（1）组织委员会

副主任：汪敏，网球分会主席；刘树道，网球分会副主席（华南理工）；严玉明，网球分会副主席（中央民大）；张文卫（西南石油）。

副秘书长：钱威利，网球分会秘书长。

（2）组织机构

办公室、竞赛部、商务推广部、新闻宣传部、资格审查及纪律监督委员会。

网球分会有关人员参加：钱威利、杨学明、韦晓康、程杰、孙建国、韦嘉精。

网球分会考察组在哈尔滨商业大学

2.2007年第一届"索尼爱立信"全国大学生网球联赛总决赛

（1）组织委员会

名誉主任：陈旭，清华大学党委副书记。

主　任：陈伟强，清华大学体育教研部主任。

副主任：赵青，清华大学体育教研部副主任。

秘书长：孙建国，清华大学体育教研部。

（2）组织机构

竞赛部：尹钊（国关学院）、韦嘉精（华南理工）、张雷（北京交大）、张金国（中国地大）。

仲裁资审部：钱威利（上海大学）、杨学明（西南石油）、程杰（上海大学）、韦晓康（中央民大）、郝克勇（北京化工）。

裁判长：王俐（国家级网球裁判/国关学院）。

（3）工作机构

办公室、后勤组、接待组、医务组、保卫组。

（十二）2007年第十二届全国大学生网球锦标赛

1.组织委员会

壮云乾，上海大学，网球分会名誉主席。

汪敏，上海大学副校长，网球分会第三任主席。

钱威利，上海大学，网球分会秘书长。

2.组委会副秘书长

杨学明、孙建国、韦嘉精、虞力宏、李文杰、刘庆广、尹钊、程杰。名单后都注明网球分会副秘书长，其中杨学明被冠以"网球分会第一副秘书长"。

（1）这是网球分会主要骨干第一次进入组委会。

（2）当时网球分会职能部门为三部八委：孙建国担任竞赛部主任，下属三个委员会，即竞赛委员会（韦嘉精）、裁判委员会（虞力宏），资格审查委员会（尹钊）。杨学明担任科研部主任。

3.组织机构

仲裁委员会：钱威利、杨学明、尹钊、程杰、马媛媛（大体协）。

资格审查委员会：程洁（大体协）、尹钊、程杰、马媛媛。

体育道德评审委员会：李德学、潘 晟（苏州大学）。

竞赛部：唐宝盛（承办单位）。

4.工作机构

办公室、竞赛部、宣传部、接待部、医务部、安全保卫部、场地器材部、财务部、志愿者工作部、后勤保障部。

2007年中国大学生网球协会常委会代表合影

（十三）2008年第十三届全国大学生网球锦标赛

1.组织委员会

汪敏：上海大学副校长，网球分会主席。

钱威利：上海大学，网球分会秘书长/组委会副秘书长。

杨学明：西南石油大学，组委会副秘书长。

这一届组委会名单及设置是最"简陋"的规模，如名誉主任、主任、副主任只有五人，并未注明"官衔"。

2.组织机构

仲裁委员会：钱威利、杨学明。

资格审查委员会：钱威利、孙建国、尹钊。

竞赛组：韦嘉精、孙建国。

3.工作机构

办公室、竞赛组、宣传组、接待组、保卫组、场地组、志愿者组、后勤组。

2008年网球分会第三届会员代表大会合影

（十四）2009年第十四届全国大学生网球锦标赛

1.组织委员会

壮云乾：上海大学，网球分会名誉主席。

汪　敏：上海大学副校长，网球分会主席。

钱威利：上海大学，网球分会执行秘书长。

顾　红：上海大学，网球分会第三任秘书长。

（1）钱威利不再担任网球分会秘书长，由顾红接任秘书长。

（2）网球分会骨干成员进入组委会有：顾红、杨学明、孙建国、韦嘉精和尹钊。

2.组织机构

仲裁委员会、资格审查委员会和"最佳进步奖"、"拼搏奖评审委员会"三个委员会。

3.工作机构

办公室、会务部、竞赛部、宣传部、接待部、医疗部、安保部、场地器材部、志愿者工作部、财务部、后勤保障部、交通部（共12个部门）。

2009年第四届大网协常委会第一次会议代表合影

（十五）2010年第十五届全国大学生网球锦标赛

1.组织委员会

壮云乾：上海大学，网球分会名誉主席。

汪　敏：上海大学副校长，网球分会主席。

顾　红：上海大学，网球分会秘书长。

钱威利：上海大学，网球分会执行秘书长。

（1）组委会中网球分会副主席共有17人。

（2）网球分会主要骨干担任组委会成员：杨学明、孙建国、尹钊、韦嘉精、虞力宏五位老师。

2.组织机构

仲裁委员会、资格审查委员会和"体育道德风尚奖"评审委员会。

3.工作机构

办公室、文书部、会务接待部、竞赛部、宣传部、外联部、医疗部、安保部、场地器材部、志愿者工作部、财务部、后勤保障部。（共12个部门）

（十六）2011年第十六届全国大学生网球锦标赛

1.组织委员会

壮云乾：上海大学，网球分会名誉主席。

汪　敏：上海大学副校长，网球分会主席。

顾　红：上海大学，网球分会秘书长。

钱威利：上海大学，网球分会原秘书长。

2.网球分会的主要成员担任组委会工作

竞赛部：孙建国、韦嘉精。

仲裁委：尹钊、杨学明、孙建国。

纪监委：顾红、尹钊、刘上行。

评审委：杨学明、韦嘉精、陆英浩、由文华（承办校）。

3.组织机构

仲裁委员会、资格和纪律监督委员会和"体育道德风尚奖"评审委员会。

4.工作机构

办公室、宣传部、接待部、竞赛部、场地设施部、安保部、财务部、后勤保障部。（共8个部门）

2011年中国大学生体育协会网球分会年会暨第四届六次常委会会议

（十七）2012年第十七届全国大学生网球锦标赛

1.组织委员会

壮云乾：上海大学，网球分会副主席/组委会名誉主席。

汪　敏：上海大学副校长，网球分会主席。

顾　红：上海大学，网球分会秘书长。

注：壮云乾的网球分会的职务可能不准确。

2.网球分会的主要成员担任组委会工作

顾红、孙建国、杨学明、尹钊、刘上行、虞力宏、韦嘉精、陆英浩、蒋雪涛（承办校）。

3.组织机构

仲裁委员会、资格和纪律监督委员会和"体育道德风尚奖"评审委员会。

4.工作机构

办公室、会务处、宣传部、志愿者工作部、接待部、竞赛部、后勤部、财务部、保卫部、运动员工作部。（共10个部门）

（十八）2013年第十八届全国大学生网球锦标赛

新的主席单位、新的组织机构和新老队伍的组合为这届比赛注入新的活力。

1.组织委员会

汪　敏（上海大学副校长）：网球分会名誉主席。

牛维麟（中国人民大学党委常务副书记）：网球分会第四任主席。

顾　红（上海大学）：原网球分会秘书长，现网球分会副主席。

杨占武（人民大学）：网球分会秘书长。

付　浩（人民大学）：网球分会副秘书长，竞赛委员会主任。

谢　军（华南理工）：网球分会副秘书长，竞赛委员会副主任。

蒋雪涛（昆明理工）：网球分会副秘书长，竞赛委员会副主任。

唐宝盛（哈商大）：网球分会副秘书长，竞赛委员会副主任。

虞力宏（浙江大学）：网球分会副秘书长，裁判委员会主任。

杨学明（西南石油）：网球分会副秘书长，技术委员会委员。

孙建国（清华大学）：网球分会技术委员会委员。

尹　钊（国关学院）：网球分会技术委员会委员

王德炜（西安建大）：网球分会技术委员会委员。

韦晓康（中央民大）：网球分会技术委员会委员。

王忠瑞（人民大学）：网球分会秘书处。

在新一届网球分会副主席中设置"常务副主席"职务：

卢中昌（大连理工）、李幼平（桂林航院）、杨宗凯（华中师大）、郝际平（西安建大）、郭惠民（国关学院）、彭新一（华南理工）。

2.组织机构

仲裁委员会、技术委员会、竞赛委员会、资格和纪律监督委员会和"体育道德风尚奖"评审委员会。

3.工作机构

办公室、竞赛部、接待部、财务部、宣传部、后勤保障部、保卫部医疗部、志愿者工作部。（共8个部门）

中国大学生体育协会网球分会第五届第二次常委会会议合影

（十九）2014年第十九届全国大学生网球锦标赛

1.锦标赛组委会

在组委会名单中除顾红、杨占武、付浩、杨学明、孙建国、尹钊、王德炜、韦晓康、虞力宏、谢军、蒋雪涛、唐宝盛、王忠瑞。网球分会其他专业委员会负责人加入组委会：

何文盛（浙江师大）：副秘书长，科研委员会副主任（承办单位）。

程　杰（上海大学）：副秘书长，科研委员会主任。

刘上行（暨南大学）：副秘书长，资格审查委员会主任。

赵　赟（华东理工）：副秘书长，发展委员会主任。

刘　明（华南理工）：副秘书长，教学训练委员会主任。

牛志成（沈阳建大）：副秘书长，信息宣传委员会主任。

马　勇（南京特教）：副秘书长，裁判委员会副主任。

许　沨（上海大学）：信息宣传委员会副主任。

网球分会各专项委员会绝大部分主要负责人倾巢出动担任组委会各项工作，以后的几届锦标赛更是这样的规模。

在组织机构的"资格和纪律监督委员会"人员组成有很大变化，第一次由三位网球分会副主席（校级领导）担任主任和副主任一职，第一次增加三位参赛校教练（抽签决定）加入该委员会。

2.组织机构

仲裁委员会、竞赛委员会、资格和纪律监督委员会和"体育道德风尚奖"评审委员会。

3.工作机构

办公室、竞赛部、后勤与接待部、集资与财务部、宣传部、安全保卫部、医疗卫生部、志愿者工作部、科研部。（共10个部门）

网球分会第五届第四次常委会会议合影

2013—2014年全国大学生网球联赛

2013年网球分会对竞赛进行改革，单独建立中国大学生网球联赛竞赛体系，全国设立八个赛区，比赛时间以年度形式开始，即从上年度11月份开始至次年6月份结束。并于2014年10月初进行了联赛总决赛。

网球分会委派以技术委员会委员为主，以赛事监督的身份对赛事全程管控。

赛　区	承办单位	赛事监督
上海公开赛	上海大学	孙建国
广州公开赛	华南理工大学	
重庆公开赛	西南大学	孙建国
北京公开赛	清华大学	
武汉公开赛	武汉体育学院	孙建国
昆明公开赛	昆明理工大学	
西安公开赛	西北农林科技大学	
沈阳公开赛	沈阳建筑大学	孙建国
联赛总决赛	清华大学	孙建国　尹　钊　韦晓康

注：总决赛（北京）设三个赛区，即清华大学、中国人民大学和北京交通大学。

（二十）2015年第二十届中国大学生网球锦标赛

1.组委会

网球分会各专业委员会主要负责人仍担任锦标赛组委会各项工作。新增加沈阳建大李真军（副秘书长）。

2.组织机构

仲裁委员会、竞赛委员会（竞赛办公室）、信息与宣传委员会、资格和纪律监督委员会和"体育道德风尚奖"评审委员会。

（1）在组织机构中第一次设置"信息与宣传委员会"。

（2）第一次在竞委会中设立"竞赛办公室"。

3.工作机构

综合部（接待、财务等）、竞赛部、场地器材部、宣传部、安全保卫部、医疗卫生部、志愿者工作部、科研部、颁奖（庆典）部。（共9个部门）

网球分会第五届第五次常委会会议留念

2014—2015年全国大学生网球联赛

网球分会对"联赛"形式进一步改革，"联赛"与传统的"锦标赛"合二为一，即锦标赛分两个阶段进行。第一阶段全国设八个赛区，参加分区赛的学校只有获得签位后，才有资格参加七月份的锦标赛。"两块牌子、一套人马"。

赛　区	承办单位	赛事监督
上海站	上海大学	韦晓康
广州站	华南理工大学	刘上行
成都站	西南石油大学	蒋雪涛
北京站	清华大学	尹　钊
武汉站	武汉体育学院	李　辉
昆明站	昆明理工大学	孙建国
西安站	西安建筑科技大学	杨学明
哈尔滨站	哈尔滨商业大学	孙建国

（二十一）2016年第二十一届中国大学生网球锦标赛

1.组织机构

管理委员会、仲裁委员会、竞赛委员会、信息与宣传委员会、资格和纪律监督委员会和"体育道德风尚奖"评审委员会。

第一次增设"管理委员会"的组织机构，主要目的是加强对赛事的管控以及对重大问题的集体决策。管理委员会由中国大体协官员胡京敏和网球分会秘书长付浩担任主任。网球分会原秘书长杨占武因调任冬奥运组委会，由付浩接任秘书长职位。

在组委会名单又增加武汉体院王凯军（副秘书长）和人民大学的李树旺。牛志成（沈阳建大/副秘书长）因工作调动，不再担任信息宣传委员会主任，增补李真军（沈阳建大）担任副秘书长一职。

2.工作机构

竞赛部、接待部（志愿者）、宣传部、后勤部、安全保卫部、医疗卫生部、财务部。（共7个部门）

2015年第二十届锦标赛在没有极端天气的情况下，单项比赛未决出1至8

名（并列名次），这是历届大网赛第一次人为的名次并列，往届出现名次并列是因为极端天气的影响。

2015—2016年全国大学生网球联赛

赛　区	承办单位	赛事监督
温州分区赛	温州科技职业学院	唐宝盛
	温州大学	
广州分区赛	华南理工大学	刘上行
成都分区赛	四川大学	孙建国
北京分区赛	清华大学	谢　军
武汉分区赛	武汉理工大学	韦晓康
昆明分区赛	昆明理工大学	虞力宏
西安分区赛	西安建筑科技大学	孙建国
大连分区赛	辽宁师范大学	刘上行

（二十二）2017年第二十二届中国大学生网球锦标赛

（1）在组委会副秘书长名单中，以"八个赛区"负责人和各专业委员会主要负责人进入大名单，技术委员会孙建国和韦晓康未进入大名单。

（2）王德炜（西安建大）因退休不再担任技术委员会委员，增补由文华（西安建大）担任技术委员会委员。

（3）增加黄晓灵（西南大学）担任组织机构成员。

附：八个赛区负责人名单

华东赛区　程　杰（上海/上海大学）

华南赛区　谢　军（广东/华南理工大学）

华西赛区　杨学明（四川/西南石油大学）

华北赛区　尹　钊（北京/国际关系学院）

华中赛区　王凯军（湖北/武汉体育学院）

西南赛区　由文华（陕西/西安建筑科技大学）

西北赛区　蒋雪涛（云南/昆明理工大学）

东北赛区　唐宝盛　（黑龙江/哈尔滨商业大学）

（4）网球分会共有22人进入大会各职能机构，同时外聘高级别裁判员18名。

2017年第二十二届中国大学生网球锦标赛分区赛

2016年网球分会再次对"联赛"进行调整，将"联赛"归纳到"锦标赛"之中，正式名称为"第二十二届中国大学生网球锦标赛分区赛（XX赛区）"。

又将八个赛区统一命名为：华东赛区、华南赛区、华西赛区、华北赛区、华中赛区、西南赛区、西北赛区、东北赛区。（参赛区域不变）

赛　区	承办单位	赛事监督
华东赛区（宁波）	宁波大学	孙建国
华南赛区（广州）	华南理工大学	孙建国
华西赛区（重庆）	重庆师范大学	
华北赛区（北京）	北京化工大学	孙建国
华中赛区（武汉）	武汉体院体育科技学院	
西南赛区（昆明）	昆明理工大学	虞力宏
西北赛区（西安）	西安建筑科技大学	尹　钊
东北赛区（吉林）	东北电力大学	孙建国

（二十三）2018年第二十三届中国大学生网球锦标赛

（1）这届锦标赛的组委会名单很"干净"，除主要领导人姓名后加注"官衔"外，其他校领导及网球分会成员只列举姓名。

（2）网球分会只有赛区负责人列入组委会名单（华南赛区负责人谢军因工作未参加本届锦标赛工作）。

（3）网球分会人员基本保持原班人马（人数）参加大会组织工作。

（4）本届锦标赛由中国大学生体育协会出资，冠名为"康湃思杯"，在组委会的组织机构中增设了"商务部"。

（5）本届锦标赛组织机构原"信息宣传委员会"拆分成两个委员会，即"宣传委员会"与"信息委员会"。

2018年第二十三届中国大学生网球锦标赛分区赛

赛　区	承办单位	赛事监督
华东赛区（杭州）	浙江大学	杨学明
华南赛区（广州）	华南理工大学	王凯军
华西赛区（重庆）	长江师范学院	韦晓康
华北赛区（秦皇岛）	燕山大学	由文华
华中赛区（武汉）	武汉体育学院	孙建国
西南赛区（昆明）	昆明理工大学	谢　军
西北赛区（西安）	西北农林科技大学	虞力宏
东北赛区（大庆）	黑龙江八一农垦大学	孙建国

2018年网球分会第五届第十一次常委会合影

（二十四）2019年第二十四届中国大学生网球锦标赛分区赛

（1）第二十四届锦标赛分区赛的赛事监督全部由网球分会技术委员会成员担任，并提出赛事监督全权负责赛区全部事务。

（2）为了便于赛事管理，在2019年6月15日常委会增补了程杰（上海大学）和王凯军（武汉体院）两位同志为技术委员会委员。

赛区	赛事监督	仲裁	负责人	裁判长
华东赛区	杨学明	唐宝盛/何文盛	程杰	虞力宏（国家级）
华南赛区	杨学明	虞力宏/刘上行	谢军	夏卫智（国家级）
华西赛区	由文华	韦晓康/赵赟	杨学明	陈海（国际级）
华中赛区	孙建国	郭立亚/马勇	王凯军	李屹峰（国家级）
西南赛区	孙建国	刘明/黄晓灵	蒋雪涛	刘北钢（国家级）
西北赛区	尹钊	程杰/张志华	由文华	王保金（国家级）
东北赛区	韦晓康	谢军	唐宝盛	姜淼淼（国家级）
华北赛区	尹钊	王凯军/许汸/黄晓灵	尹钊	庞博（国家级）

2019年第二十四届中国大学生网球锦标赛总决赛

（1）本届锦标赛总决赛组织委员会成员与上届基本相同，只是承办单位领导的不同。

（2）组委会仍设主席1名、执行副主席4名、副主席25名、秘书长2名、副秘书长11名和委员（各参赛单位领队）等共104名。

（3）执行机构有管理委员会、仲裁委员会、竞赛委员会、商务部、独家运营推广委员会、宣传委员会、信息委员会、资格与纪律监督委员会、体育道德风尚奖评审委员会和裁判员名单。

（4）承办单位工作机构有领导小组和工作小组（接待组、宣传组、竞赛组、学术活动组、嘉年华晚会组、颁奖组、基建组、后勤保障组、志愿者服务组、财务组、安保组、医疗卫生组、信息网络组、赞助组）。

第二章　历史与演变

　　中国大学生网球锦标赛已经历经二十四届，经过大家的共同努力，已从第一届的12个省市27所学校的124名运动员参加，发展到第二十四届的27个省市186所学校的1499名运动员参赛。之所以赛事规模越来越大，发展越来越好，和赛事背后的赛制改革分不开关系。如2015年中国大学生网球锦标赛顺应新时代的改革，将传统的锦标赛分成两个阶段进行，第一阶段的全国八个分区赛，极大地调动了参赛校重在参与的积极性；第二阶段的锦标赛决赛，更加显现出比赛的激烈性和观赏性以及高水准的网球竞技水平。本章将对赛事规模、赛事安排、赛制的发展进行回顾，以完整体现大网赛的历史和演变。

第一节　大学生网球锦标赛演变

在1989年、1991年和1992年三届全国大学生网球邀请赛的基础上，1994年中国大学生网球协会成立并举办了第一届全国大学生网球赛，二十多年的风雨历程，见证了中国大学生网球锦标赛发展的全过程，可以说这是经过几代人对网球运动执着追求的成果。

仅从竞赛规程的篇幅看，从1994年第一届《竞赛规程》的约1179个字到2014年第十九届的3600余字，可以说现在的《竞赛规程》包罗万象，每一条、每一句都在完善与规范比赛的各个方面，使中国大学生网球锦标赛可持续地健康发展。

《竞赛规程》的不断修改和完善是与全国大学生网球的普及与提高密不可分的。下面从《竞赛规程》的各部分演变看大学生网球赛的发展历程。

一、历届大网赛名称的改变

（一）大学生网球系列锦标赛名称演变

自1994年第一届全国大学生网球赛举办至今，大学生网球赛锦标赛系列共经历三次更名。具体见表2-1。

表2-1 大学生网球赛锦标赛系列名称演变

时间／年	届次	名称
1994—2001	第一届至 第七届	"全国大学生网球赛"
2002—2014	第八届至 第十九届	"全国大学生网球锦标赛"
2015—2019	第二十届至第二十四届	"中国大学生网球锦标赛"

（二）历届全国大学生网球赛赛事的冠名

大学生网球赛，自1989年、1991年和1992年三届全国大学生网球邀请赛开始，包括后来的系列锦标赛，一直都有冠名赛事名称的传统。表2-2陈列了历届全国大学生网球赛赛事的冠名。

表2-2 历届全国大学生网球赛赛事的冠名

份	届次	赛事类型	冠名
1989	1	邀请赛	"宝石花"
1991	2	邀请赛	"星河杯"
1992	3	邀请赛	"奇安特杯"
1994	1	锦标赛	"万顺杯"
1995	2	锦标赛	
1996	3	锦标赛	"王子杯"
1998	4	亚洲大学生网球邀请赛	"东方通信杯"
2000	5	锦标赛	"天龙杯"
2001	7	锦标赛	"巴士杯"
2002	8	锦标赛	
2004	9	锦标赛	"天龙·纵横杯"
2005	10	锦标赛	"玛麒杯"
2006	11	锦标赛	"天龙体育杯"
2007	1	联赛	"索尼爱立信"
2007	12	锦标赛	"天龙杯"

续表

份	届次	赛事类型	冠名
2008	2	联赛	"索尼爱立信"
2008	13	锦标赛	"三瑞杯"
2009	14	锦标赛	"动感地带杯"
2010	15	锦标赛	"建行杯"
2011	16	锦标赛	"天翼杯"
2012	17	锦标赛	"中国移动杯"
2013	18	锦标赛	
2014	19	锦标赛	"万里扬杯"
2015	20	锦标赛	"矿大杯"
2016	21	锦标赛	
2017	22	锦标赛	"中国移动杯"
2018	23	锦标赛	"康湃思杯"
2019	24	锦标赛	"农行杯"

二、锦标赛承办学校与比赛时间的变化

（一）锦标赛学生组、校长组比赛时间安排

1.现在锦标赛学生组比赛时间安排

（1）比赛安排在暑期的7月下旬进行，赛程为2天报到日+8天比赛日。

（2）比赛日程的第四天为仅参加单项赛运动员报到日。

2.校长组比赛时间

（1）校长组比赛基本安排在学生组比赛的第四天，赛程为3天。

（2）提前一天为校长组报到日。

（二）承办锦标赛的基本程序

（1）有意向承办锦标赛的单位在网球分会网站下载申请表格，在规定的时间内上报网球分会秘书处。

（2）网球分会对申请承办锦标赛的单位实地考察并拿出考察报告供网球分会常委会讨论。

（3）每年上半年召开的网球分会常委会，根据考察报告和承办单位的陈述，确定下一年度锦标赛的承办单位。

（三）承办锦标赛的基本条件

（1）承办锦标赛至少具备20片标准网球场，其中至少具备8片有灯光的网球场和至少四片室内备用网球场地。

（2）承办单位还具有接待参赛人员的食宿能力。

表2-3 历届全国大学生网球赛承办学校与比赛时间

年份	届次	赛事类型	比赛时间	承办学校
1989	1	邀请赛	1989.7.11—17	上海大学
1991	2	邀请赛	1991.7.11—21	中山大学
1992	3	邀请赛	1992.7.14—22	上海大学
1994	1	锦标赛	1994.8.8—18	浙江大学
1995	2	锦标赛	1995.8.10—20	江西财经学院
1996	3	锦标赛	1996.7.21—30	四川联合大学
1998	4	杭州—亚洲大学生网球邀请赛	1998.8.18—28	浙江大学
2000	5	锦标赛	2000.8.1—10	河南师范大学
2001	7	锦标赛	2001.7.31—8.6	上海大学
2002	8	锦标赛	2002.7.23—29	暨南大学
2004	9	锦标赛	2004.7.10—16	西南石油大学
2005	10	锦标赛	2005.7.25—28	中国矿业大学
2006	11	锦标赛	2006.7.17—23	武汉体育学院

续表

年份	届次	赛事类型	比赛时间	承办学校
2007	1	联赛	2007.6.16—17	清华大学
2007	12	锦标赛	2007.8.1—7	哈尔滨商业大学
2008	2	联赛	2008.5.24—25	上海大学
2008	13	锦标赛	2008.11.9—15	华东理工大学
2009	14	锦标赛	2009.7.28—8.3	四川大学
2010	15	锦标赛	2010.7.22—28	桂林电子科技大学
2011	16	锦标赛	2011.7.19—28	西安建筑科技大学
2012	17	锦标赛	2012.7.18—28	昆明理工大学
2013	18	锦标赛	2013.7.22—28	中国人民大学
2014	19	锦标赛	2014.7.21—28	浙江师范大学
2015	20	锦标赛	2015.7.26—8.2	中国矿业大学
2016	21	锦标赛	2016.7.24—31	郑州大学 河南工业大学
2017	22	锦标赛	2017.7.25—8.1	昆明理工大学
2018	23	锦标赛	2018.7.27—8.3	东北电力大学
2019	24	锦标赛	2019.7.18—7.27	西南大学

三、历届锦标赛的规模和赛制的变化

赛制的演变可以从大网赛的赛事规模和赛制变化两个方面观察。

（一）赛事规模

赛制的改革首先可以从大网赛发展过程中另一个侧面来论证——"赛事规模的不断扩大"。从全国大网赛的参赛校、参赛人数或赛事规模来看，

1994年的赛事规模远远不及2018年锦标赛的规模。

　　1994年有27所学校参赛，运动员有124名，27所参赛校中还有五所学校仅派1—2名选手。比赛场次只有七八十场，平均每场比赛都打满三盘，也就是两百多场的规模。

　　经过改革的2018年第二十三锦标赛（分区赛）有185所参赛校，参赛运动员达到1856名。而参加当年的锦标赛决赛也有107所的794名运动员，决赛共设男女甲、乙、丙、丁组的团体和单项共24项比赛，10天的赛程要打近两千余场比赛。锦标赛决赛参赛校是第一届大网赛的4倍。当然，也不能单纯地以加减乘除来看待大网赛的发展。

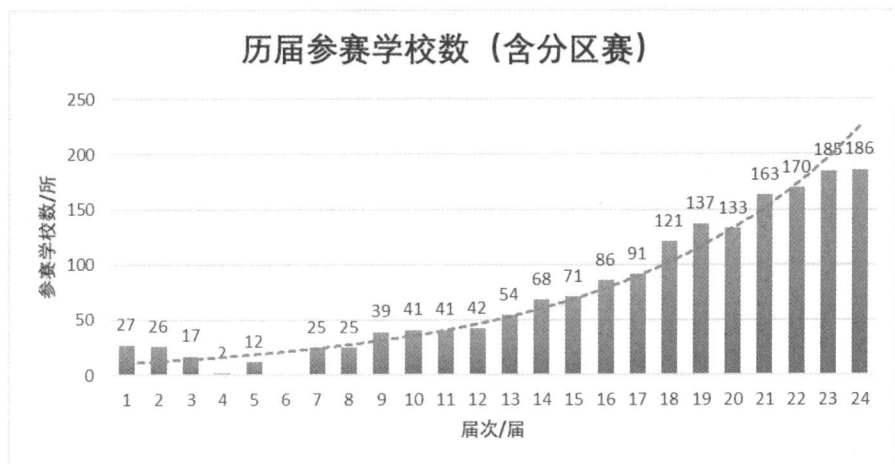

图2-1　历届锦标赛参赛学校数量的变化

　　由图2-1可以看出，参赛学校数量的整体趋势呈现稳步增长，近几届的赛事规模已经数倍于最初几届，这得益于网球运动的普及、大网赛举办的成熟和参赛学校对网球运动的重视。

（二）赛制变化

（1）1994年第一届全国大学生网球赛采用"三盘两胜制的赛制"，这种赛制一直延续到1998年的亚洲邀请赛。

（2）2000年在河南师大举办的第五届大网赛采取"一盘8局决胜制，8比8平局后采用平局决胜制"。

（3）2001年在第七届采取"团体赛采用三盘二胜制或抢八决胜制"。"各单打比赛前三轮均采用抢八决胜制，双打比赛前二轮采用抢八决胜制，其余比赛均采用三盘二胜制"。

（4）2002年在广州的暨南大学举办的第八届全国大学生网球锦标赛上改为"8局制"。

（5）2004年第九届、2005年第十届均延续"8局制"的比赛方法。

（6）2006年第十一届采用8局制："所有比赛采用8局制，一方先获得8局则为获胜，如局数7：7时须9：7方能胜出；当局数为8：8时，以决胜局（7分）定该场比赛的胜负"。

（7）2007年在哈尔滨商业大学举办的第十二届锦标赛其赛制有些变化，规程中规定："比赛采用8局制，乙组和丙组半决赛和决赛采用三盘两胜制"。

（8）2008年第十三届也是采用2007年相同的赛制和方法。

（9）2009年第十四届又改为："甲组采用一盘决胜，平局决胜制；乙组和丙组采用抢8局决胜，平局决胜制"。

（10）2010年、2011年、2012年赛制与2009年相同。

（11）2013年第十八届锦标赛又将赛制改为："所有比赛采用一盘平局决胜制"。

（12）2014年第十九届和2015年仍采用"一盘平局决胜制"。

（13）2016年在郑州大学举办的第二十一届锦标赛又再次更改了赛制："所有比赛均采用一盘六局平局决胜制，无占先记分法"。

（14）后几届锦标赛都采用的"一盘无占先"的比赛。

表2-4　历届锦标赛赛制改变的节点

变革节点次序	变革年份	适用年限	变革内容
第一节点	1994	1994—1998	"三盘两胜"
第二节点	2000	2000—2006	"8局制"
第三节点	2007	2007—2008	"8局制"（乙、丙组半决赛和决赛采用三盘两胜制）

变革节点次序	变革年份	适用年限	变革内容
第四节点	2009	2009—2012	"甲组一盘决胜，平局决胜制"（乙组和丙组采用抢8局决胜，平局决胜制）
第五节点	2013	2013—2015	"所有比赛采用一盘平局决胜制"
第六节点	2016	2016—2019	所有比赛均采用一盘六局平局决胜制，无占先记分法

从1994年的第一届到2018年第二十三届，二十多年赛制更改了大约六次，平均四年更改一次。

四、历届锦标赛关于参加单位的规定

自1994年第一届全国大学生网球赛成功举办以来，历届大学生网球锦标赛，都对参赛单位及会费缴纳进行了规定。

（一）参赛单位的规定

（1）最初的几届"会员"的概念不清晰，只要能参赛即可，从参赛学校数量的变化可以看到每年会员单位的多少。

（2）会员单位与非会员单位最大区别表现在交纳"报名费"的不同，有些参赛校只参加这一届比赛，以后参加不参加还是未知数。

（3）统计的历届参赛校总计在335所，很多参赛校属于"昙花一现"型。

例如，1994年第一届全国大学生网球赛秩序册参赛学校一览，排在第一位的"中国科技大学"和"华南建设学院"从此再也未见到他们，第三届的"攀枝花大学"也是这样，等等。

类似的还有最近几届锦标赛吉林省的"白城师大"，山东省的齐鲁师大，安徽省的安徽师大，新疆维吾尔自治区的新疆大学以及海南大学、三亚学院等。其他一些学校也是"三天打鱼两天晒网"型。

（4）2013/2014年度联赛，由于广东赛区错过分区赛比赛时间，只能将广东省大学生网球赛列入联赛之中，很多学校榜上有名，但日后也有些学校不再参加全国大网赛。

历届锦标赛关于参赛单位的具体规定，如表2-5所述。

表2-5　历届锦标赛关于参加单位的规定

年份	届次	"参赛单位"规定
1994	1	海峡两岸和港澳地区各普通高校为参赛单位
1996	3	全国各高等院校以校为参加单位
1998	4	原则上获得第三届全国大学生网球赛团体赛前16名的队（院校）
2000	5	全国包括台湾和港、澳地区的各高等院校，以校为参赛单位
2001	7	凡中国大学生网球协会各委员单位，及新发展的单位均可报名参加
2002	8	中国大学生网球协会各会员院校及新发展的会员院校均可报名参加
2004	9	中国大学生网球协会各会员院校、新发展的会员院校及非会员院校均可报名参加
2006	11	同2004年规定
2007	12	同2004年规定
2008	13	同2004年规定
2009	14	同2004年规定
2010	15	中国大学生体育协会网球分会各会员单位。从第十五届到第二十四届一直延续这条规定
2011	16	同2010年规定
2012	17	同2010年规定
2013	18	同2010年规定
2014	19	同2010年规定
2015	20	同2010年规定
2016	21	同2010年规定
2017	22	同2010年规定
2018	23	同2010年规定
2019	24	同2010年规定

（二）参赛单位缴纳会费的规定

对于参赛单位缴纳"会费"的规定，从现有的秩序册所列条款看，2007年（含）以前在规程中没有提到参赛单位缴纳"会费"的规定，只提到"运动员在大体协注册和交纳注册费"的规定，从2009年第十四届全国大学生网球锦标赛开始都有缴纳会费的规定。

表2-6 历届锦标赛参赛单位缴纳会费标准

年份	届次	缴纳会费标准
2008	13	参赛单位于2010年补交2008年会费500元/年
2009	14	参赛各会员单位交2009年中国大学生体育协会网球分会会费500元
2010	15	参赛会员单位交2010年分会会费1000元/年，2008、2009年未交会费的单位同时补交会费500元/年
2011	16	参赛会员单位交2011年分会会费1000元/年，之前未交会费的单位请补交会费
2012	17	参赛会员单位交2012年分会会费1000元/年，以前未交会费的单位同时补交会费1000元/年（最后一次提出补交以前的会费）
2013	18	参赛会员单位按规定向中国大学生体育协会交纳2013年分会会费2000元（现金）
2014	19	同2013年规定
2015	20	2015年第二十届又规定：主席单位3000元、副主席单位2000元和会员学校1000元/年的条款
2016	21	同2015年规定
2017	22	同2015年规定
2018	23	同2015年规定
2019	24	同2015年规定

从2013年第十八届全国大学生网球锦标赛开始：

（1）第一次表明会费是由中国大体协收取。

（2）从这届开始不再提"补交会费"之规定。

（3）从这届开始会费上调到2000元。

五、历届锦标赛参加办法的变化

从1994年第一届到2019年第二十四届全国大学生网球锦标赛，"参加办法"这一条款变化不大，"各参赛学校可报男、女团体各一队，单打各两人，双打各一对；参加团体赛的运动员可兼报单项比赛"。

在历届锦标赛规定中最大的变化是团体赛的报名人数的规定，是从无规定人数到限定人数的过程。另外，还有单项比赛兼项的规定以及完成一个团体比赛人数的规定。表2-7列出了历届锦标赛中一些主要时间点相关"参加办法"的变化。

表2-7　历届锦标赛参加办法的变化

年份	届次	参加办法
1994	1	规程里没有规定团体赛必须由几个人完成，实际上可由两人完成一个团体比赛，只是一人不能兼两个单打。
1996	3	没有明确的规定，只是在参加办法一栏中规定："每所高校可组成一个代表队参加甲、乙两组的比赛。每队限报领队……。每队甲组运动员男、女均以四名为限，乙组运动员男、女均以二名为限。"
2000	5	规定"每组男、女队员均不得超过4名"，"甲组限报2名运动员参加单打比赛，2名运动员参加双打比赛"，"乙组限报2名运动员参加比赛"。"男、女团体赛采用三场两胜制（第一场单打，第二场双打，第三场单打），单打运动员可兼报双打，但不得参加两场单打。"
2001	7	明确规定"男、女团体每队可报运动员2—4名"和"团体赛出场顺序为单打、单打、双打"。
2002—2014	8 ~ 19	一直延续第七届规定的报名人数，只有2007年第十二届增加"一对混双"以及2008年第十三届去掉"混双"项目。
2015	20	改成分两个阶段进行，在两个阶段的分区赛及锦标赛都规定："团体赛各组别运动员可报3~4名"，以及规定"团体赛由3人完成（丁组除外）。"

年份	届次	参加办法
2016	21	将"团体赛由3人完成"的规定，修改为："团体赛至少由3人完成"和丁组"至少由2人完成"的规定。
2017	22	同2016年规定
2018	23	分区赛修改为"团体赛必须由4人完成"；在锦标赛（总决赛）改回"必须由3人完成"。两次同年比赛的改变引起教练们的不满，可能下一届仍采取传统规定。
2019	24	甲、乙、丙组至少由3人完成，丁组至少由2人完成。

附加说明：

（1）团体赛出场顺序从1994年第一届到2017年第二十二届基本规定："单打、单打、双打"的方式。其中，2000年第五届团体赛采用"三场两胜制（第一场单打，第二场双打，第三场单打）"。2018年第二十三届更改为："单打、双打、单打"的出场顺序，此项规定引起网球分会内部的争论。

（2）在团体赛的人员组成的规定中也有一些变化，这和参赛组别的变化有着关联，从1994年第一届到2006年第十一届运动员分甲、乙两个组别，从2007年第十二届运动员分甲、乙、丙三个组别，2014年第十九届又分成甲、乙、丙、丁四个组别。

（3）从两个组别扩大到四个组别，有些学校参加的组别凑不齐3人或4人，只能用别的组别的运动员去充数。在这种形势下规程中有了明确的规定：

·2014年第十九届第一次设置四个组别时没有规定。

·2015年第二十届对丁组团体赛人员组成有明确规定："参加丁组团体赛的运动员至少有1人符合丁组资格，其他人可由甲、乙、丙组人员组成，但参加单项赛时必须参加丁组。"

·2016年第二十一届又增加了对乙、丙组团体赛人员组成的明确规定。

六、历届锦标赛竞赛项目的设置

全国大学生网球锦标赛从1994年第一届到2019年第二十四届基本都设置团体、单打和双打,只有在2007年哈尔滨商业大学举办的第十二届大网赛上的乙、丙组设置了混合双打。

(1)2007年第十二届乙、丙组混合双打前三名分别由华南师大、江西财大、中原工学院和南京师大、暨南大学、上海交大获得。

(2)1994年第一届比赛设甲组团体和单、双打项目,乙组只设单、双打项目。

(3)1995年第二届比赛设甲组单、双打项目,团体采取单、双打的成绩计算团体名次。乙组只设单打项目。

(4)2000年第五届设甲组团体、单、双打和乙组单打。

(5)2001年第七届设男、女团体、单打和双打,规程上未注明组别。根据秩序册上乙组只有单、双打两项,男子乙组单打来自四所学校的8名选手、双打两所学校的3对选手,女子乙组单打来自四所学校的7名选手和2所学校2对双打选手。

(6)2002年第八届到2006年第十一届设男女甲、乙组团体、单打和双打六项。

(7)2007年第十二届(哈商大)设男女甲、乙、丙组团体、单打和双打。甲、乙、丙组资格(简述)分别为"普通学生""加分的学生和体育院系的学生"以及"注册的退役、现役的运动员"三类人员。(分三个组别及设项一直延续到2013年的第十八届)

(8)从2014年第十九届开始改为四个组别:"甲、乙、丙、丁组。"竞赛项目仍为男女团体、单打和双打。

(9)2018年锦标赛的第一阶段的分区赛,乙组采取单项积分赛制,以单项的积分计算团体名次。

七、锦标赛参赛组别的规定变化

在汪敏主席的提议下曾组织进行锦标赛改革，网球分会第四届委员会。

笔者彼时正负责竞赛部的工作，所以就以2009年到2011年大网赛各项数据分析为基础，拿出了一篇"锦标赛改革的可行性报告"，但由于种种原因未能实现。

呈现给大家的一些数据，包括组别和运动员参赛资格的变化，只想说明赛制改革的必要性，内容以秩序册为准。

（一）组别划分综述

（1）经过20多年的发展，全国大网赛已从单一的以普通学生为主体的大学生网球竞赛，发展到现在四个参赛组别共同竞技。大学生网球爱好者的群体呈现出多元化的发展，在大学生网球竞技场上，可以看到不同身份、不同水平的人群，共同编织着中国大学生网球竞技网。

（2）最初有参加乙组资格的学校和运动员少之又少，前三届乙组参赛校加在一起有7所，其中体育专业院校3所。2018年第23届体育院系参加有五十多所。

（3）组别的划分，使不同网球技术水平的人群基本站在同一个竞技场角逐，极大地提升了大学生参与度。

（4）各组别运动员的资格认定条款不断的修改，是全国大网赛发展的需要。参赛校、参赛人数的不断增长以及招生渠道的多样化，促使体育竞赛必须具有更加公平、公正和公开的竞赛原则。俗话讲："没有规矩不成方圆。"

（5）2013年将各组别参赛资格重新划分，因运动员资格不符的投诉大为减少或实现零投诉的局面。虽然，运动员资格重新划分也给个别运动员带来"好处"（可议），但总体发展良好。

（二）组别设置的节点

第一节点：1994年第1届至2004年第9届设甲、乙组。
第二节点：2007年第12届至2013年第18届设甲、乙、丙组。
第三节点：2014年第15届至2018年第23届设甲、乙、丙、丁组。

（三）组别划分的节点

1.甲组
普通学生，一直保持不变。

2.乙组
（1）2004年第9届以前为体育院校学生和专业队运动员。
（2）2007年第12届设甲、乙、丙组，原乙组中"专业运动员"划入丙组，乙组又加入一条"高考享受体育加分的学生"。
（3）2011年第16届组别的设置较往届有详细的规定。
（4）2012年第17届组别划分基本不变，只是增加了"当年入学……"和港澳地区学生参赛资格认定的条款。
（5）2013年第18届，关于甲、乙、丙组的资格认定彻底修改，以"入学渠道"为依据认定运动员的身份。
（6）第18届修改后的运动员资格条款基本保留到2018年的第23届。
（7）2014年第19届又将原乙组拆分成乙、丙组，把原乙组中的"体育院系"归到丙组，原丙组（专业组）改为丁组。各组别资格认定无变化。

表2-8   历届锦标赛参赛组别的规定

年份	届次	参赛组别	组别规定
1994	1	甲、乙组	甲组：为全日制正式注册的在校学生（外国留学生不得参加）。 乙组：为曾是专业队运动员，现为普通院校全日制正式注册的学生，体育院、系学生参加乙组比赛

续表

年份	届次	参赛组别	组别规定
1995	2	甲、乙组	同1994年。
1996	3	甲、乙组	全日制正式注册的在校学生（不含外国留学生、进修生和"五大生"①）。 甲组：非体育类专业学生。 乙组：体育类专业学生和特招生。
1998	4	不分组别	凡全日制正式注册的在校学生均可报名参赛
2000	5	甲、乙组	全日制正式注册的在校学生（不含外国留学生、进修生和"五大生"）。 甲组：非体育类专业学生。 乙组：体育类专业学生和从专业网球运动员中特招的非体育类专业学生。
2001	7	甲、乙组	甲组：凡全日制正式注册的在校在籍学生运动员均可报甲组。 乙组：凡全日制正式注册的在校在籍的特招运动员（体工队队员）、体院、体育系报名参加乙组比赛。
2002	8	甲、乙组	甲组：凡全日制正式注册在校在籍经全国统考入学的普通学生运动员。 乙组：凡全日制正式注册在校在籍的特招运动员（体工队队员），体院和师院体育系的学生。 参赛学生运动员必须是2002年6月20日前教育部学生体育协会联合秘书处履行正式注册的大学生。（第一次将运动员在中国大体协注册的规定写入竞赛规程，并在以后规程里都有这条规定。）

---

① 指的是成人高等教育中的广播电视大学（电大）、职工大学（职大）、职工业余大学（业大）、高等院校举办的函授大学（函大）和夜大学（夜大）招收的学生。

续表

年份	届次	参赛组别	组别规定
2004	9	甲、乙组	同2002年。
2005	10	甲、乙组	（缺失）。
2006	11	甲、乙组	甲组：凡全日制正式注册在校在籍经全国统考入校的普遍学生运动员。成教、夜大、函授、培训班、短训班均不能报名参赛。 乙组：凡全日制正式注册在校在籍经全国统考入校的网球项目（含硬网、软网）特招的高水平运动员（包括在国家体育总局网球运动管理中心注册的现役运动员或退役运动员），体育院校和师范体育院校体育系的学生。 第一次将软式网球运动员列入乙组。在2004年锦标赛上某队有两名曾是软网专业运动员参加甲组，并获得某甲组团体冠军
2007	12	甲、乙、丙组	甲组：普通高校全日制正式注册的在校在籍，高考正常录取并入学的大学生（未享受体育加分）和普通高校在校研究生（不包括在职研究生）。 乙组：全日制正式注册在校在籍，经高考录取并入学时享受体育加分的普通高校大学生，体育院校和师范、普通高校体育专业的大学生、研究生（不包括在职研究生）。年龄为18—28周岁。 丙组：入学前曾在中国网球管理中心注册的现役运动员或退役运动员（包括软网）现已被学校录取并入学的大学生、研究生，年龄为18—28周岁。
2007	12	甲、乙、丙组	成教、夜大、函授、培训班、短训班的学生均不能报名参赛。 2006年在武汉体院举办的第十一届锦标赛，男子乙组只有17所64人，而这一届乙丙组共有26所140人参加，打破以往参赛纪录。 第一次限定了乙、丙组参赛选手的年龄

年份	届次	参赛组别	组别规定
2008	13	甲、乙、丙组	三个组别的规定与上届大致相同，有个别文字的修改。第一次将"每位运动员只限参加一个组别的比赛，符合学生甲组身份的运动员可以参加乙组和丙组的比赛，符合乙组身份的运动员可以参加丙组的比赛"的规定写入规程。这条规定主要考虑有个别学校乙组或丙组凑不齐两人参加团体赛而专设这一条款。这条规定与2016年第二十一届规程有关规定大致相同
2009	14	甲、乙、丙组	三个组别的规定与2007年第十二届大致相同。增加："所有参赛运动员年龄为18—28周岁。"2007年只是对乙、丙组有年龄的限制，而这一届对三个组别都有年龄限制
2010	15	甲、乙、丙组	甲组：同2009年。乙组：前半段描述与2009年相同，后半段加上："自主招生低于本校最低录取分数线者"。丙组：中心意思未变，只修改为"在国家体育总局网球管理中人心注册的……"
2011	16	甲、乙、丙组	甲组： （1）经高考正常录取并入学的普通高校全日制正式注册在校在籍的本科生、研究生（不包括在职研究生）。 （2）经高考入学时未享受体育加分的学生。 （3）高考总分达到该校在生源地录取分数线的学生。 乙组： （1）经高考正常录取并入学的普通高校全日制正式注册在校在籍的本科生。 （2）经高考入学时享受体育加分的学生。 （3）普通高校体育专业的学生。 （4）自主招生低于本校最低录取分数线的学生。 （5）未在中国网球协会注册的学生。 （6）本科生入学时享受体育加分的研究生。

续表

年份	届次	参赛组别	组别规定
2011	16	甲、乙、丙组	（7）年龄为18—28周岁。 丙组： （1）入学前曾在中国网球协会注册的现役或退役的运动员（包括软网），现已被学校录取并入学的本科生（包括研究生）。 （2）入学前曾参加过ITF比赛的学生。 （3）年龄为18—28周岁
2012	17	甲、乙、丙组	学生组： （1）当年参加高考并被录取的学生不能参加当年的全国大学生网球锦标赛。当年3月份（春季）入学的研究生，可参加当年7月份的全国大网赛。 （2）必须经高考正常录取并入学的普通高校全日制正式注册在校在籍的本科生和研究生（不包括在职研究生）。 （3）港、澳地区高校学生参赛资格认证以居民身份证为准。 甲组： （1）高考入学时未享受体育加分的学生。 （2）高考总分达到该校在生源地录取分数线的学生。 （3）经正常录取的普通高校在校的研究生（不包括在职研究生）。 乙组： （1）高考入学时享受体育加分的学生。 （2）普通高校体育专业的学生。 （3）自主招生低于本校最低录取分数线的学生。 （4）14岁以前（含14岁）在中国网球协会注册的学生。 （5）本科生入学时享受体育加分的研究生。 （6）年龄为18—28周岁。

年份	届次	参赛组别	组别规定
2012	17	甲、乙、丙组	丙组： （1）入学前曾在中国网球协会注册的现役或退役的运动员（包括软网），现已被学校录取并入学的学生（包括研究生）。 （2）有国际网联注册号的运动员。 （3）年龄为18—28周岁
2013	18	甲、乙、丙组	学生组： （1）当年参加高考并被录取的学生不能参加当年的全国大学生网球锦标赛。当年3月份（春季）入学的研究生，可参加当年7月份的全国大网赛。 （2）必须经高考正常录取并入学的普通高校全日制正式注册在校在籍的本科生和研究生（不包括在职研究生）。 （3）港、澳地区高校学生参赛资格认证以居民身份证和回乡证为准。 甲组： （1）普通高校非经高水平运动员招生渠道录取的考生。 （2）普通高校非经六部委政策免试就读高等学校的优秀运动员。 （3）符合第（1）和第（2）款，经正常录取的普通高校在校的研究生（不包括在职研究生）。 乙组： （1）普通高校经高水平运动员招生渠道达到二本线和二本线65%录取的学生。 （2）普通高校体育系及体育院校（不含一级运动员及以上）的学生。 丙组： （1）普通高校经高水平运动员招生渠道单招的学生。 （2）普通高校经六部委政策免试就读高等学校的优秀运动员。

续表

年份	届次	参赛组别	组别规定
2013	18	甲、乙、丙组	（3）普通高校体育院系及体育院校一级运动员及以上的学生。 这一届的甲、乙、丙组运动员资格彻底改变历届的规定，其背景是中国人民大学担任网球分会的主席单位后做的第一件改革。 重新制定三个组别的运动员资格，主要以运动员高考进入大学的渠道为依据。实践证明以入学渠道的划分组别减少了很多争议，在以后的锦标赛中达到因运动员资格问题的零投诉。
2014	19	甲、乙、丙、丁组	学生组： （1）报名截止日期前获得所代表会员学校的正式学籍。 （2）港、澳地区高校学生参赛资格认证以居民身份证和回乡证为准。 （3）参加学生组必须是普通高校全日制正式注册在校在籍的本科生和研究生，不包括在职研究生。 甲组： （1）普通高校非经高水平运动员招生渠道录取的考生。 （2）普通高校非经体育专业单独招生渠道录取的考生。 （3）普通高校非经六部委政策免试就读高等学校的优秀运动员。 （4）本科录取时符合第（1）和第（2）款，正常录取的普通高校在校的研究生（不包括在职研究生）。 乙组： 普通高校经高水平运动员招生渠道达到二本线和二本线65%录取的学生 丙组： 普通高校体育院系及体育院校（不含一级运动员及以上）的学生。

年份	届次	参赛组别	组别规定
2014	19	甲、乙、丙、丁组	丁组： （1）普通高校经高水平运动员招生渠道单招的学生。 （2）普通高校体育院系及体育院校一级运动员及以上的学生。 （3）普通高校经六部委政策免试就读高等学校的优秀运动员。 从这一届开始将运动员分成四个组别，将原乙组拆分成乙组和丙组，原丙组改为丁组。现乙组为网球特招的学生，丙组为体育院系的学生。因原乙组包含两类学生，两者网球水平不在一个层面，改制后现丙组参赛校大为增加，现乙组为全国有网球特招校33所。 四个组别的划分基本与上届相同，只是个别字的修改。以后几届锦标赛都沿用此规定。
2015	20	甲、乙、丙、丁组	学生组： （1）当年参加高考并被录取的学生不能参加当年的中国大学生网球锦标赛。当年3月份（春季）入学的研究生，可参加当年的中国大网学生球锦标赛。 （2）港、澳地区高校学生参赛资格认证以居民身份证和回乡证为准。 （3）参加学生组必须经高考正常录取并入学的普通高校全日制正式注册在校在籍的本科学生和研究生（不包括在职研究生）。 甲组： （1）普通高校非经高水平运动员招生渠道录取的考生。 （2）普通高校非经体育专业单独招生渠道录取的考生。 （3）普通高校非经六部委政策免试就读高等学校的优秀运动员。 （4）本科录取时符合第（1）和第（2）及第（3）款，正常录取的普通高校在校的研究生（不包括在职研究生）。

年份	届次	参赛组别	组别规定
2015	20	甲、乙、丙、丁组	乙组： 高校经高水平运动员招生渠道达到二本线和二本线65%录取的学生。 丙组： 普通高校体育院系及体育院校（不含一级运动员及以上）的学生。 丁组： （1）普通高校经高水平运动员招生渠道单招的学生（不分项目）。 （2）普通高校体育院系及体育院校一级运动员及以上的学生（不分项目）。 （3）普通高校经六部委政策免试就读高等学校的优秀运动员。
2016	21	甲、乙、丙、丁组	学生组： （1）当年参加高考并被录取的学生不能参加当年的中国大学生网球锦标赛。当年三月份（春季）入学的研究生，可参加当年的中国大网学生球锦标赛。 （2）港、澳地区高校学生参赛资格认证以居民身份证和回乡证为准。 （3）参赛运动员必须经高考正常录取并入学的普通高校全日制正式注册在校在籍的本科学生和研究生（不包括在职研究生）。 甲组： （1）普通高校非经高水平运动员招生渠道录取的考生。 （2）普通高校非经体育专业单独招生渠道录取的考生。 （3）普通高校非经六部委政策免试就读高等学校的优秀运动员。 （4）本科录取时符合第（1）和第（2）及第（3）款，正常录取的普通高校在校的研究生（不包括在职研究生）。

年份	届次	参赛组别	组别规定
2016	21	甲、乙、丙、丁组	乙组： 高校经高水平运动员招生渠道达到二本线和二本线65%录取的学生。 丙组： 普通高校体育院系及体育院校，所有项目二级运动员（含二级）以下的学生。 丁组： （1）普通高校经高水平运动员招生渠道单招的学生。 （2）普通高校体育院系及体育院校一级运动员（含所有项目）及以上的学生。 （3）普通高校经六部委政策免试就读高等学校的优秀运动员。
2017	22	甲、乙、丙、丁组	学生组： （1）当年参加高考并被录取的学生不能参加当年的中国大学生网球锦标赛。当年3月份（春季）入学的研究生和当年7月份的毕业生，可参加当年的中国大网学生球锦标赛。 （2）港、澳地区高校学生参赛资格认证以居民身份证和回乡证为准。 （3）参赛运动员必须经高考录取并入学的普通高校全日制正式注册在校在籍的本科学生和研究生（不包括在职研究生）。 甲组： （1）普通高校非经高水平运动员招生渠道录取的考生。 （2）普通高校非经体育专业单独招生渠道录取的考生。 （3）普通高校非经六部委政策免试就读高等学校的优秀运动员。 （4）本科录取时符合第（1）和第（2）及第（3）款，正常录取的普通高校在校的研究生（不包括在职研究生）。

续表

年份	届次	参赛组别	组别规定
2017	22	甲、乙、丙、丁组	乙组： 高校经高水平运动员招生渠道达到二本线和二本线65%录取的学生。 丙组： 普通高校体育院系及体育院校，所有项目二级运动员（含二级）以下的学生。 丁组： （1）普通高校经高水平运动员招生渠道单招的学生。 （2）普通高校体育院系及体育院校一级运动员（含所有项目）及以上的学生。 （3）普通高校经六部委政策免试就读高等学校的优秀运动员。
2018	23	甲、乙、丙、丁组	学生组： （1）港、澳地区高校学生参赛资格认证以居民身份证和回乡证为准。 （2）参赛运动员必须经高考录取并入学的普通高校全日制正式注册在校在籍的本科学生和研究生（不包括在职研究生）。 甲组： （1）普通高校非经高水平运动员招生渠道录取的学生。 （2）普通高校非经体育专业单独招生渠道录取的学生。 （3）普通高校非经六部委政策免试就读高等学校的优秀运动员。 （4）本科录取时符合第（1）和第（2）及第（3）款，正常录取的普通高校在校的研究生（不包括在职研究生）。 乙组： 普通高校经高水平运动员招生渠道达到二本线和二本线65%录取的学生。 丙组： 普通高校体育院系及体育院校，所有项目二级运动员（含二级）以下的学生。

续表

年份	届次	参赛组别	组别规定
2018	23	甲、乙、丙、丁组	丁组： （1）普通高校经高水平运动员招生渠道单招的学生。 （2）普通高校体育系及体育院校一级运动员（含所有项目）及以上的学生。 （3）普通高校经六部委政策免试就读高等学校的优秀运动员
2019	24		本届锦标赛的组别划分单独作为《竞赛规程》的附件

八、锦标赛竞赛办法的修改

全国大学生网球赛到锦标赛的竞赛办法基本变化不大，历届比赛中团体赛基本以先分组后决赛的模式，单项赛采取单淘汰方式。但也有个别比赛采取非传统的竞赛方式。

表2-9　历届锦标赛竞赛办法的变动

年份	届次	竞赛办法
1994	1	1.团体赛由二单一双组成（先进行单打），采用三场二胜制，场数2：0时，第三场比赛不再进行。 2.当团体参赛队超过24队时，比赛分三个阶段进行。 （1）第一阶段为分组循环，分成8组，各组第一名参加第二阶段比赛。 （2）第二阶段分成二组进行循环，决出小组1—4名。 （3）第三阶段，为同名次决赛。 3.当团体参赛队不足24队时，比赛分两个阶段进行，第一阶段，分组循环，第二阶段同名次决赛。 4.单打、双打场采用淘汰制，增设附加赛
1995	2	同1994年。

续表

年份	届次	竞赛办法
1996	3	1.各组别竞赛均采用予、决赛两阶段赛制度。 （1）男、女甲组分别分为八个小组（每个小组四个队，并由大网协认定八个种子队，其余队抽签入座）进行单循环团体赛排出各小组名次。八个小组的同名次队采用单淘汰制进行第二阶段比赛，再决定最后的相应名次。 （2）男、女乙组，按报名人数多少分为若干小组进行单循环比赛，决出小组名次后，各小组同名次再进行单淘汰制比赛，再决出相应名次。 2.本届比赛只设甲组团体和乙组单打。 3.竞赛办法的具体执行情况还需当事人的表述。
1998	4	1.男、女团体赛采用两阶段赛制。第一阶段视参赛队多少，决定分为四组或八组进行分组循环赛；第二阶段为各小组同名次淘汰制附加赛决赛。男子团体各小组第一名，决出1—8名；女子团体小组第一名决出1—4名，小组第二名，决出5—8名。 2.男、女单、双打均采用淘汰赛制。 3.团体比赛均采用三盘两胜、平局决胜制。 4.单项比赛按下列规则进行。 （1）男单第1、2、3轮，男双第1、2轮，女单出第1、2、3、4轮，女双第1、2、3轮均采用"抢8"决胜制。如局数为7∶7时，决胜局采用平局决胜制。 （2）男单第4轮、半决赛、决赛；男双第3轮、半决赛、决赛；女单半决赛、决赛；女双半决赛、决赛均采用三盘两胜、平局决胜制。 注：这份竞赛办法很复杂，单项赛不同轮次采用不同赛制，这是历届比赛第一例。
2000	5	1.各组比赛均采用预、决赛两个阶段进行。第一阶段根据报名队（人）数多少进行分组循环赛，第二阶段各小组同名次进行单淘汰连附加赛决出全部名次。 2.每场比赛均采用一盘8局决胜制。8∶8平局后采用平局决胜制。 注：没有专门标注单项比赛的竞赛方法，根据规程表述，单项比赛也采用先分组后同名次的竞赛办法。

年份	届次	竞赛办法
2001	7	1.男、女团体采用分组循环，若分两个组，各小组取前两名；前两名进行交叉赛，胜者决1—2名，负者决3—4名；若分四至八个组，则每组取第一名，然后再进行单循环或淘汰附加赛，决出相应名次。各小组其他名次均按上述办法决出相应名次。 2.团体赛采用三盘二胜制，或抢八决胜制。 3.男、女单、双打均采用淘汰赛。各单打比赛前三轮均采用抢八决胜制。双打比赛前二轮采用抢八决胜制，其余比赛均采用三盘二胜制。 注：单项赛不同轮次采用不同赛制的竞赛方式，与1998年第四届大网赛大致相同。
2002	8	1.甲组团体第一阶段分四组或八组循环，小组比赛须打满三场。 2.第二阶段比赛采用淘汰附加赛，各小组的第一名抽签到奇数位，第二名抽签到偶数位。 3.分八组时，则取各组的第一名进行淘汰附加赛决出1—8名。 4.乙组第一阶段多5队时分二组循环，第二阶段同名次决赛。 5.单、双打采用淘汰赛。 注： （1）第一次规定小组赛必须打满三场，这和最近几届锦标赛小组赛必须打满三场的规定相同，一是参与面大，二是便于小组名次的计算。 但是"打满三场"造成团体赛第一阶段场次多，比赛压力过大的不利因素，笔者曾问过业内专家：不打满三场，能不能计算出小组名次的问题，结果没人答得出来。 （2）第一次提出：分八个组时，第二阶段决赛时采用"奇数"和"偶数"抽签进位的竞赛办法，不知出于何种原因
2004	9	1.团体赛两个阶段比赛方式叙述较上届清楚，分两组、四组和八组的第二阶段有较明确的规定。 2.对"奇数/偶数"修改为："采用抽签进位"的规定。 3.这届比赛没有规定"小组赛必须打满三场"
2005	10	同2004年。

年份	届次	竞赛办法
2006	11	1.内容大致与上届相同。 2.没有规定"采用抽签进位"的比赛方式。
2007	12	1.与第九届无明显差异。 2.第一次出现："凡比赛期间无故弃权的队（人）则取消项目所得名次"的规定。
2008	13	1.2008年至2014年第十九届锦标赛，这七届锦标赛的竞赛办法内容几乎一模一样。只有赛制不同，从八局制到一盘制的改变。 2.第十三届锦标赛只是删除了"无故弃权……"这条规定。
2009	14	又恢复了"无故弃权……"的规定。
2010	15	同2009年。
2011	16	同2009年。
2012	17	同2009年。
2013	18	1.这一届的竞赛办法的各项条款与前几届相同。 2.第一次将"无故弃权"的规定叙述细化。 （1）凡比赛期间无故弃权的队（人）则取消项目所得名次。 （2）在循环比赛中如果因伤中途弃权或取消比赛资格等，保留其之前的比赛成绩，未完成的比赛按照对方取胜执行。 （3）在单淘汰赛中如果弃权或取消比赛资格等，已发生的成绩有效；正在比赛或未进行的比赛，按照对方取胜执行。 3.第一次明确规定了"小组循环赛的名次计算方法"。"如两个队胜次相等，则看两个队之间的胜负关系；如果三个队胜一次相等，则看与小组所有对手的获胜比分，先看局数，如局数相等则看分数，如分数再相等，则抽签决定"。
2014	19	同2013年。
2015	20	1.这届锦标赛竞赛办法更加细化与全面。 2.规定团体小组赛"必须要打满三场，如一场弃权，视为全场弃权"的条款。 3.具体说明"若分两组、四组和八组的第二阶段对阵方式"： （1）若分两组：A组第一名对B组第二名；B组第一名对A组第二名，胜队决一、二名；负队决三、四名。小组第三、四名同名次赛。

年份	届次	竞赛办法
2015	20	（2）若分四组：A1对C2、B1对D2、C1对A2、D1对B2。胜队决1-4名，负队决5—8名。 （3）若分八组：A1-B1、C1-D1、E1-F1、G1-H1。 注：分八组采用的是"相临式"对阵法。 4.还有其他规定，如对"冒名顶替的处罚"，"团体双打换人的要求"以及"极端天气更改赛制的原则"等。 5.第一次增加："赛前5分钟各队将出场秩序表交裁判员，本场比赛运动员必须同时到场，双打比赛在第二单打比赛结束后5分钟内，可向裁判员提出换人"。此条款一直延续到后几届，只是对此规定进行细化陈述
2016	21	1.竞赛办法中将分八组的第二阶段"相临对阵法"改为"上、下半区对阵法"。 2.竞赛办法中最大的变化是将"小组赛名次的确定"修改为"按百分比的评价确定小组名次"。这种方法比原先的名次确定法更能体现科学性，尤其对三个队或四个队参数较一致情况下的名次判定。 3.本届锦标赛的竞赛办法各项条款一直保留到第二十三届锦标赛。 4.2015年正式实行全国联赛和锦标赛合二为一的竞赛模式，分区赛与锦标赛中的竞赛办法基本保持一致。
2017	22	对"极端天气更改赛制"的规定进一步细化，强调"裁判长拿方案，竞委会讨论通过"的步骤。
2018	23	1.若分四组，取小组前两名，即A组第一名对C组第二名，B组第一名对D组第二名，C组第一名对A组第二名，D组第一名对B组第二名。胜者决1—4名，负者决5—8名。 2.若分八组，取小组前两名，上半区对下半区采用交叉淘汰和附加赛决出1—8名。 3.经过二十多届全国大网赛的发展，第二十三届的竞赛规程更加全面、更加细化和更加专业化，全国无论规模大小、专业或业余网球比赛的竞赛规程，没有我们大学生网球比赛制定出如此系统化的规定。

续表

年份	届次	竞赛办法
2018	23	4.这届大网赛的规程是集二十多年的积累汇编而成。 5.学生组与校长组的竞赛规程正式分开，校长组比赛正式冠名为"第十八届"名称
2019	24	1.若分四组，取小组前两名，A2和B2抽签决定对C1或D1，C2和D2抽签决定对A1或B1，进行交叉淘汰赛。胜者决1—4名，负者决5—8名。 2.若分八组，取小组前两名，A2、B2、C2、D2随机抽签进入下半区E1、F1、G1、H1，E2、F2、G2、H2随机抽签进入上半区A1、B1、C1、D1，进行交叉淘汰和附加赛决出1—8名。 3.与上一届不同点：前者已"规定"小组第二名的对阵方式，而后者的小组第二名以"抽签"形式的对阵方式，是两个截然不同的对阵方式。（这条重大的修改，没有经技术委员会讨论通过。）

九、锦标赛裁判员选派方式的变化

裁判员是体育竞赛体现公平公正的实践者，是赛事运行的保证者。全国大网赛最初都要求参赛队自带裁判员，不带裁判员的参赛校要交纳一定的费用。

伴随着中国大学生网球锦标赛的发展，裁判员队伍不断壮大，从最初的参赛队自带裁判员的十几名，到现在的六十多名的裁判队伍，从网球低级别裁判到国家级、国际级裁判水平，印证了大学生网球从普及到高水平运动技能发展的历程。前面讲到的教练队伍大多为"半路出家"改行而从事网球，而现在高校网球教师、网球教练从事网球的经历已呈多元化。执国际网联、国家级教练资格和高级别网球裁判证书的高校教师举不胜举。

最近几届聘请高级别裁判员，为大网赛更加体现公平公正和合理的竞赛体系提供保障。

在锦标赛最初实行分区赛的2013/2014年度的全国大学生网球联赛时，为了培养运动员诚信品德，提升运动员对竞赛规则的理解和减轻办赛经费的压力，提倡"信任制的竞赛模式"。经过四年的实践，运动员通过比赛提高了自己网球技战术水平，在比赛中树立良好的道德品质，达到育人的目的。

在外聘高级裁判员的问题上也有争议和反复，如到底聘请多少名以及如何发挥他们的作用等。笔者曾就此写了一篇"如何发挥高级别裁判员的作用"的备忘录。在经历了这几届锦标赛裁判工作后，笔者认为高级别裁判员的作用没有完全发挥出来，如锦标赛上出现"重大的违纪事件"，这是在大网赛历史从没有的事件。

因此，如何发挥高级别裁判员的作用，尤其是实行信任制的比赛模式，应该认真地研讨。

在聘请高级别裁判员的问题上，网球分会规定，以担任各赛区裁判长为首选。虽然分区赛的赛事规模与锦标赛规模无法相比，但分区赛的裁判长对大学生竞赛的各个方面比较了解，在锦标赛上可以充分发挥他们的作用。

最近几年，网球分会裁判委员会针对培养大学网球裁判后备人才，举办了多次裁判员培训班，收到较好效果。

表2-10　历届锦标赛裁判员选派方式的变动

年份	届次	裁判员人数 / 名	裁判员选派方式
1994	1	36	1.规定每队应派国家一级以上网球裁判一名，如不派裁判交纳人民币600元，以及可参加培训班获得一级裁判员证书等。 2.那个时代的教练有网球一级裁判证的人很少，大多数教练都是"半路出家"改行的。 3.20世纪90年代的600元可以算是一大笔钱了，很多队为节省这笔钱或培养裁判都自带裁判，所以很多教练身兼裁判工作
1995	2	37	裁判员的选派等内容与上届大致相同，只是明确裁判员的差旅费自理，仲裁委员和正副裁判长的费用由组委会担负。

续表

年份	届次	裁判员人数/名	裁判员选派方式
1996	3	15	前两届都是选派一级以上裁判员，本届修改为："二级以上"。
1998	4	26	境内参赛各高校每队选派一级以上裁判员担任大会裁判工作，不派裁判员的队应交纳裁判员代聘金人民币600元。各单位选派裁判员的一切费用自理。
2000	5	24	各参赛校选派裁判员的规定没有变化，只是选派"二级裁判员"即可。
2001	7	29	各参赛校选派裁判员的规定没有变化（二级裁判员）。 （1）第一次在参赛学校注明裁判员名单。 （2）第一次注明裁判员称号。 （3）第一次调派国家级裁判员担任裁判工作。
2002	8	11	裁判员选派延续前几届的规定。
2004	9	39	本届裁判员选派规定同上几届。 本届比赛的裁判员队伍较往届扩大，裁判员中也有几位老师兼任教练的角色，如周婷婷、杨宪民、靳海涛、黎俊、郑华、谢岚岚等。
2005	10	30	
2006	11	39	1.各参赛学校不派裁判员的交纳"裁判聘请费800元"，第一次"涨价"，上涨200元。这届比赛除裁判费上调外，报名费从第九届（第十届不详）的会员交200元、非会员交300元，上调为300元和500元。 2.裁判员中包括参赛校选派的教师裁判员，但大多数是承办校（武体）的学生裁判员。 3.第一次在体育院校举办全国大网赛，裁判员的队伍和实力高于往届。
2007	12	41	1.裁判员的选派又回到最初的"一级裁判员"。 2.裁判聘请费仍保持800元。
2008	13	28	本届锦标赛第一次打破传统，参赛单位不用选派裁判员，而是统一交纳裁判聘请费800元/学校，又规定"仅参加单项比赛的院校以及个人100元/人"的条款。

续表

年份	届次	裁判员人数/名	裁判员选派方式
2009	14	31	1.在"比赛监督、仲裁委员、裁判员的选派"一栏规定： （1）裁判员由大网协和承办单位选派或聘请。 （2）各参赛单位缴纳裁判聘请费800元，只参加校长杯比赛的每队选手缴纳裁判费200元。 （3）裁判员必须提前两天报到并参加培训。 2.上届锦标赛提到学生组"仅参加单项……交100元裁判费"，这届锦标赛没有这一条规定。 3.陆英浩第一次担任副裁判长，上届比赛是以上海大学教练身份参加大网赛，并在以后的大网赛上多次担任裁判长。
2010	15	51	1.裁判员的选派和裁判员聘请费的规定延续上一届。 2.裁判员名单一栏，第一次设立主任、副主任职务。
2011	16	121	1.裁判员的选派同上届锦标赛。 2.第一次在大会组织机构设置"裁判委员会"，以往只是以"裁判员名单"出现在秩序册上。 3.裁判委员会保留上届的主任和副主任职务。 4.赛事规模的不断扩大，裁判员的需求也随之增长，本届裁判委员会共121人，创历届新高。 5.聘请高级别裁判员共14名，是开创全国大网赛裁判队伍的先河，这也是大学生网球竞技水平提高的需要。 6.在最近几届包括以后的锦标赛由于承办单位设有体育专业，除专门聘请部分高级别裁判员外，绝大多数裁判员是由本校或本地学生担任。
2012	17	59	1.对校长组收取的裁判费由"每队选手…的200元提高到500元"。 2.上届的裁判委员会又改回"裁判员名单"的称呼，但在"裁判员名单"中又称"裁判委员会主任等"。 3.裁判员59名，其中国家级裁判有11人。 4.聘请高级别裁判员人数与上届相同。

续表

年份	届次	裁判员人数/名	裁判员选派方式
2013	18	69	1.裁判员的事项无变化，收取的费用同上届锦标赛。 2.裁判员69名，其中国家级以上8名。 3.这一届全国大学生网球锦标赛是中国人民大学当选网球分会主席单位的首秀，聘请了北京体育大学孙卫星老师担任裁判长。孙卫星老师与北京大网协合作多年，组织赛事很有经验。
2014	19	47	1.裁判员的事项无变化，收取的费用同上届锦标赛。 2.在裁判员名单中第一次也是最后一次设立"赛事监督"一职，聘请的是中国网坛前辈张文尧老先生，原中国网协裁委会主任。 3."赛事监督"在2014/2015年度的全国大学生网球联赛的分区赛上首次设置这一职务。
2015	20	76	1.在裁判员选派一栏注明： （1）裁判长、国家级裁判员由网球分会和承办单位选派或聘请。裁判员由承办单位提前培训。 （2）比赛监督、仲裁委员由网球分会选派或聘请。 2.以上这两条规定进一步明确网球分会和承办单位的职责。
2015	20	76	3.本年度开始实行"联赛"与"锦标赛"合二为一的新型竞赛模式。第一阶段的全国八个分区赛的裁判员队伍由分区赛承办单位组织实施，网球分会主要负责比赛监督和仲裁的选派，各赛区的裁判长人选基本由承办单位负责选派。在以后的分区赛裁判长人选由承办单位提名上报分会。 4.裁判员共计76名，其中20名均为国家级裁判员（在选聘20多名高级别裁判员问题上有不同意见）。

年份	届次	裁判员人数/名	裁判员选派方式
2016	21	103	1.学生组： （1）"裁判长、裁判员由网球分会和承办单位选派或聘请"。 （2）各参赛单位缴纳裁判聘请费800元。 2.校长组：有学生参赛的学校，在学生报到时缴纳裁判聘请费。只参加校长杯比赛的每校缴纳裁判聘请费500元。 3.第一次设立"裁判主管"一职。 4.（1）国家级以上裁判员共19名和4名一级裁判。（2）外聘高级别裁判员共22名。大会要负责他们吃住行和裁判费，再加上本地裁判员（58人），是一笔很大的开支。 5.2015年第二十届锦标赛在没有极端天气的情况下，单项比赛未决出1—8名（并列名次），这在历届大网赛第一次人为的名次并列，往届出现名次并列是因为"极端天气"的影响。 6.在本届比赛期间出现重大的违纪事件，在比赛中如何发挥高级别裁判员的作用摆在面前，笔者写了一份"如何发挥高级别裁判员的作用"的备忘录。
2017	22	57	1.裁判长、裁判员聘请事项中把"网球分会和承办单位选派或聘请"修改为"网球分会和承办单位协商选派或聘请，报主办单位批准"，增加了"协商"和"批准"的文字。 2.（1）外聘高级别裁判员共17名和一级裁判员1名。（2）本地裁判员共39名。

续表

年份	届次	裁判员人数／名	裁判员选派方式
2018	23	68	1.裁判长和裁判员的聘请章节又修为："十六、赛事监督、仲裁委员、裁判员选派：赛事监督、仲裁委员、骨干裁判由网球分会上报主办单位确定。部分裁判员由承办单位选派。" 2.这是较前几届选派裁判员有很大的变化，其中的问题暂不叙述。 3.裁判委员会： （1）这一届又恢复"裁判委员会"的称呼。 （2）外聘高级别裁判员18名，本地裁判员50名。 （3）在外聘裁判员的问题上，网球分会提出"担任分区赛裁判长或副裁判长"优先选调的原则。
2019	24	74	1.裁判长和裁判员的聘请章节与上届相同。 2.裁判员国家级15名，一级裁判员10名，本地裁判员31名，竞赛工作人员18名（承办单位）。 3.担任本届比赛裁判工作的裁判级别和人数达到顶峰，仅外聘高级别裁判员基本保持最近几届锦标赛所聘人数。

中国大学生网球锦标赛分区赛裁判长人选，由分区赛承办单位提出1—2名候选人在网球分会裁判委员会备案，每年分区赛裁判长的任命由裁判委员会与承办单位协商确定，并上报网球分会技术委员会备案。

十、锦标赛参赛经费标准的制定

从1994年第一届大网赛至2019年第二十四届锦标赛，在竞赛规程里都规定："各代表队所需交通、住宿、伙食等费用一概自理。"

随着全国大学生网球赛的规模不断扩大，从最初的二十几所到现在近二百所的参赛校，承办比赛的压力和赛事成本也随之增大，参赛经费的间接性增长也是必然的趋势。

笔者记得最初带队参加全国大网赛，住宿条件比现在简陋很多，教练与学生同住一间学生宿舍，一张光板床和一个嗡嗡叫的电扇，电扇吹出的风都是热风，房间热得没办法入睡，大家拿着凉席睡在楼顶上。现在学校住宿条件已今非昔比，参赛队要求的条件越来越高："空调房间、床上铺的褥子、24小时的热水……"

下面是这么多年参赛经费的演变过程。

表2-11　历届锦标赛参赛经费规定的变动

年份	届次	参赛经费规定
1994	1	运动员食宿费：38.5元 运动员报名费：30元/人 裁判聘请费：600元/单位（不派裁判员的参赛单位） 注：食宿费是单独标注，住宿费13.50元，伙食费25元。
1995	2	——
1996	3	运动员伙食费：25元/人/天 运动员住宿费：15元、25元、45元（自选）/人/天 运动员报名费：30元/人（会员）50元/人（非会员） 比赛保证金：1000元 裁判聘请费：600元/单位（不派裁判员的参赛单位） 注：竞赛规程中第一次标注收取比赛保证金和运动员报名费
1998	4	运动员伙食费：40元/人/天（境内）；60元/人/天（境外） 运动员住宿费：17—70元/人/天/自选（境内）；100元/人/天（境外） 运动员报名押金：1000元（报到时归还） 运动员报名费：30元/人（会员）；50元/人（非会员）；10美元/人（境外） 裁判聘请费：600元/单位（不派裁判员的境内参赛单位）

续表

年份	届次	参赛经费规定
2000	5	运动员伙食费：25元/人/天 运动员住宿费：15元、25元、45元/人/天（自选） 运动员报名费：团体/300元/队（男、女团体队分开收取）；单项/50元/人（会员）；70元/人（非会员） 比赛保证金：1000元 裁判聘请费：600元/单位（不派裁判员的参赛单位）
2001	7	运动员食宿费：60元/人/天 运动员报名费：团体/200元/队（男、女团体队分开收取）；单项/50元/人（会员） 比赛保证金：未注明 裁判聘请费：600元/单位（不派裁判员的参赛单位）
2002	8	运动员食宿费：60元/人/天 运动员报名费：200元/队（男女队分别计算）；50元/人（仅参加单项赛）；300元/队（非会员） 运动员注册费：50元/人 比赛保证金：未注明 裁判聘请费：600元/单位（不派裁判员的参赛单位） 注：竞赛规程中第一次标注收取中国大体协注册费，每人每年50元
2004	9	运动员食宿费：60元/人/天 运动员报名费：200元/队（会员）；300元/队（非会员）；50元/人（单项） 运动员注册费：50元 比赛保证金：未注明 裁判聘请费：600元/单位（不派裁判员的参赛单位）
2005	10	——

年份	届次	参赛经费规定
2006	11	运动员食宿费：70元/人/天（学生公寓） 运动员食宿费：60元/人/天+住宿费160元/天（宾馆） 运动员报名：300元/每队（会员）；500元/每队（非会员）；50元/人（单项） 运动员注册费：50元 比赛保证金：未注明 裁判聘请费：800元/单位（不派裁判员的参赛单位） 注：裁判聘请费第一次从600元上调到800元。
2007	12	运动员食宿费：75元/人/天（学生公寓） 运动员伙食费：55元+住宿费180元（宾馆） 运动员报名费：300元/组（会员）；500元/组（非会员）；50元/人（单项） 运动员注册费：20元 比赛保证金：未注明 裁判聘请费：800元/单位（不派裁判员的参赛单位）
2008	13	运动员食宿费：100元/人/天（学生公寓）；120元/人/天（教师公寓） 运动员报名费：300元/队；50元/人（单项） 运动员注册费：20元 比赛保证金：未注明 裁判聘请费：800元/单位；100元/仅参加单项比赛的单位和个人 注： 1.报名费不分会员与非会员。 2.裁判聘请费第一次采取单位与个人、团体与单位分开交纳。 3.第一次规定参赛单位不用自带裁判员，裁判员由大会统一选派，参赛单位只交裁判聘请费即可。

年份	届次	参赛经费规定
2009	14	运动员食宿费：100元/人/天 运动员报名费：300元/组（会员）；100元/人（会员/单项）；500元/组（非会员）；150元/人（非会/单项） 运动员注册费：20元 比赛保证金：未注明 裁判聘请费：800元/单位
2010	15	运动员食宿费：100元/人/天 运动员报名费：300元/组；100元/人（单项） 运动员注册费：20元 比赛保证金：未注明 裁判聘请费：800元/单位 注： 1.报名费未注明会员与非会员，但要求补交会费。 2.第一次规定"参加单位为会员单位"，删除"新入会单位和非会员单位参加"的条款。
2011	16	运动员食宿费：100元/人/天 运动员报名费：300元/组别；100元/人（单项） 运动员注册费：20元 比赛保证金：500元 裁判聘请费：800元/单位 注： 1.规定补交会费。 2.报名费交纳"单位"修改为"组别"。 3.第一次规定："缴纳保证金"。

年份	届次	参赛经费规定
2012	17	运动员食宿费：120元/人/天 运动员报名费：300元/组；100元/人（单项） 运动员注册费：未注明 抵押保证金：3000元 申诉费：2000元 裁判聘请费：800元/单位 注： 1.第一次增加："对检举违例时交纳申诉费"的条款。 2."保证金"修改为"抵押保证金"。
2013	18	运动员食宿费：120元/人天 运动员报名费：300元/组；100元/人（单项） 运动员注册费：未注明 抵押保证金：3000元 申诉费：2000元 裁判聘请费：800元/单位 注：只注明交纳当年会费。
2014	19	运动员食宿费：150元/人/天 运动员报名费：80元/人/项 运动员注册费：20元/人/年 抵押保证金：3000元 申诉费：2000元 裁判聘请费：800元/单位 注：报名费的收取方法改为"每人每项"收取80元，与第二十一届的"交纳参赛费"的规定相同。

年份	届次	参赛经费规定
2015	20	运动员食宿费：200元/人/天 运动员报名费：80元/人/项 运动员注册费：未注明 比赛保证金：3000元 申诉费：2000元 裁判聘请费：800元/单位 注："抵押保证金"修改为"比赛保证金"。
2016	21	运动员食宿费：200元/人/天 运动员参赛费：80元/人/项 运动员注册费：未注明 比赛保证金：3000元 申诉费：2000元 裁判聘请费：800元/单位 注：从这届开始不让收取报名费，可收取"参赛费"。
2017	22	运动员食宿费：200元/人/天 运动员参赛费：80元/人/项 运动员注册费：未注明。 抵押保证金：3000元 申诉费：2000元 裁判聘请费：800元/单位 注：保证金全称"抵押保证金"，规定每队不低于3000元。
2018	23	运动员食宿费：200元/人/天 运动员参赛费：80元/人/项 运动员注册费：未注明 比赛保证金：3000元 申诉费：2000元 裁判聘请费：800元/单位

续表

年份	届次	参赛经费规定
2019	24	运动员食宿费：200元/人/天 运动员参赛费：80元/人/项 运动员注册费：未注明 比赛保证金：3000元（比赛保证金） 申诉费：2000元 教练员食宿费：单人间580元/人/天 双人间380元/人/天 裁判聘请费：800元/单位

大会收取裁判聘请费的变化节点：

（1）1994年至2006年都要求参赛单位自带一名裁判员，而且费用还自理，不带裁判的参赛单位缴纳600元的裁判聘请费。

（2）从2006年的第十一届开始提升到800元，并一直延续到现在。

（3）从2008年第十三届开始规定参赛单位不用自带裁判员，统一缴纳裁判聘请费即可。

（4）最近几年实行的分区赛不用缴纳裁判费。

十一、锦标赛运动员资格审查的规定

资格审查与运动员参赛组别的划分有直接的关联。笔者在前面讲过学生考入大学的渠道呈多元化趋势，除参加正常高考外，各种加分政策也随之繁多，在这样的状态下参赛运动员的"成分"也呈多样化。

从最初甲、乙组到现在的甲、乙、丙、丁四个组别，更加突显运动员资格审查的重要性。

下面梳理一下历届大网赛竞赛规程是如何进行资格审查的。表2-12陈列了运动员资格审查的规定变化。

表2-12　历届锦标赛运动员资格审查规定的变动

年份	届次	运动员资格审查规定
1994	1	1.只有甲、乙组两个组别,乙组定性为:"曾是专业队运动员"。 2.运动员报到时"须随带学生证和新生入学录取书复印件"。 (这是最早的"资格审查"。)
1995	2	
1996	3	1."……境内大学生报名时必须附上运动员学籍证明(省招办加盖公章的统一录取名单复印件),临场比赛时交验身份证和学生证。" 2.其中还有一行规定:"报到时交验境内运动员学籍的相关证明。" 3.这一届"资格审查"比第一届较为"严格",是在报名时附上规定的"证明",算是提前进行"审查"。
1998	4	"凡全日制正式注册的在校学生可报名参赛。临场比赛时需交验身份证和学生证。"
2000	5	1."……境内大学生报名时必须附上运动员学籍证明(省招办加盖公章的统一录取名单复印件),临场比赛时交验身份证和学生证。" 2.与1996年第三届规定相同。
2001	7	在运动员资格的条款中规定: 1.凡全日制正式注册的在校在籍学生运动员均可报甲组。 2.的特招运动员(体工队队员)、体院、体育系报名参加乙组比赛。 3.临场比赛需验交学生证、身份证。
2002	8	1.仍分甲、乙两个组别,乙组除"专业运动员"外,又加上"体院和师院体育系的学生"。 2."参赛学生运动员必须是2002年6月20日前在教育部学生体育协会联合秘书处履行正式注册的大学生"。 3."比赛时需验学生证、身份证,甲组学生需交入学录取表的复印件。所有参赛学生运动员比赛时需交验《中国大学生运动员注册卡》"。 4.评述: (1)运动员注册的规定也可以起到资格审查的作用。 (2)甲组运动员出示入学录取表,乙组运动员为什么不出示"录取表"。
2004	9	内容与第八届锦标赛相同。

年份	届次	运动员资格审查规定
2005	10	在2004年第九届的基础上又详细地规定： 1.在教育部大学生体育协会联合秘书处履行正式注册的大学生。 2.甲组学生交入学审批表的复印件和交验注册卡。
2006	11	一、本届锦标赛分甲、乙、丙三个组别，原乙组分成乙、丙组。丙组"专业运动员"，乙组除"体育院系学生"外，又加入"享受体育加分"的学生。 二、竞赛规程（资格审查摘要） 1.第一次报名向承办单位提交： （1）参赛报名表，加盖学校公章； （2）高等学校入学审批表复印件； （3）学生证、身份证复印件； （4）大体协注册证复印件； （5）甲组运动员必须注明学生入学的高考成绩，以及学校在当年生源地的录取分数线，并由学校招生办加盖公章。 2.第二次报名结束后，由大网协资格审查委员会对所报材料进行资格审查…… 3.报到时提交学生证、身份证、注册证原件…… 4.比赛开始前向裁判员出示证件。 三、评述 1.第一次在竞赛规程上单列"资格审查"的条款。 2.很严格的"审查"，上交的材料能较好地反映运动员的"身份"。 3.乙、丙组为什么不提交"高考成绩"和"录取分数线"。
2007	12	一、本届锦标赛分甲、乙、丙三个组别，原乙组分成乙、丙组。丙组"专业运动员"，乙组除"体育院系学生"外，又加入"享受体育加分"的学生。 二、竞赛规程（资格审查摘要） 1.第一次报名向承办单位提交： （1）参赛报名表，加盖学校公章； （2）高等学校入学审批表复印件；

续表

年份	届次	运动员资格审查规定
2007	12	（3）学生证、身份证复印件； （4）大体协注册证复印件； （5）甲组运动员必须注明学生入学的高考成绩，以及学校在当年生源地的录取分数线，并由学校招生办加盖公章。 2.第二次报名结束后，由大网协资格审查委员会对所报材料进行资格审查…… 3.报到时提交学生证、身份证、注册证原件…… 4.比赛开始前向裁判员出示证件。 三、评述 1.第一次在竞赛规程上单列"资格审查"的条款。 2.很严格的"审查"，上交的材料能较好地反映运动员的"身份"。 3.乙、丙组为什么不提交"高考成绩"和"录取分数线"。
2008	13	内容与第八届锦标赛相同。
2009	14	内容与第八届锦标赛相同。
2010	15	除上届资格审查规定外，又增加： 1.凡参加过2009年大网锦标赛的运动员报到时出示本人身份证、学生证原件、注册证即可。 2.凡未参加过2009年大网锦标赛的运动员报到时，将所需材料上报网球分会资格审查委员会。 3.对弄虚作假的代表队和个人将按有关规定严肃处理（通报与禁赛）。 注： （1）第一次规定参加上年锦标赛的运动员不再进行赛前审查。 （2）在资格审查条款中增加对违纪的处罚
2011	16	1.资格审查条款大致与上届相同，增加部分规定。 2.更改名单："抽签前如需更改参赛运动员名单，需经过资格审查委员会审核确认后，方可更换名单"。 注：抽签前更换运动员名单的规定，是根据教练员的意见而在本届的体现。资格审查委员会专门制作了"更换运动员表"，在报到时填写，抽签前汇总给裁判长。

续表

年份	届次	运动员资格审查规定
2011	16	3.比赛期间资格审查："为端正赛风，资格审查委员会在比赛中、比赛后将继续对运动员资格进行审查。对在比赛中发现并查累有弄虚作假、违反资格规定者，将按照《全国学生体育竞赛纪律处罚条例》进行处罚"。 4.第一次规定交纳比赛保证金500元，并有较详细内容。 5.上届锦标赛违纪的处罚没有具体的依据，本届竞赛规程中特别加上"按《全国学生体育竞赛纪律处罚条例》进行处罚"。 6.交纳比赛保证金是进一步加大处罚力度，在以后的锦标赛规程中又有进一步的明确规定
2012	17	1.资格审查条款大致与上届相同。 2.增加"申诉费"的规定。 根据教育部学生体育协会联合秘书处下发《关于统一全国学生单项体育比赛收费标准》的通知（教体秘[2012]16），凡对运动员资格有异议并提出申诉者，本着谁举报谁举证的原则，任何参赛单位提出申诉时，须向纪律监督委员会缴纳申诉费2000元，并提交由领队签字的书面申诉报告后方可受理，如胜诉则申诉费如数退还，败诉者将申诉费上缴赛组委会。 注：曾发生过投诉单位或个人只是口头上反映某运动员资格不符等，资格审查委员会又不能不受理，有些现象查实没有违纪。所以，对违纪申诉问题有了明确规定，更加体现"严肃性"。
2013	18	在本届锦标赛竞赛规程中删除了"资格审查"一栏，而改为"资格审查与报名"条款。在报名时加大"审查"力度，并进行运动员赛前公示、在网球分会注册等措施。 1.非会员入会申请：在网球分会官网填写入会申请表，批准后获得报名系统账号。 2.赛前运动员资格审查在网球分会官网上公示。 3.报到时交验材料（常规资格审查材料），对港、澳学生审查以身份证和回乡证为准的规定。

年份	届次	运动员资格审查规定
2013	18	4.更换运动员只能在网上已注册的运动员中选择,第二次报名后不得更换。比赛期间不再受理运动员资格问题的投诉,特殊情况除外。 注:前几届比赛进行中处罚因资格不符的运动员,除取消比赛成绩外,还带来同组或同一轮被淘汰运动队(人)成绩(名次)等诸多难以解决的问题等。 5."申诉费"、"保证金"的规定基本与上届相同。 6.对违反纪律或资格不符的处罚中加上:"取消团体赛所有成绩、取消单项比赛本轮成绩"的具体处罚尺度或标准。 7.原规定按照《全国学生体育竞赛纪律处罚条例进行处罚》处罚,又加上违反《社会治安管理条例》《运动员守则》《教练员守则》的处罚依据。
2014	19	从2014年至2019年第24届锦标赛的竞赛规程中有关运动员资格审查的各项条款,基本与2013年相同,原则问题没有变化,只是个别文字的修改。 2013年,中国人民大学接任网球分会主席单位,首先对运动员组别进行重新划分,运动员资格可以在教育部官网上查阅。在以后的比赛中因运动员资格不符等问题大为减少或"零投诉",这与比赛前资格审查委员会做了大量细致工作是分不开的。
2015	20	同2014年。
2016	21	同2014年。
2017	22	同2014年。
2018	23	同2014年。
2019	24	同2014年。

十二、锦标赛秩序册内容的变化

从1994年第一届到2018年第二十三届大学生网球锦标赛的秩序册,二十多年来秩序册的内容发生了很大变化。仅从页码来看,第三届共10页(包括

封面），而第二十三届达到100页。秩序册的内容也不断增加，使用的纸张也
不断改进。

最近几届的秩序册内又增加了参赛队的照片，使得这本秩序册更具有纪
念意义。

表2-13 历届锦标赛秩序册内容的变动

年份	届次	秩序册内容
1994	1	领导题辞、竞赛规程、紧急通知、补充通知、三个守则（包括《运动员守则》《教练员守则》《裁判员守则》）、组织委员会、大会工作机构、仲裁委员会、裁判员名单、各代表队名单、重要活动日程安排、竞赛日程表，共12项。
1995	2	竞赛规程、元老杯竞赛规程、三个守则、组织委员会、仲裁委员会、大会工作机构、裁判员名单、各代表队名单、元老杯运动员、赛会活动日程、竞赛日程表、竞赛日程，共12项。
1996	3	组织委员会、办事机构（含仲裁、裁判员名单）竞赛规程、元老杯竞赛规程、代表队名单、日程、竞赛表，共7项。
1998	4	邀请函、中国大体协批文与通知、领导题辞、竞赛规程、组织委员会、工作机构、仲裁委员会和裁判员名单、代表团名单、大会日程表、竞赛分组、赞助单位，共11项。
2000	5	中国大体协批复、竞赛规程、校长杯竞赛规程、元老杯竞赛规程、组织委员会、办事机构（含仲裁、裁判员名单）、各代表队名单、大会活动日程表、竞赛表，共9项。
2001	7	中国大体协批复、竞赛规程、补充通知、体育道德风尚奖评选办法、三个守则、组织委员会、组织机构、技术仲裁委员会、资格审查委员会、裁判委员会、竞赛委员会、精神文明评比委员会、代表队名单、大会活动日程、竞赛日程表、参赛人数统计，共16项。
2002	8	承办学校简介、中国大体协批复、竞赛规程、补充通知、注册事宜紧急通知、体育道德风尚奖评选办法、三个守则、组织委员会、办事机构、资格审查委员会、仲裁委员会、裁判员名单、代表队名单、大会日程安排表、作息时间表、竞赛日程安排、竞赛分组，共17项。

续表

年份	届次	秩序册内容
2004	9	承办学校简介、中国大体协批复、竞赛规程、评选办法、三个守则、组织委员会、办事机构、资格审查委员会、仲裁委员会、裁判员名单、代表队名单、大会日程安排表、作息时间表、竞赛办法与说明、竞赛日程安排、竞赛分组、各代表队人员统计、赞助单位，共18项。
2005	10	校长组/教授组/教练组竞赛规程、三个守则、组织委员会、工作机构、资格审查委员会、仲裁委员会、裁判员名单、代表队名单、大会日程安排、作息时间表、竞赛办法与说明、竞赛日程、竞赛分组、各代表队人员统计，共14项。
2006	11	竞赛规程、补充通知、评选办法和要求、三个守则、组织委员会、工作机构、志愿者、仲裁委员会（含资格审查小组、评审小组）、裁判员名单、代表队名单、大会活动日程表、各代表队人员统计表，共12项。
2007	12	承办学校简介、承办单位领导贺词、企业领导致辞、竞赛规程、补充通知、评选办法和要求、三个守则、组织委员会、工作机构、仲裁委员会、资格审查委员会、评审委员会、裁判员名单、代表队名单、大会活动日程表、竞赛日程安排、校区平面图，共17项。
2008	13	企业简介、竞赛规程、报名表、组织委员会、仲裁委员会、资格审查委员会、裁判员名单、工作机构、运动队名单、大会日程表、竞赛日程表、参赛人数统计表、场地示意图、校区交通路线，共14项。
2009	14	承办单位简介、企业简介、竞赛规程、补充通知、评选办法和要求、三个守则、组织委员会、工作机构、仲裁委员会、资格审查委员会、评审委员会、裁判员名单、代表队名单、大会活动日程表、竞赛日程安排、各代表队人员统计表、志愿者服务、比赛场地示意图，共18项。

续表

年份	届次	秩序册内容
2010	15	承办单位申请函、省教育厅批复、中国大体协批复、竞赛规程、补充规程、组织委员会、工作机构、仲裁委员会、资格审查委员会、评审委员会、裁判员名单、《全国学生体育竞赛奖励处罚规定（试行）》（简称"处罚规定"）、三个守则、评选办法和要求、代表队名单、日程安排、竞赛日程安排、代表队统计表、校园示意图、企业简介，共21项。 注：第一本铜版彩色印刷品。
2011	16	承办单位简介、省教育厅批复、中国大体协批复、竞赛规程、补充说明、补充通知、校长组"最佳进步奖"与"拼搏奖"评选办法和要求、学生组评选办法和要求、三个守则、组织委员会、工作机构、仲裁委员会、资格审查委员会、评审委员会、裁判委员会、校长组比赛日程安排、学生组比赛日程安排、运动员参赛名单、各单位参赛项目统计表、参赛单位人数统计表、承办单位教学区及网球场地布局图，共21项。
2012	17	承办单位简介、省教育厅批复、中国大体协批复、竞赛规程、校长组评选办法和要求、学生组评选办法和要求、三个守则、处罚规定、组织委员会、工作机构、仲裁委员会、资格审查委员会、评审委员会、裁判员名单、校长组比赛日程安排、学生组比赛日程安排、参赛名单、各单位参赛项目统计表、参赛单位人数统计表、网球比赛场馆示意图，共20项。
2013	18	竞赛规程、校长组评选办法和要求、学生组评选办法和要求、三个守则、处罚规定、组织委员会、工作机构、仲裁委员会、技术委员会、竞赛委员会、资格和纪律监督委员会、评审委员会、裁判员名单、学生组比赛日程安排、校长组比赛日程安排、裁判员日程安排、参赛人员名单、各单位参赛项目统计表、参赛单位人数统计表，共19项。

续表

年份	届次	秩序册内容
2014	19	承办单位简介、竞赛规程、补充通知、校长组评选办法和要求、学生组评选办法和要求、三个守则、组织委员会、仲裁委员会、竞赛委员会、资格和纪律监督委员会、评审委员会、工作机构、裁判员名单、学生组比赛日程、校长组比赛日程、裁判员工作日程、运动队名单、参赛单位人数统计表、志愿者名单，共19项。
2015	20	承办单位简介、竞赛规程、参赛须知、校长组评选办法和要求、学生组评选办法和要求、三个守则、组织委员会、仲裁委员会、竞赛委员会、信息与宣传委员会、资格和纪律监督委员会、评审委员会、工作机构、裁判委员会、校长组比赛日程、学生组比赛日程、运动员名单、竞赛表、参赛单位人数统计表，共19项。
2016	21	中国大学生体育协会简介（简称"大体协简介"）、学生组竞赛规程、校长组竞赛规程、参赛须知、校长组评选办法和要求、学生组评选办法和要求、三个守则、组织委员会、管理委员会、仲裁委员会、竞赛委员会、信息与宣传委员会、资格和纪律监督委员会、评审委员会、裁判员名单、工作机构、学生组比赛日程、校长组比赛日程、运动员名单、参赛人数统计表、校长组参赛项目统计表、校园平面图、承办单位简介，共23项。 注：（1）第一次在秩序册上有参赛队集体照片。 （2）第一次在秩序册上出现中国大体协和网球分会"二维码"。
2017	22	大体协简介、中国大体协批复、省教育厅批复、学生组竞赛规程、校长组竞赛规程、参赛须知、校长组评选办法和要求、学生组评选办法和要求、三个守则、组织委员会、管理委员会、仲裁委员会、竞赛委员会、信息与宣传委员会、资格和纪律监督委员会、评审委员会、裁判员名单、工作机构、活动日程表、运动员名单、校园平面图、参赛人数统计表、校长组参赛项目统计表、承办单位简介、"二维码"，共25项。
2018	23	1.中国大体协简介、康湃思体育简介、中国大体协印发"竞赛规程"的通知、承办单位简介、天龙网球广告（封底）。 2.锦标赛竞赛规程（包括分区赛）。 附件一：分区赛区域与组别划分；

续表

年份	届次	秩序册内容
2018	23	附件二：甲、乙、丙组签位分配原则; 附件三：乙组积分规则; 附件四：参赛组别划分。 3.锦标赛补充通知、参赛须知、"体育道德风尚奖"评奖办法和要求。 4.全国学生体育竞赛纪律处罚规定、运动员守则、教练员守则、裁判员守则。 5.组织委员会名单。 6.组织机构：管理委员会、仲裁委员会、竞赛委员会、商务部、宣传委员会、信息委员会资格与纪律监督委员会、"体育道德风尚奖"评审委员会、裁判委员会。 7.工作机构：工作机构主任、综合协调组、服务保障组、文化宣传组、学生事务组、学术活动组。 8.代表队名单。 9.活动日程表、参赛人数统计表、校园（场地）图。 10."校长杯"网球比赛秩序册。 中国大体协印发的"比赛通知"、竞赛规程、补充通知、参赛须知、校长组"最佳进步奖"、"拼搏奖"评选办法和要求、运动员守则、教练员守则、裁判员守则、组织委员会名单、组织机构、工作机构、活动日程表、校长组名单、教授组名单、校长组人数统计。 注:(1)第一次将学生组与校长组比赛秩序册独立分开,"校长杯"比赛正式命名为"第十八届"。 （2）第二十三届锦标赛秩序册内容之一"竞赛规程",包括锦标赛第一阶段的分区赛所涉及的规程,原分区赛与锦标赛是两个独立的竞赛规程。 （3）本届锦标赛竞赛规程打破历届秩序册传统内容分布,设置几个附页,不知何意,值得商榷。 （4）这一届锦标赛秩序册内容多元化,集历届秩序册的沉淀而更加"高大尚",遗憾地缺少"竞赛两个阶段"的竞赛表格,也可能是当今信息化太强大的原因。

续表

年份	届次	秩序册内容
2019	24	1.2019年第二十四届锦标赛秩序册基本内容与内容顺序与2018年第二十三届锦标赛大致相同。 2.不同之处： （1）比赛用球由天龙网球改为欧帝尔网球。 （2）取消附件三：乙组积分规则。 （3）2019年第二十四届锦标赛秩序册页码标注为154页，比2018年秩序册多出57页（2018年为97页），现在制作的秩序册十分精美。

注：括号内的标题为新增内容。有些标题不统一，但内容差不多。

第二节　大学生网球联赛改革

　　早在2011年网球分会第四届委员会提出锦标赛可持续发展意见，当时笔者作为网球分会竞赛部负责人提出一份改革报告，后因种种原因没有落实。

　　从2009年到2012年当时的锦标赛规模呈上升趋势，一所学校承办锦标赛已十分的困难。2013年网球分会第五届委员会再次提出锦标赛的改革问题，在2013年第十八届锦标赛结束后，推出中国大学生网球联赛，并于当年11月广东省大学生网球赛作为联赛的第一站。

　　全国设八个赛区，八个赛区以高校较为集中的大中城市为主，按地域远近等划分，当年的联赛是以单独的赛事而举办的，是一项跨年度的比赛。即2013/2014中国大学生网球联赛，联赛总决赛在2014年十一国庆假期举行。

　　2015年又将联赛与锦标赛合二为一作为一项赛事，形容为两块牌子一套人马，也就是说对外称为："2014/2015中国大学生网球联赛"和"第二十一届全国大学生网球锦标赛"。参赛学校必须先参加联赛，获得了锦标赛的签位后才能参加锦标赛，这种竞赛模式一直延续到现在。

2017年联赛归入到锦标赛之中，将锦标赛分为两个阶段举行，第一阶段按原联赛的形式全国仍分八个赛区，赛会正式名称为："中国大学生网球锦标赛分区赛"，第二阶段为"中国大学生网球锦标赛总决赛"。

从两个单独的比赛到合二为一的赛事，经过六年的运行取得了锦标赛可持续发展的良好效果。从第一年联赛的137所参赛校到2019年分区赛的186所，已有较长足的进步，更重要的是为锦标赛规模瘦身而减轻了承办单位的压力。

这份《联赛纪实》主要围绕着联赛或现在的分区赛所产生的资料，供大家参考或存档。

谢谢！

孙建国
2020年1月27日 清华园

一、可行性报告

（一）对锦标赛"现状"的分析

笔者之所以对"现状"二字加引号，是因为此时的现状分析是于2011年提出的，是在大网赛发展十余年之际展开的总结和思考，此时再回头看这"现状"分析，十多年又过去了，但却是很有价值的阶段性总结。以下将全文展示当时网球分会第四届委员会提交的现状分析：

随着中国网球运动水平在国际网坛地位的提升，也促进了国内大众网球热度的升温，在大学校园里，网球运动以其独特的魅力得到大学生的认同和喜欢。一年一度的全国大学生网球锦标赛（以下简称"大网赛"）为大学生网球爱好者搭建了切磋球艺，增进友谊的平台。大网赛经过二十余年的发展，已成为全国高校及社会最具影响力的网球盛会。

中国大学生网球协会（以下简称"大网协"）自1994年成立以来，十多年的风雨历程，见证了全国高校网球运动发展的印痕，自1994年举办的第一届全国大学生网球比赛，从只有全国十余所大学的百名运动员参加的规模，到十七年后的第十五届全国大学生网球锦标赛，有来自全国71所大学的482名运动员参加，充分体现网球运动在大学校园的生命力。

回顾历史，早在大网协成立之前，已举办了三届全国大学生网球邀请赛，分别是1989年在上海大学国际商学院，1991年在广州的中山大学和1992年在上海大学（徐汇网球场）举办的"奇安特杯"全国大学生网球邀请赛，另外1991年在浙江大学还举办了全国研究生网球赛。二十多年的发展，全国大网赛已成为大网协工作的重中之重，2009年在南昌大学召开的大网协竞赛工作研讨会上，汪敏主席就近几年大网赛规模不断扩大的趋势，提出大网赛工作的改革思路，以确保大网赛可持续发展。

竞赛部对最近几届大网赛的现状进行了综合分析，找出改革的方向，在保证参赛院校的积极性，减少承办校的压力，改进与完善大网赛的各项条例，是我们亟待解决的课题。

1.参赛校和人数的增长

1992年在上海大学举办的"奇安特杯"全国大学生网球邀请赛，从只有16所大学的120余名领队、教练和运动员参加的规模，到2001年在上海大学举办的第七届全国大学生锦标赛，有25所大学约200名领队、教练和运动员参加（运动员132名）。与1992年相比，参赛学校增加了9所，运动员增加了约一倍。

2010年在桂林电子科技大学举办的第十五届全国大网赛，来自全国71所大学的482名运动员参加。比2001年大网赛多出46所大学和350名运动员。

2.参赛校地区的扩大

1992年大网赛,16所大学分布在8个省市。分别为：北京、天津、上海、浙江、江西、广东、四川和陕西，占全国31个省市的25.8%。

2001年大网赛，25所大学分布在12个省市。分别为：北京、天津、上海、浙江、江西、广东、四川、陕西、江苏、湖北和港、澳，占38.7%。

2010年大网赛，71所大学分布在16个省市。比2001年增加了重庆、辽宁、河南、福建和广西5个省市，占51.6%。

虽然2001年至2010年十年的发展，仅增加了四个省市，但学校的数量是十年前的约3倍。

以大网赛举办的十五届参赛学校为例，仅内蒙古、宁夏、甘肃、山西、新疆和西藏未派队参加。大网赛已涵盖了全国25个省市的学校。

3.比赛场次的膨胀

2001年大网赛，男女甲组团体、单双打三项，男女乙组只安排了单、双打。总计423场比赛，以7天/12片场地计算。平均每天、每片场地进行5.0场比赛。

2010年大网赛，男女甲、乙、丙组的团体，单双打九项。

男甲　团体33队　　单打72人　　双打31对
女甲　团体21队　　单打46人　　双打20对
男乙　团体40队　　单打77人　　双打39对
女乙　团体20队　　单打41人　　双打21对
男丙　团体16队　　单打29人　　双打15对
女丙　团体16队　　单打32人　　双打15对

整个比赛共进行了1011场，按7天/12片场地计算，平均每天每片场地进行12场比赛。

以上数据仅为学生组比赛，十年增长一倍之多。每场比赛（一盘制）按30分钟计算，12场比赛耗时6个小时。2001年除学生组比赛，还进行校长组和教师组（健康杯）两组人数共52人，约46场比赛。

2010年大网赛举办的校长组比赛，分成甲、乙、丙、丁四组别，共150名，进行了122场比赛。

4.运动员网球水平的不断提高

在大网赛开展初期，学生组只设一个组别的比赛。2001年全国第七届大网赛增设男乙组。乙组为高水平运动员，有乙组选手的大学仅四所（上海大学女乙3人、男乙1人，暨南大学女乙2人、男乙4人，华南理工男乙1人，上海交大女乙1人、男乙4人），总计男乙10人，女乙6人。

2010年大网赛，学生组分成甲、乙、丙三个组别。甲组为普通学生，乙组为高水平运动员特招学生和体育专业学生，丙组为国内现役或退役运动员在大学读书的学生。而校长组的比赛从不分组别，到目前分为甲、乙、丙、丁四个组别的规模。

有乙组学生的学校从2001年4所上升到2010年45所大学，从16名运动员扩大到194名，占参赛校的64%，运动员占41%。

丙组运动员共97名，来自全国21所大学，占参赛校的30%，运动员占20.5%。

而甲组共有45所大学，186名运动员。甲、乙组从参赛校到运动员大致相等，是大学网球从普及到提高的转变。乙组和丙组运动员加入大网赛，提高了大网赛的竞技水平，对赛事的组织要求越来越高。从最初教育部认定的全国23所大学试办网球高水平运动队，到今年认定的30所，为大网赛今后的发展又注入新的活力。

5.承办学校的压力增加

以目前全国大网赛不断发展的趋势，对承办学校的各种软、硬件要求越来越高。从赛事的筹备到实施，需要大量的人力、物力和财力的支持。仅从球场的数量要求在12片以上，还要具备一定数量的灯光场地。从学校接待能力上，要具备千人的住宿、餐饮等方面的要求。裁判员到志愿者的人数随着规模的不断扩大，提出更多的要求，要在7天的赛期完成一千多场的比赛，从赛事的各个方面是一项系统的工程。

从2007年在哈尔滨商业大学的第十二届大网赛，共66所大学的学生、校长等人员575人参加，校长近百人，这样规模的赛事，最近几届不断地刷新。

6.大网赛外围赛事多样化

（1）"大网赛暨校长杯网球比赛"有扩大的趋势，2001年大网赛的校长组比赛仅11所大学24名。2007年创历史新高，校级领导达到100多人，而2010年仅报名学校为86所，人数达到199名，实际参赛人数达到142名，再创新高。校长组从单一组别发展到甲、乙、丙、丁四个组别，说明网球水平逐年提高。

（2）"大网赛暨校长杯、元老杯、教授杯、健康杯、教练杯网球比赛"，举办大学生网球赛的同时，还伴随着外围赛事，师生同场竞技，体现出网球比赛的多样化。

（3）国家体育总局将参加世界大学生运动会的参与权转交给教育部，由中国大学生网球协会参与的两届世界大运会，尤其是2009年世界大学生运动会，运动员都是从全国高校中选拔的运动员学生，取得了较好的成绩。

（4）2007、2008年两届的"索尼爱立信"中国大学生网球联赛的成功举办，赛事在全国分四个区，然后再进行全国总决赛，仅2007年有全国53所大学的130支代表队，共441名运动员参加，其赛事规模仅次于全国大学生网球锦标赛。

（二）全国大学生网球锦标赛发展的改革设想

目前，全国大学生网球锦标赛暨全国高校"校长杯"网球赛，采取的是"赛会制"，指一家承办学校，七天比赛时间，七十多所大学的四百多名运动员及上百名校长的"大家庭"式的网球盛会。对承办学校的要求越来越高，不少于12片的球场包括带灯光的场地，运动员住宿的学生公寓，教练住宿的宾馆，校长住宿的宾馆，几百名志愿者队伍和后勤保障人员等。这是一个庞大的组织机构，压力随着规模的扩张而增大，对未来大网赛可持续发展有很大的威胁。

竞赛部对最近两年大家提出的改革意见，提出分两步进行改革，一是理顺目前大网赛规章制度和赛会制的进程，保证大网赛的顺利进行；二是时机成熟后对"赛会制"彻底改革，保证大网赛的可持续发展。

什么是"时机成熟"？目前举办全国大学生网球锦标赛，批准单位是中国大学生体育协会，承办单位是中国大学生体育协会网球分会，前者是具有社会团体法人资格的上级单位，而网球分会不具备法人资格。多年举办大网赛的经费来源，由中国大体协控制。

（三）全国大学生网球锦标赛改革面临的若干问题

1.经费问题

（1）各分区赛承办学校经费来源如何解决，是整体解决还是由承办校自主解决。

（2）收取报名费的标准：今年大网赛收费为"单项比赛每人收报名费100元"，因大网赛限定参赛人数和项目，如各区预赛单项报名人数不限，预计参加人数比大网赛单项参加人数翻一倍。例如，一般报团体赛4人，单打报2人，双打报一对，如不限人数，每单位仍以4人参赛，可报单打4人，双打2对。

（3）收取裁判费的标准，今年大网赛收费为"每单位交纳裁判聘费800元"，"校长组每队选手200元"，分区赛如何收取。

（4）分区赛和决赛面临着二次收费问题，如某校入围全国总决赛，是否还要交纳报名费和裁判费，以及参加团体赛的二项收费。

比赛用球可由大网协统一安排，配送到各赛区。

2.承办校的问题

（1）全国六个赛区＋总决赛 ＝ 7所大学承办。

（2）全国四个赛区＋总决赛 ＝ 5所大学承办。

（3）如比赛时间从2010年10月开始到2011年5月进行分区赛，今年7月的大网赛要确定分区赛承办单位和时间表。

（4）全国总决赛承办单位将承办男、女甲乙组单、双打决赛；男、女丙组单打比赛和所有组别的团体赛暨校长组比赛。

（5）各分区赛承办单位应基本具备6—8片场地（最好带灯光），具备接待住宿伙食条件。其中住宿问题较为突出，因不在暑期无法安排学生公寓，住招待所价格偏高，因此分区赛只能安排在平时周末。

（6）分赛区安排在周末，组织十余所大学参赛，本市参赛学校组织工作无太大问题，非本市参赛校要接待，牵扯承办单位一定人力。

（7）天气问题如何看待，理论上有两天的比赛，具体只有1.6天比赛时间，周六全天（晚上）和周日下午3：00左右结束需考虑返程时间等因素，如遇雨怎么办。

3.全国大网赛规模问题

（1）2009年比赛共1329场，单双打共492场，占总场次的37%，团体赛837场占62.9%。

（2）改革后，如男甲单32强，男甲双16强，女甲单32强，女甲双16强，男乙单32强，男乙双16强，女乙单16强，女乙双8强，需要160场比赛。加上丙组单打66场，总共是226场。单项比赛减少一半场次。

（3）团体赛占62.9%，因小组赛必须打满三场，很消耗时间。除单项"瘦身"外，可否团体小组赛只要前两场胜，第三场不再进行。但这里牵扯计算小分问题，请裁判委员会计算一下这几届小组积分是否有问题。如不存在积分等问题减去丙组团体赛，团体赛还可减少场次。

（4）大网赛拟设项目：男甲单打、双打、团体；女甲单打、双打、团体；男乙单打、双打、团体；女乙单打、双打、团体；男丙单打（分组+决赛）；女丙单打（分组+决赛）。

4.其他事宜

（1）裁判长应在三年内固定人选，便于总结和熟悉大赛相关事宜。

（2）裁判费应专款专用，不足部分从其他收费支取。

（3）比赛日程应预定项目比赛时间安排，便于各校安排人员离会。

（4）颁奖安排在某项目结束后即时开始，无后续比赛人员可离会。

（5）鉴于天气较热，建议适当安排晚场比赛。

（6）全国分区赛的组织是系统工程，待各项原则确定后，由竞赛部同相关人员制定细节。待今年大网赛期间召开相关会议讨论与落实。

（7）甲组运动员参赛资格的修改：

·原甲组资格解释：只要高考分数达到该校在当地招生分数线，没有享受体育加分为甲组。体育特长生如符合以上说法也可为甲组。

·修改解释：凡该学生属于高水平运动员的名额进入大学，不论是否享受加分因素，一律为乙组。

·自主招生为乙组。

·原则：纯净甲组身份。

二、联赛回顾

（一）2013—2014年中国大学生网球联赛

比赛地点	时间	承办单位
广州公开赛	2013年11月21—23日	华南理工大学
昆明公开赛	2014年04月05—07日	昆明理工大学
重庆公开赛	2014年04月11—13日	西南大学
武汉公开赛	2014年04月18—20日	武汉体育学院
上海公开赛	2014年04月25—27日	上海大学
北京公开赛	2014年05月23—25日	清华大学
西安公开赛	2014年05月23—25日	西北农林科技大学
沈阳公开赛	2014年06月20—22日	沈阳建筑大学
总决赛	2014年10月11—12日	清华大学

各省参赛学校统计

885人（男520人 女365人）

137所学校　4组别　266支团体队22省参赛

广东省　四川省　重庆市　云南省　广西壮族自治区　湖北省

江西省　上海市　浙江省　江苏省　辽宁省　黑龙江

吉林省　陕西省　河南省　山西省　甘肃省　北京市

天津市　河北省　山东省　内蒙古自治区

11省（区）未参赛

新疆维吾尔自治区　青海省　湖南省　安徽省　贵州省　海南省

西藏自治区　福建省　宁夏回族自治区　香港特区　澳门特区

各赛区参赛学校/组别统计

赛 区	参赛校	男甲	女甲	男乙	女乙	参赛队
1.上海公开赛	29所	20队	13队	11队	10队	54队
2.广州公开赛	22所	12队	12队	08队	09队	41队
3.重庆公开赛	18所	08队	07队	14队	11队	40队
4.武汉公开赛	15所	09队	07队	08队	06队	30队
5.北京公开赛	16所	13队	10队	05队	04队	32队
6.沈阳公开赛	14所	10队	06队	07队	02队	25队
7.昆明公开赛	12所	04队	04队	07队	04队	19队
8.西安公开赛	11所	08队	04队	06队	07队	25队
共计:	137所	84队	63队	66队	53队	266队

上海市:（14所）

上海财大 男甲 女甲 男乙 女乙

上海外贸 男甲 女甲 男乙 女乙

上海大学 男甲 男乙 女乙

上海交大 男乙 上海体院 男乙 女乙

上海海事 男甲 女甲 华东理工 男乙 女乙

上海海洋 男甲 女甲 上海立信 男甲 女甲

复旦大学 男甲 女甲 同济大学 男甲 女甲

上海电机 男甲 上海电力 男甲

上海工程 男甲

北京市:（12所）

北京化工 男甲 女甲 男乙 女乙

人民大学 男甲 女甲 男乙 女乙

北京体大 男乙 女乙 北京邮电 男甲 女甲

中央民大 男乙 女乙 北京工商 男甲 女甲

中国政法 男甲 女甲 国关学院 男甲 女甲

对外经贸 男甲 女甲 清华大学 男甲 女甲

北京交大 男甲 北京理工 男甲

辽宁省：（11所）

　　沈阳化工　男甲　女甲　男乙　女乙

　　沈阳建大　男甲　　　男乙　女乙

　　东北大学　男甲　女甲　男乙

　　沈阳师大　　　　　男乙　大连理工　男甲

　　大连医大　男甲　女甲　　　沈阳工大　男甲　女甲

　　沈阳农大　男甲　女甲　　　辽宁大学　男甲　女甲

　　沈阳城市　男甲　　　　　　沈阳理工　男甲

湖北省：（11所）

　　武汉体院　男甲　男乙　女乙　湖北工大　男甲　女甲

　　体科学院　　　男乙　女乙　华中科大　男甲　女甲

　　华中师大　　　男乙　女乙　中南政法　男甲　女甲

　　武汉理工　男甲　男乙　　　武汉大学　男甲　女甲

　　湖北经济　男甲　　　　　　武汉科大　　　女甲

　　法商学院　男甲

江苏省：（10所）

　　南京农大　男乙　女乙　　　南京大学　　男甲　女甲

　　南京师大　男乙　女乙　　　苏州大学　　男甲　女甲

　　中国矿大　男乙　女乙　　　西交利物浦　男甲　女甲

　　南京体院　男乙　　　　　　南京财大　　男甲

　　南京工程　男甲　　　　　　盐城工院　　男甲

四川省：（9所）

　　四川大学　男甲　女甲　男乙　女乙

　　西南财大　男甲　女甲　男乙　女乙

　　西南石油　男甲　女甲　男乙　女乙

　　四川师大　男甲　　　男乙　女乙

　　成都体院　男乙　女乙　　　西华师大　男乙　女乙

　　西华大学　男乙　女乙　　　电子科大　男乙

　　乐山师院　　　女乙

重庆市：（9所）

    重庆大学　男甲　女甲　男乙　女乙

    西南大学　男乙　女乙　　　　重庆师大　男乙　女乙

    重庆工商　男乙　　　　　　　重庆文理　男乙

    长江师院　男乙　　　　　　　重庆理工　男甲　女甲

    重庆科技　男甲　女甲　　　　西南政法　男甲　女甲

云南省：（8所）

    云南师大　男乙　女乙　　　　玉溪师院　男乙　女乙

    云南财大　　　　女乙　　　　云南民大　男乙

    昆明理工　男甲　　　　　　　红河学院　男乙

    昆明医大　男甲　女甲　　　　曲靖师院　男乙

陕西省：（6所）

    西北农林　男甲　女甲　男乙　女乙

    西安建大　男甲　男乙　女乙　西安体院　男乙　女乙

    西安交大　男甲　　　女乙　长安大学　男甲　女乙

    陕西中医　男甲　女甲

浙江省：（5所）

    浙江师大　男甲　女甲　男乙　女乙

    浙江大学　男乙　女乙　　　　浙江理工　男甲　女甲

    宁波大学　　　　女乙　　　　温州医大　男甲　女甲

江西省：（4所）

    江西财大　男甲　女甲　男乙　女乙

    南昌大学　　　　女甲　男乙　女乙

    江西师大　男乙　女乙　　　　华东交大　男乙

广西壮族自治区：（4所）

    桂林电子　女甲　男乙　女乙　广西大学　男甲　女甲

    广西民大　　　男乙　　　　广西医大　男甲　女甲

河南省：（3所）

    郑州大学　男甲　男乙　女乙

    周口师院　男乙　女乙　　　　中原工院　男甲　女甲

黑龙江省：（2所）

  哈商大　男乙　　　　　　　　哈体院　男乙

宁夏回族自治区：（1所）天津市：（1所）

  兰州理工　男甲　女甲　　　　天津大学　男甲　女甲

内蒙古：（1所）河北省：（1所）

  内蒙古农大　男甲　女甲　　　防灾科技　男甲

山东省：（1所）山西省：（1所）

  齐鲁师院　男乙　　　　　　　大同大学　男乙

吉林省：（1所）

  长春师大　男乙

昆明公开赛

时　　间：2014年4月5—7日

地　　点：昆明理工大学

云南省：（8所）

  云南师大　云南财大　云南民大　昆明理工　昆明医大

  曲靖师院　玉溪师院　红河学院

广西壮族自治区：（4所）

  广西大学　广西医大　广西民大　桂林电子

贵州省：（0所）

参赛校：12所　2省/区　85人（男52人　女33人）

参赛队：19队　男子甲组：4队　　女子甲组：4队

      男子乙组：7队　　女子乙组：4队

成绩公告

男子甲组　　　　　　　　　　　女子甲组

第一名　昆明理工大学　　　　　第一名　桂林电子科技大学

第二名　广西大学　　　　　　　第二名　广西医科大学

第三名　广西医科大学　　　　　第三名　广西大学

第四名 昆明医科大学　　　　　第四名 昆明医科大学
男子乙组　　　　　　　　　　女子乙组
第一名 桂林电子科技大学　　　第一名 云南师范大学
第二名 玉溪师范学院　　　　　第二名 云南财经大学
第三名 云南师范大学　　　　　第三名 桂林电子科技大学
第四名 曲靖师范学院　　　　　第四名 玉溪师范学院
第五名 云南民族大学
第六名 红河学院
第七名 广西民族大学

重庆公开赛

时　　间：2014年4月11—13日
地　　点：西南大学
重庆市：（9所）
　　　　重庆大学　重庆文理　重庆师大　重庆工商　重庆理工
　　　　重庆科技　西南大学　西南政法　长江师院
四川省：（9所）
　　　　四川大学　四川师大　西南财大　西南石油　成都体院
　　　　电子科大　西华师大　西华大学　乐山师院
西藏自治区：（0所）

参赛校：18所　2省/市　163人（男93人 女70人）
参赛队：40队　男子甲组：8队　　女子甲组：7队
　　　　　　　男子乙组：14队　女子乙组：11队

成绩公告

男子甲组　　　　　　　　　　女子甲组
第一名 西南石油大学　　　　　第一名 重庆科技学院
第二名 重庆大学　　　　　　　第二名 西南政法大学
第三名 重庆理工大学　　　　　第三名 西南石油大学

第四名 西南财经大学　　　第四名 西南财经大学

第五名 四川师范大学　　　第五名 重庆理工大学

第六名 重庆科技学院　　　第六名 四川大学

第七名 四川大学

第八名 西南政法大学

男子乙组　　　　　　　　女子乙组

第一名 西南大学　　　　　第一名 重庆大学

第二名 成都体育学院　　　第二名 西南大学

第三名 西南财经大学　　　第三名 西华师范大学

第四名 四川大学　　　　　第四名 西南财经大学

第五名 重庆大学　　　　　第五名 西南石油大学

第六名 西华师范大学　　　第六名 乐山师范学院

第七名 西南石油大学　　　第七名 四川大学

第八名 长江师范学院　　　第八名 四川师范大学

武汉公开赛

时　　间：2014年4月18—20日

地　　点：武汉体育学院

湖北省：（11所）

　　湖北工大　湖北经济　华中科大　华中师大　武汉体院

　　武汉科大　武汉理工　武汉大学　武体体科学院

　　湖北经济学院法商学院　中南政法财经大学

江西省：（4所）

　　江西师大　江西财大　华东交大　南昌大学

湖南省、安徽省：（0所）

参赛校：15所　2省/市　112人（男64人 女48人）

参赛队：30队　男子甲组：9队　女子甲组：7队

　　　　　　　男子乙组：8队　女子乙组：6队

成绩公告

男子甲组	女子甲组
第一名　华中科技大学	第一名　南昌大学
第二名　湖北工业大学	第二名　中南财经政法大学
第三名　江西财经大学	第三名　华中科技大学
第四名　中南财经政法大学	第四名　湖北工业大学
第五名　武汉大学	第五名　江西财经大学
第六名　湖北经济学院	第六名　武汉科技大学
第七名　湖北经济学院法商学院
第八名　武汉科技大学

男子乙组	女子乙组
第一名　南昌大学	第一名　武汉体育学院
第二名　武汉体育学院	第二名　南昌大学
第三名　武汉体院/体育科技学院	第三名　江西师范大学
第四名　江西财经大学	第四名　华中师范大学
第五名　华中师范大学	第五名　江西财经大学
第六名　武汉理工大学	第六名　武汉体院体育科技学院
第七名　华东交通大学
第八名　江西师范大学

上海公开赛

时　　间：2014年4月25—27日

地　　点：上海大学

上海市：（14所）

上海大学　上海财大　上海海事　上海电机上海电力

上海海洋　上海外贸　上海立信　上海工程　上海交大

上海体院　华东理工　复旦大学同济大学

江苏省：（10所）

南京农大　南京体院　南京师大　南京大学　南京财大

南京工程　中国矿大　苏州大学　盐城工院　西交利物浦

浙江省：（5所）

浙江大学　浙江理工　浙江师大　宁波大学　温州医大

参赛校：29所　3省/市　207人（男119人　女88人）

参赛队：54队　男子甲组：20队　　女子甲组：13队

　　　　　　　　男子乙组：11队　　女子乙组：10队

成绩公告

男子甲组	女子甲组
第一名　上海财经大学	第一名　浙江理工大学
第二名　浙江理工大学	第二名　浙江师范大学
第三名　南京大学	第三名　温州医科大学
第四名　浙江师范大学	第四名　西交利物浦大学
第五名　南京工程大学	第五名　上海财经大学
第六名　上海对外经贸大学	第六名　上海海事大学
第七名　上海电机学院	第七名　南京大学
第八名　上海电力学院	第八名　上海立信会计学院

男子乙组	女子乙组
第一名　上海财经大学	第一名　浙江大学
第二名　浙江大学	第二名　宁波大学
第三名　上海大学	第三名　上海财经大学
第四名　南京农业大学	第四名　上海大学
第五名　南京体育学院	第五名　华东理工大学
第六名　中国矿业大学	第六名　南京师范大学
第七名　浙江师范大学	第七名　中国矿业大学
第八名　南京师范大学	第八名　浙江师范大学

西安公开赛

时　　间：2014年5月23—25日

地　　点：西北农林科技大学

陕西省：（6所）

西安建大　西安体院　西安交大　陕西中医　长安大学

西北农林

河南省：（3所）周口师院　中原工院　郑州大学

山西省：（1所）大同大学

宁夏回族自治区：（1所）兰州理工

青海省　甘肃省　新疆维吾尔自治区：（0所）

参赛校：11所　4省/区　102人（男58人　女44人）

参赛队：25队　男子甲组：8队　　女子甲组：4队

　　　　　　　　男子乙组：6队　　女子乙组：7队

成绩公告

男子甲组

第一名　郑州大学

第二名　西安交通大学

第三名　兰州理工大学

第四名　西北农林科技大学

第五名　西安建筑科技大学

第六名　中原工学院

第七名　陕西中医学院

女子甲组

第一名　西安交通大学

第二名　西北农林科技大学

第三名　陕西中医学院

第四名　兰州理工大学

第五名　中原工学院

男子乙组

第一名　西安建筑科技大学

第二名　西安体育学院

第三名　郑州大学

第四名　西北农林科技大学

女子乙组

第一名　郑州大学

第二名　西安建筑科技大学

第三名　西安体育学院

第四名　西北农林科技大学

第五名 周口师范学院　　　　第五名 周口师范学院
第六名 山西大同大学　　　　第六名 中原工学院

北京公开赛

时　间：2014年5月23—25日
地　点：清华大学
北京市：（12所）
北京邮电　北京体大　北京化工　北京理工北京工商
中国政法中央民大　人民大学　国关学院对外经贸
清华大学　北京交大
天津市：（1所）天津大学
河北省：（1所）防灾科技
山东省：（1所）齐鲁师院
内蒙古：（1所）内蒙古农大

参赛校：16所　5省/市　124人（男70人 女54人）
参赛队：32队　男子甲组：13队　　女子甲组：10队
　　　　　　　男子乙组：5队　　女子乙组：4队

成绩公告

男子甲组　　　　　　　　　女子甲组
第一名 中国人民大学　　　第一名 中国人民大学
第二名 北京化工大学　　　第二名 北京化工大学
第三名 清华大学　　　　　第三名 天津大学
第四名 对外经济贸易大学　第四名 内蒙古农业大学
第五名 内蒙古农业大学　　第五名 对外经济贸易大学
第六名 天津大学　　　　　第六名 国际关系学院
第七名 国际关系学院　　　第七名 清华大学
第八名 防灾科技学院

男子乙组

第一名 北京化工大学

第二名 中国人民大学

第三名 北京体育大学

第四名 中央民族大学

第五名 齐鲁师范学院

女子乙组

第一名 北京体育大学

第二名 中国人民大学

第三名 北京化工大学

第四名 中央民族大学

沈阳公开赛

时　　间：2014年6月20—22日

地　　点：沈阳建筑大学

辽宁省：（11所）

沈阳城市　沈阳工大　沈阳化工　沈阳农大　沈阳理工

沈阳建大　沈阳师大　辽宁大学　大连理工　大连医大

东北大学

黑龙江：（2所）哈尔滨商大　哈尔滨体院

吉林省：（1所）长春师大

参赛校：14所　3省/市　92人（男64人 女28人）

参赛队：24队　男子甲组：9队　女子甲组：6队

男子乙组：7队　女子乙组：2队

成绩公告

男子甲组

第一名 大连医科大学

第二名 大连理工大学

第三名 沈阳工业大学

第四名 沈阳农业大学

第五名 沈阳理工大学

第六名 沈阳化工大学

第七名 沈阳建筑大学

第八名 沈阳城市学院

女子甲组

第一名 沈阳化工大学

第二名 沈阳工业大学

第三名 大连医科大学

第四名 沈阳农业大学

第五名 辽宁大学

第六名 东北大学

男子乙组　　　　　　　　　　　女子乙组

第一名　哈尔滨体育学院　　　　第一名　沈阳化工大学

第二名　长春师范大学　　　　　第二名　沈阳建筑大学

第三名　沈阳师范大学

第四名　东北大学

第五名　沈阳化工大学

第六名　沈阳建筑大学

第七名　哈尔滨商业大学

广州公开赛

时　　间：2013年11月21—23 日

地　　点：华南理工大学

广东省：(22所)

华南理工　华南师大　华南农大　暨南大学　中山大学

广东白云　广东工大　广东医学　广州体院　广州学院

湛江师院　东莞理工　广州体职　五邑大学　南国学院

金融学院　佛山科技　培正学院　韶关学院

广东外语外贸大学　吉大珠海学院　理工珠海学院

福建省　香港特区　澳门区：(0所)

参赛校：22所　1省/市

参赛队：41队　男子甲组：12队　女子甲组：12队

　　　　　　　男子乙组：8队　女子乙组：9队

成绩公告

男子甲组　　　　　　　　　　　女子甲组

第一名　五邑大学　　　　　　　第一名　五邑大学

第二名　暨南大学　　　　　　　第二名　中山大学

第三名　华南师范大学　　　　　第三名　华南师范大学

第四名　中山大学　　　　　　　第四名　广东外语外贸大学

第五名 广州金融学院　　　　第五名 广东白云学院
第六名 广东白云学院　　　　第六名 北理工珠海学院
第七名 广东医学院　　　　　第七名 湛江师范学院
第八名 广东工业大学　　　　第八名 广东工业大学

男子乙组　　　　　　　　　女子乙组
第一名 华南理工大学　　　　第一名 广州体育学院
第二名 东莞理工学院　　　　第二名 暨南大学
第三名 广州体育学院　　　　第三名 华南理工大学
第四名 华南师范大学　　　　第四名 湛江师范学院
第五名 暨南大学　　　　　　第五名 华南师范大学
第六名 佛山科学技术学院　　第六名 东莞理工学院
第七名 韶关学院　　　　　　第七名 佛山科学技术学院
第八名 广州体育职业学院　　第八名 韶关学院

广州公开赛　团体成绩说明

1.因广东省大学生网球锦标赛于2013年11月份举行，依据广东省大网赛单项成绩计算产生团体名次。

2.广东省大学生网球锦标赛：男、女单打、双打和混双三项。

（1）男、女甲组同"联赛"甲组。

（2）男、女乙A组同"联赛"乙组。

（3）男、女乙B组同"联赛"丙组。

（4）丙组为"职高"学校。

3.以各组三项前八名计算团体总分，1至8名分别为9、7、6、5、4、3、2、1分，混合双打得分为平均计算。

4.名次排列原则

（1）三项名次总分为先。

（2）总分相等以单打名次为先。

男子甲组

学 校	单打	双打	混双	总分	名次
五邑大学	9	6	3.5/3	21.5	1
暨南大学	4/3	0	4.5/1	12.5	2
华南师范大学	0	9	0	9	3
中山大学	5	0	2.5	7.5	4
金融学院	7	0	0	7	5
白云学院	0	7	0	7	6
广东医学院	2/1	0	2/1.5	6.5	7
广东工业大学	6	0	0	6	8
广州学院	0	5	0.5	5.5	
培正学院	0	4/1	0	5	
华南农业大学	0	3	0	3	
吉大珠海学院	0	2	0	2	

女子甲组

学 校	单打	双打	混双	总分	名次
五邑大学	5/4	7	3.5/3	22.5	1
中山大学	0	9	2.5	11.5	2
华南师范大学	9	0	0	9	3
广东外语外贸大学	3	5	0	8	4
白云学院	1	6/1	0	8	5
理工珠海学院	7	0	0	7	6
湛江师范学院	0	4/3	0	7	7
广东工业大学	6	0	0	6	8
广东医学院	0	2	2/1.5	5.5	
暨南大学	0	0	4.5/1	5.5	
南国学院	2	0	0	2	
广州学院	0	0	0.5	0.5	

男子乙组（乙A组）

学　校	单打	双打	混双	总分	名次
华南理工大学	6/3	9	0	18	1
东莞理工大学	5/4	4	3/1.5	17.5	2
广州体育学院	7	3	4.5	14.5	3
华南师范大学	9	0	2.5/2	13.5	4
暨南大学	2	7	0	9	5
佛山科学技术学院	0	5	0.5	5.5	6
韶关学院	3	0	0	3	7
广州体育职业学院	0	1	0	1	8

女子乙组（乙A组）

学　校	单打	双打	混双	总分	名次
广州体育学院	9/7	9	4.5	29.5	1
暨南大学	5	6/5	0	16	2
华南理工大学	6	7	0	13	3
湛江师范学院	0	4/3	3.5/1	11.5	4
华南师范大学	2	0	2.5/2	6.5	5
东莞理工大学	0	2	3/1.5	6.5	6
佛山科学技术学院	4	0	0.5	4.5	7
韶关学院	3	0	0	3	8
广州体育职业学院	1	1	0	2	

获得总决赛资格分配原则

一、"联赛"第一阶段的八站公开赛已结束，现将各站公开赛参赛学校和各组别参赛队情况汇总如下。

二、总决赛名额分配及名额录取原则（摘自"联赛总竞赛规程"）总决赛甲、乙组的资格将根据分站赛成绩及分站赛参赛高校数量决定，丙组资格依据同年度全国大学生网球锦标赛成绩决定。

1.总决赛签位：甲组男、女各32个签位，乙组男、女各16个签位，丙组男、女各8个签位。

2.甲、乙组签位分配原则：

（1）各站各组别冠军获得总决赛相应组别1个签位。

（2）各组别余下的签位，将根据各分站赛各组别参赛高校数量，按从多到少的顺序，根据名次，依次分配，直至达到总决赛计划签位。如同一组别参赛高校数量出现并列，则以所有组别参赛学校数量决定顺序，如仍并列，则抽签决定。

（3）若承办单位未获得甲、乙组任一组别的签位，则承办单位可优先在最后一轮的分配中获得甲组男或女一个组别的签位。

3.根据上述顺序，预计各轮分配签位情况如下：

轮次	甲组签位	备注	乙组签位	备注
1	8	各站冠军	8	各站冠军
2	8	各站亚军	5	5站亚军
3	6	6站季军	3	3站季军
4	6	6站第4		
5	4	4站第5		

（承办单位优先）

4.分站赛比赛全部结束后，将适时公布总决赛甲、乙组参赛资格。已取得资格的高校，必须在公布之后两周内通过报名确认是否参赛，未取得总决赛资格的高校可向技术委员会提出递补申请。

5.如出现总决赛资格弃权，将由技术委员会根据申请学校所在分区参赛学校数量、分站赛上获得的名次综合权衡后依次递补。

三、总决赛名额分配

1.男、女甲组分别按8、8、6、6、4的名额分配

（1）八个站的第一、二名。

（2）八个站中取六个站的第三、四名。

（3）八个站中取四个站的第五名。（承办单位优先）

2.男、女乙组分别按8、5、3的名额分配

（1）八个站的第一名。

（2）八个站中取五个站的第二名。

（3）八个站中取三个站的第三名。

四、参加总决赛确认及后补参赛申请的事宜

1. 已获得参加总决赛资格的学校自公布起，请于2014年7月30日前在网球分会网站报名，确认是否参加10月份北京总决赛。逾期未报名的学校将视为自动放弃参加总决赛的资格。

2. 8月1日将公布确认后的总决赛名单，如有空缺将由各站公开赛未获得总决赛资格的学校递补。申请递补的学校请于7月30日前向技术委员会提出申请。

各站公开赛获得总决赛资格的名额
男子甲组（32个签位）

	参赛队	（8站）	（8站）	（6站）	（6站）	（4站）
上海公开赛	20队	第1名	第2名	第3名	第4名	第5名
广州公开赛	12队	第1名	第2名	第3名	第4名	第5名
北京公开赛	11队	第1名	第2名	第3名	第4名	第5名
沈阳公开赛	09队	第1名	第2名	第3名	第4名	承办校
重庆公开赛	08队	第1名	第2名	第3名	第4名	
武汉公开赛	08队	第1名	第2名	第3名	第4名	
西安公开赛	08队	第1名	第2名			
昆明公开赛	04队	第1名	第2名			

女子甲组（32个签位）

	参赛队	（8站）	（8站）	（6站）	（6站）	（4站）
上海公开赛	13队	第1名	第2名	第3名	第4名	第5名
广州公开赛	12队	第1名	第2名	第3名	第4名	第5名
北京公开赛	09队	第1名	第2名	第3名	第4名	第5名
重庆公开赛	07队	第1名	第2名	第3名	第4名	第5名
武汉公开赛	07队	第1名	第2名	第3名	第4名	
沈阳公开赛	06队	第1名	第2名	第3名	第4名	
昆明公开赛	04队	第1名	第2名			

西安公开赛   04队   第1名   第2名

男子乙组（16个签位）

参赛队（8站）（5站）（3站）

重庆公开赛   14队   第1名   第2名   第3名
上海公开赛   11队   第1名   第2名   第3名
广州公开赛   08队   第1名   第2名   第3名
武汉公开赛   08队   第1名   第2名

参赛队（8站）（5站）（3站）

沈阳公开赛   07队   第1名   第2名
昆明公开赛   07队   第1名
西安公开赛   06队   第1名
北京公开赛   05队   第1名

女子乙组（16个签位）

参赛队（8站）（5站）（3站）

重庆公开赛   11队   第1名   第2名   第3名
上海公开赛   10队   第1名   第2名   第3名
广州公开赛   09队   第1名   第2名   第3名
西安公开赛   07队   第1名   第2名
武汉公开赛   06队   第1名   第2名
北京公开赛   04队   第1名
昆明公开赛   04队   第1名
沈阳公开赛   02队   第1名

获得总决赛资格的学校
男子甲组（31队）

北京公开赛（7队）

   1.中国人民大学   2.北京化工大学   3.清华大学

4.对外经济贸易大学　5.内蒙古农业大学　6.天津大学

7.国际关系学院

广州公开赛（4队）

1.五邑大学　2.暨南大学　4.中山大学　8.广东工业大学

3.华南师范大学（弃权）5.广州金融学院（弃权）

沈阳公开赛（4队）

1.大连医科大学　2.大连理工大学　3.沈阳工业大学

7.沈阳建筑大学（承办校）4.沈阳农业大学（弃权）

重庆公开赛（4队）

1.西南石油大学　2.重庆大学　4.西南财经大　0.重庆科技大学

3.重庆理工大学（弃权）

上海公开赛（3队）

1.上海财经大学　2.浙江理工大学　5.南京工程大学

3.南京大学（弃权）4.浙江师范大学（弃权）

武汉公开赛（3队）

1.华中科技大学　3.江西财经大学　4.中南财经政法大学

2.湖北工业大学（弃权）

西安公开赛（3队）

1.郑州大学　2.西安交通大学　3.兰州理工大学

昆明公开赛（3队）

1.昆明理工大学　2.广西大学　3.广西医科大学

女子甲组（25队）

北京公开赛（7队）

1.中国人民大学　2.北京化工大学　3.天津大学

4.内蒙古农业大学　5.对外经济贸易大学　6.国际关系学院

7.清华大学

广州公开赛（3队）

1.五邑大学　2.中山大学　6.广东工业大学

3.华南师范大学（弃权）4.广东外语外贸大学（弃权）

5.广东白云学院（弃权）

上海公开赛（3队）

　　1.浙江理工大学　4.西交利物浦大学　5.上海财经大学

　　2.浙江师范大学（弃权）3.温州医科大学（弃权）

重庆公开赛（3队）

　　1.重庆科技学院　2.西南政法大学　4.西南财经大学

　　3.西南石油大学（弃权）5.重庆理工大学（弃权）

沈阳公开赛（3队）

　　1.沈阳化工大学　2.沈阳工业大学　3.大连医科大学

　　4.沈阳农业大学（弃权）

武汉公开赛（2队）

　　1.南昌大学　2.中南财经政法大学

　　3.华中科技大学（弃权）4.湖北工业大学（弃权）

西安公开赛（2队）

　　1.西安交通大学　4.兰州理工大学　2.西北农林科技大学（弃权）

昆明公开赛（2队）

　　1.桂林电子科技大学　2.广西医科大学

男子乙组（16队）

重庆公开赛（3队）

　　1.西南大学　2.成都体育学院　3.西南财经大学

北京公开赛（3队）

　　1.北京化工大学　2.中国人民大学　4.中央民族大学

上海公开赛（2队）

　　1.上海财经大学　2.浙江大学　3.上海大学（弃权）

广州公开赛（2队）

　　1.华南理工大学　2.东莞理工大学　3.广州体育学院（弃权）

沈阳公开赛（2队）

　　1.哈尔滨体育学院　2.长春师范大学

西安公开赛（2队）

　　1.西安建筑科技大学　5.周口师范学院

武汉公开赛（1队）

　　1.南昌大学　2.武汉体育学院（弃权）

昆明公开赛（1队）

　　1.桂林电子科技大学

女子乙组（16队）

西安公开赛（3队）

　　1.郑州大学　2.西安建筑科技大学　5.周口师范学院

重庆公开赛（3队）

　　1.重庆大学　2.西南大学　3.西华师范大学

上海公开赛（3队）

　　1.浙江大学　2.宁波大学　3.上海财经大学

广州公开赛（2队）

　　2.暨南大学　3.华南理工大学　1.广州体育学院（弃权）

北京公开赛（2队）

　　1.北京体育大学　2.中国人民大学

武汉公开赛（1队）

　　2.南昌大学　1.武汉体育学院（弃权）

昆明公开赛（1队）

　　1.云南师范大学

沈阳公开赛（1队）

　　1.沈阳化工大学

男子丙组（7队）

1.人民大学　3.北京化工　4.四川大学　5.北京体大　6.西南大学
7.华中师大　8.中国矿大

女子丙组（7队）

1.华东理工　2.四川大学　3.内蒙古农大　4.南京师大　5.西南大学
6.浙江大学　8.北京化工

（二）2014—2015中国大学生网球联赛

2014—2015中国大学生网球联赛赛赛区　技术代表

比赛地点	时间	承办单位	技术代表
广州分站赛	2014年12月21—23日	华南理工大学	刘上行
成都分站赛	2015年04月17—19日	西南石油大学	蒋雪涛
武汉分站赛	2015年04月17—19日	武汉体育学院	尹　钊
昆明分站赛	2015年04月24—26日	昆明理工大学	孙建国
上海分站赛	2015年04月24—26日	上海大学	韦晓康
西安分站赛	2015年05月15—17日	西安建筑科技大学	杨学明
北京分站赛	2015年05月22—24日	清华大学	孙建国
哈尔滨分站赛	2015年06月05—07日	哈尔滨商业大学	孙建国

2014/2015中国大学生网球联赛各省参赛学校人统计

23省参赛　133所学校　6组别　276支团体队

898人（男534人 女364人）

北京 上海 天津 重庆 河北 河南 山西 山东 陕西 江苏
浙江 辽宁 吉林江西 湖北 四川 广东 广西 福建 云南
甘肃 内蒙古 黑龙江

9省/区未参赛

青海 宁夏 新疆 湖南 安徽 西藏 贵州 香港 澳门

四川省（15所）

四川大学　四川师大　泸州医学　西华大学　西华师大
成都理工　成都工业　成都体院　成都职业　成都信息
西南石油　西南财大　西南科大　电子科大乐山师院

北京市 （11所）

　　北京大学　北京理工　北京化工　北京体大　北京师大
　　北京交大　清华大学　人民大学　国关学院　中央民大
　　对外经贸

湖北省 （10所）

　　湖北工大　武汉体院　武汉大学　武汉理工　华中科大
　　中南政法　中南民大　长江大学　江汉大学　武体体科学院

广东省 （10所）

　　广东外贸　广东石化　广东医学　广东工大　暨南大学
　　华南农大　华南理工　五邑大学　中山大学　深圳大学

辽宁省 （9所）

　　辽宁师大　沈阳师大　沈阳建大　沈阳工大　沈阳化工
　　大连医大　大连交大　大连理工　东北大学

上海市 （8所）

　　上海大学　上海财大　上海交大　上海体院　上海电机
　　上海电力　上海外贸　华东理工

云南省 （8所）

　　云南师大　云南财大　云南民大　昆明医大　昆明理工
　　红河学院　曲靖师学　玉溪师院

重庆市 （8所）

　　重庆大学　重庆师大　重庆理工　重庆科技　重庆文理
　　西南大学　西南政法　长江师院

陕西省 （7所）

　　陕西师大　西安交大　西安体院　西安建大　西北农林
　　长安大学　陕西中医药

黑龙江省 （7所）

　　哈尔滨体院　哈尔滨商大　哈尔滨工程　哈尔滨师大
　　八一农垦　黑河学院　佳木斯大学

江苏省 （6所）

　　江苏科大　南京农大　南京工程盐城工院　中国矿大

西交利物浦

浙江省 （6所）

浙江大学　浙江师大　浙江财大　浙江传媒浙江理工

宁波大学

广西壮族自治区（6所）

广西大学　广西师大　广西医大　广西民大　桂林电子

桂林航院

江西省 （6所）

江西财大　江西农大　江西警院　南昌大学　华东交大

南昌大学科技学院

河南省 （5所）

河南大学　河南师大　郑州大学　中原工院　周口师院

天津市 （2所）天津大学　天大仁爱学院

河北省 （2所）河北体院　防灾科技

山西省 （2所）山西大学　山西大同

甘肃省 （1所）兰州理工

福建省 （1所）集美大学

山东省 （1所）中国石油

吉林省 （1所）长春师大

内蒙古自治区（1所）内蒙古农大

各赛区 参赛学校/组别统计

1.参赛学校 133所　23省（市）共276队

2.男甲80队　女甲54队　男乙25队　女乙25队

男丙54队　女丙38队

赛区	学校	男甲	女甲	男乙	女乙	男丙	女丙	总计
广州区	11所	08队	7队	1队	1队	05队	03队	25队
昆明区	14所	07队	6队	2队	2队	07队	03队	27队
上海区	20所	13队	7队	6队	6队	05队	04队	42队
成都区	23所	12队	7队	6队	6队	14队	12队	57队

武汉区	16所	10队	8队	1队	1队	06队	05队	31队
北京区	17所	13队	9队	3队	4队	03队	03队	35队
西安区	15所	08队	5队	3队	3队	07队	04队	30队
哈尔滨区	17所	09队	5队	3队	2队	07队	04队	30队
总　计	133所	80队	54队	25队	25队	54队	38队	276队

上海公开赛

1.参赛学校20所　3省（市）共41队

2.男甲13队 女甲7队 男乙6队 女乙6队 男丙5队 女丙4队

上海大学	男甲　女甲　男乙　女乙		
上海财大	男甲　女甲　男乙　女乙		
上海交大	男乙　女乙	上海体院	男丙　女丙
华东理工	男乙　女乙	上海电机	男甲
上海电力	男甲	上海外贸	男甲
浙江师大	男甲　男丙　女丙	浙江大学	男乙　女乙
宁波大学	男丙　女丙	浙江财大	男甲　女甲
浙江传媒	男甲　女甲	浙江理工	男甲　女甲
江苏科大	男甲　男丙	中国矿大	男丙　女丙
南京农大	男乙　女乙	盐城工院	男甲　女甲
西交利物浦大学	男甲　女甲	南京工程	男甲

武汉公开赛

1.参赛学校16所　2省（市）共31队

2.男甲10队 女甲8队 男乙1队 女乙1队 男丙6队 女丙5队

武汉大学	男甲　女甲	江汉大学	男丙　女丙
武汉体院	男丙　女丙	华中科大	男甲　女甲
湖北工大	男甲　女甲	武汉理工	男甲　女甲
中南政法	男甲　女甲	武体体科	男丙　女丙
长江大学	男甲		
南昌大学	女甲　男丙　女丙	华东交大	男丙　女丙
江西财大	男甲　男乙　女乙	江西农大	男甲　女甲

261

江西警院　男甲　　　　　　　　　中南民大　男丙

南昌大学科技学院 男甲 女甲

广州公开赛

1.参赛学校11所　2省（区）共25队

2.男甲8队 女甲7队 男乙1队 女乙1队 男丙5队 女丙3队

暨南大学　男甲　女甲　男乙　女乙　男丙

华南理工　男甲　男丙　女丙

五邑大学　男甲　女甲　　　　　　中山大学　男甲　女甲

深圳大学　男丙　女丙　　　　　　广东医学　男甲　女甲

华南农大　男甲　女甲　　　　　　外语外贸　男甲　女甲

广东石化　女甲　男丙　　　　　　广东工大　男甲

集美大学　男丙　女丙

成都公开赛

1.参赛学校23所　2省（市）共57队

2.男甲12队 女甲7队 男乙6队 女乙6队 男丙14队 女丙12队

四川大学　男甲　男乙　女乙　男丙

四川师大　男甲　女甲　男丙　女丙

西南石油　男甲　女甲　男乙　女乙

泸州医学　男甲　女甲　男丙　女丙

电子科大　男甲　男乙　女乙　　　　　　成都职业　男甲　女甲

西南财大　男甲　男乙　女乙　　　　　　西华大学　男丙　女丙

成都工业　男丙　女丙　　　　　　　　　长江师院　男丙　女丙

成都体院　男丙　女丙　　　　　　　　　西南科大　男丙　女丙

乐山师院　男丙　女丙　　　　　　　　　西华师大　女丙

成都理工　男丙　　　　　　　　　　　　成都信息　男甲

重庆大学　男甲　男乙　女乙　男丙　女丙

西南大学　男乙　女乙　男丙　女丙

重庆师大　男丙　女丙　　　　　　　　　重庆理工　男甲　女甲

西南政法　男甲　女甲　　　　　　重庆科技　男甲　女甲

重庆文理　男丙

昆明公开赛

1.参赛学校14所　2省（市）共27队

2.男甲7队　女甲6队　男乙2队　女乙2队　男丙7队　女丙3队

桂林电子　女甲　男乙　女乙　　广西大学　男甲　女甲

广西师大　男甲　男丙　　　　　广西医大　男甲　女甲

桂林航天　男甲　女甲　　　　　广西民大　男丙

云南师大　男丙　女丙　　　　　云南民大　男丙　女丙

云南财大　男甲　女甲　男乙　女乙

昆明医大　男甲　女甲　　　　　玉溪师院　男丙　女丙

昆明理工　男甲　　　　　　　　曲靖师院　男丙

红河学院　男丙

北京公开赛

1.参赛学校17所　5省（市）共35队

2.男甲13队　女甲9队　男乙3队　女乙4队　男丙3队　女丙3队

北京化工　　　　男甲　女甲　男乙　女乙

人民大学　　　　男甲　女甲　男乙　女乙

对外经贸　　　　男甲　女甲　女乙　　北京大学　　男甲　女甲

清华大学　　　　男甲　女甲　　　　　国关学院　　男甲　女甲

中央民大　　　　男乙　女乙　　　　　北京体大　　男丙　女丙

北京师大　　　　男丙　女丙　　　　　北京交大　　男甲

北京理工　　　　男甲　　　　　　　　天津大学　　男甲　女甲

天大仁爱学院　　男甲　女甲　　　　　防灾科技　　男甲

河北体院　　　　男丙　女丙　　　　　内蒙古农大　男甲　女甲

中国石油（华东）男甲

西安公开赛

1.参赛学校15所 4省（市）共30队

2.男甲8队 女甲5队 男乙3队 女乙3队 男丙7队 女丙4队

西北农林	男甲 女甲 男乙 女乙		
西安建大	男甲 女甲 男乙 女乙		
长安大学	男甲 男丙	西安交大	男甲 女甲
西安体院	男丙 女丙	陕西师大	男丙 女丙
陕西中医药	女甲	兰州理工	男甲 女甲
山西大学	男丙 女丙	大同大学	男丙
郑州大学	男甲 男乙 女乙	周口师院	男丙 女丙
河南大学	男甲	中原工院	男甲
河南师大	男丙		

哈尔滨公开赛

1.参赛学校17所 3省（市）共30队

2.男甲9队 女甲5队 男乙3队 女乙2队 男丙7队 女丙4队

哈商大	男甲 女甲 男乙 女乙		
黑河学院	男丙 女丙	佳木斯大学	男丙 女丙
八一农垦	男甲 女甲	哈师大	男丙 女丙
哈体院	男丙	哈工程	男甲
沈阳化工	女甲 男乙 女乙	东北大学	男甲 男丙
大连医大	男甲 女甲	沈阳建大	男甲 男乙
沈阳工大	男甲 女甲	大连交大	男甲
大连理工	男甲	沈阳师大	男丙
辽宁师大	女丙	长春师大	男丙

团体/单项赛参赛学校统计

1.八个分区赛 总计133所单位参加

2.获得团体赛、单项赛签位　　119所　　89.5%

3.获得团体赛签位　　　　　　92所　　77.3%

4.仅获得单项赛签位　　　　　　27所　　23.3%

5.未获得团体赛、单项赛签位　　14所　　10.5%

6.未获得参加联赛总决赛团体赛、单项赛资格单位（14所）

北京交大　长江大学　重庆文理　乐山师院　西南科大

西华大学　上海电力　中国石油　上海电机　防灾科技

成都信息成都职业　西华师大　天大仁爱学院

北京公开赛

人民大学	男甲	女甲	男乙	女乙	中央民大	男乙	女乙	
北京化工	男甲	女甲	男乙	女乙	北京体大	男丙	女丙	
对外经贸	女甲	女乙			天津大学	男甲	女甲	
河北体院	男丙	女丙			北京大学	男甲	女甲	
清华大学	男甲	女甲			国关学院	男甲	女甲	
内蒙古农大	男甲	女甲			北京师大	男丙	女丙	
北京理工	男甲							

昆明公开赛

云南财大	男甲	女甲	男乙	女乙	云南师大	男丙	女丙	
桂林电子	女甲	男乙	女乙		玉溪师院	男丙	女丙	
广西大学	男甲	女甲			广西医大	男甲	女甲	
昆明医大	男甲	女甲			广西师大	男甲	男丙	
桂林航天	男甲	女甲			云南民大	男丙	女丙	
昆明理工	男甲				广西民大	男丙		
曲靖师院	男丙				红河学院	男丙		

哈尔滨公开赛

哈商大	男甲	女甲	男乙	女乙	沈阳建大	男甲	男乙	
沈阳化工	女甲	男乙	女乙		黑河学院	男丙	女丙	
佳木斯大学	男丙	女丙			八一农垦	男甲	女甲	
哈师大	男丙	女丙			大连医大	男甲	女甲	
东北大学	男甲	男丙			哈体院	男丙		

哈工程	男甲				大连交大	男甲	
沈阳工大	女甲				辽宁师大	女丙	
长春师大	男丙				大连理工	男甲	
沈阳师大	男丙						

广州公开赛

暨南大学	男甲	女甲	男乙	女乙	男丙		
华南理工	男甲	男丙	女丙		五邑大学	男甲	女甲
集美大学	男丙	女丙			深圳大学	男丙	女丙
广东医学	男甲	女甲			华南农大	男甲	女甲
广东石化	女甲	男丙			中山大学	男甲	女甲
外语外贸	男甲	女甲			广东工大	男甲	

上海公开赛

上海财大	男甲	女甲	男乙	女乙	上海体院	男丙	女丙
上海大学	女甲	男乙	女乙		浙江大学	男乙	女乙
浙江师大	男甲	男丙	女丙		上海交大	男乙	女乙
华东理工	男乙	女乙			宁波大学	男丙	女丙
浙江财大	男甲	女甲			浙江传媒	男甲	女甲
浙江理工	男甲	女甲			江苏科大	男甲	男丙
南京农大	男乙	女乙			中国矿大	男丙	女丙
盐城工院	女甲				南京工程	男甲	
西交利物浦	男甲	女甲			上海外贸	女甲	

西安公开赛

西北农林	男甲	女甲	男乙	女乙	西安交大	男甲	女甲
西安建大	男甲	女甲	男乙	女乙	西安体院	男丙	女丙
郑州大学	男甲	男乙	女乙		山西大学	男丙	女丙
周口师院	男丙	女丙			长安大学	男甲	男丙
陕西师大	男丙	女丙			兰州理工	男甲	女甲

中原工院　男甲　　　　　　　　　河南师大　男丙

陕西中医　女甲　　　　　　　　　大同大学　男丙

河南大学　男甲

武汉公开赛

江西财大　男甲　　男乙　女乙　　华东交大　男丙　女丙

南昌大学　女甲　　男丙　女丙　　江西农大　男甲　女甲

中南政法　男甲　　女甲　　　　　武体科　　男丙　女丙

武汉体院　男丙　　女丙　　　　　江汉大学　男甲　女甲

湖北工大　男甲　　女甲　　　　　华中科大　男甲　女甲

武汉大学　男甲　　　　　　　　　江西警院　男甲

武汉理工　女甲　　　　　　　　　中南民大　男丙

南昌大学科技学院　　女甲

成都公开赛

重庆大学　男甲　　男乙　女乙　男丙　女丙

西南大学　男乙　　女乙　男丙　女丙　　重庆师大　男丙　女丙

西南石油　男甲　　女甲　男乙　女乙　　重庆理工　男甲　女甲

四川大学　男甲　　男乙　女乙　男丙　　西南政法　男甲　女甲

四川师大　男甲　　女甲　男丙　女丙　　泸州医学　女甲　女丙

西南财大　男甲　　男乙　女乙　　　　　成都体院　男丙　女丙

电子科大　男甲　　男乙　女乙　　　　　长江师院　男丙　女丙

重庆科技　女甲　　　　　　　　　　　　成都理工　男丙

成都工业　女丙

2014/2015中国大学生网球联赛（北京分区赛）
比赛通知

一、比赛时间和地点

（一）比赛时间：2015年5月23—24日

（二）比赛地点：清华大学紫荆网球场

二、报名日期和联络方式

（一）报名日期：2015年5月10日前

（二）联系人：王忠瑞（网球分会）

　　　　　李　辉（网球分会）

　　　　　刘翠萍（清华大学）

（三）请于 2015年5月10日前在《大学网球竞赛管理系统》中完成报名流程（http://cuta.org.cn:8080），并于报到当天上交报名表纸质版（加盖学校主管部门公章）。

三、报到

（一）报到时间：5月22日 下午13:00-17:00。

（二）报到地点：清华大学体育中心二楼会议室。

（三）报到程序

1.确认参赛运动员名单、项目。

2.上交纸质版报名表。

3.交验参赛运动员学生证、身份证原件。

4.上交保险证明、签署安全风险承诺书。

5.缴纳参赛费（每人100元）。

6.购买餐票。

7.比赛保证金3000元，未发生违纪违规行为，比赛结束时如数退还。

8.2015年会费缴纳凭证。如未缴费，请各会员单位登陆大体协《中国学生体育竞赛管理系统》进行缴费；如遇系统无法缴费，则需要报到现场缴纳2015年度会员费2000元。

四、食宿安排

（一）食宿自理，食宿标准：每人200元/每天。

（二）赛会推荐住宿地点：清华大学高培公寓。

（三）用餐及标准：餐标每人80元／天。

五、比赛用球

（一）本次比赛用球由天龙网球有限公司提供。

（二）网球型号：TELOON POUND 4粒球装 黑色桶，价格25元一桶。

六、领队、教练员联席会

（一）时间：2015年5月22日（星期五）19:30。

（二）地点：清华大学体育中心二楼会议室举行。

七、竞赛办法：（见2014—2015中国大学生网球联赛竞赛规程）。

八、录取名次和奖励：录取前八名并颁发奖杯及证书。

九、申诉与纪律：按照本届联赛竞赛规程的规定执行。

十、未尽事宜

以2014—2015全国大学生网球联赛竞赛规程为准，本通知的解释权和修改权属本届联赛组委会。

中国大学生体育协会网球分会

2015年4月10日

关于召开领队、教练员联席会的补充通知

各参赛学校：

经竞赛委员会协商，报到时间：5月22日（星期五）13:00—16:00，领队、教练员联席会会议时间改为：16:30，地点不变。

特此通知！

中国大学生体育协会网球分会

2015年5月6日

北京分区赛　日程安排

23日08:30

1.男子甲组团体赛13所学校分4组，第一阶段采用单循环，打满3场（单、单、双）。

2.女子甲组团体赛9所学校分2组，第一阶段采用单循环，打满3场（单、单、双）。

3.女子乙组团体赛4所学校单循环，打满3场（单、单、双）。

4.男子乙组团体赛3所学校单循环，打满3场（单、单、双）。

23日12:30

男子丙组团体赛3所学校采用单循环，打满3场（单、单、双）。

23日13:00

女子丙组团体赛3所学校采用单循环，打满3场（单、单、双）。

24日08:30

1.男子甲组团体赛第二阶段采用交叉淘汰附加赛。

2.女子甲组团体赛第二阶段小组前2名采用交叉淘汰附加赛，

小组第3、4名采用同名次赛。

（三）2015—2016中国大学生网球联赛

网球联赛竞赛规程

一、批准单位：中国大学生体育协会

二、主办单位：中国大学生体育协会网球分会

三、比赛地点、时间和承办单位

（一）分区赛：2015年11月至2016年6月

比赛地点	时间	承办单位
1.广州分区赛	2015年12月25—29日	华南理工大学
2.成都分区赛	2016年04月08—10日	四川大学
3.武汉分区赛	2016年04月22—24日	武汉理工大学
4.昆明分区赛	2016年04月22—24日	昆明理工大学
5.温州分区赛	2016年05月06—08日	温州科技职业学院温州大学
6.西安分区赛	2016年05月20—23日	西安建筑科技大学
7.大连分区赛	2016年05月20—23日	辽宁师范大学
8.北京分区赛	2016年05月27—29日	清华大学

（二）中国大学生网球联赛分区赛区域划分

1.广州分区赛 广东 福建 海南 香港 澳门

2.成都分区赛 四川 重庆 西藏

3.武汉分区赛 湖北 江西 湖南 安徽

4.昆明分区赛 云南 贵州 广西

5.温州分区赛 上海 江苏 浙江

6.西安分区赛 陕西 山西 河南 甘肃 宁夏 青海 新疆

7.大连分区赛 辽宁 吉林 黑龙江

8.北京分区赛 北京 天津 河北 山东 内蒙古

（三）中国大学生网球联赛总决赛（锦标赛）

1.承办单位：待定

2.比赛时间：2016年7月

四、竞赛项目

1.分区赛：男、女（甲、乙、丙组）团体赛。

2.联赛总决赛：男、女（甲、乙、丙、丁组）团体、单打、双打。

五、参加单位：中国大学生体育协会网球分会会员单位。

六、参赛资格

（一）参赛运动员必须身体健康，须有医院体检证明（以校级以上医院在报名表上盖章为准），适合于网球运动。

（二）各参赛学校必须参加个人保险，报到时出具保险证明，签署安全风险责任承诺书，方可参赛。

（三）每位运动员只限参加一个组别的比赛，不得跨组分别参加比赛。

（四）港、澳地区高校学生参赛资格认证以居民身份证和回乡证为准。

（五）参赛运动员必须经高考录取并入学的普通高校全日制正式注册在校在籍的本科学生和研究生（不包括在职研究生）。

1.甲组

（1）普通高校非经高水平运动员招生渠道录取的考生。

（2）普通高校非经体育专业单独招生渠道录取的考生。

（3）普通高校非经六部委政策免试就读高等学校的优秀运动员。

（4）本科录取时符合第（1）和第（2）及第（3）款，正常录取的普通高校在校的研究生（不包括在职研究生）。

2.乙组

普通高校经高水平运动员招生渠道达到二本线和二本线65%录取的学生。

3.丙组

普通高校体育院系及体育院校（不含一级运动员及以上）的学生。

4.丁组

（1）普通高校经高水平运动员招生渠道单招的学生。

（2）普通高校体育院系及体育院校一级运动员及以上的学生（含所有体育类项目）。

（3）普通高校经六部委政策免试就读高等学校的优秀运动员。

5.成教、夜大、函授、培训班、短训班、大专、职高的学生均不能报名参赛。

七、网球分会运动员注册、报名与资格审查

（一）注册、报名

1.凡未在《大学网球竞赛管理系统》注册的运动员，请于报名前按注册要求，完成参赛运动员信息网上注册，并严格按照分组标准登记组别（学生组研究生按照本科的组别注册）。在报名截止前（以邮戳为准），向网球分会资格审查委员会邮寄学生组运动员材料。网球分会资格审查委员会对所报材料进行资格审查，不符合条件的运动员将通知到学校。

（1）高等学校入学审批表复印件（有注册运动员姓名的部分），如果是研究生，则提供入学通知书复印件，注明本科院校、专业。

（2）学生证复印件。

（3）身份证复印件（港、澳地区学生，身份证和回乡证复印件）。

2.所有学生运动员组别信息将在网球分会官网上公示，网球分会资格审查委员会接受并处理有关资格问题的投诉。

（1）赛前投诉，资格审查委员会查实后，将通知学生运动员所在学校进行更改并予以警告。

（2）为端正赛风，比赛期间，原则上不再受理运动员资格问题的投诉。特殊情况下，对在比赛中发现并查实有弄虚作假、违反资格规定者，一经查实，将按照《全国学生体育竞赛纪律处罚条例》进行处罚，并报中国大学生体育协会。

3.报名

凡未在《大学网球竞赛管理系统》报名的会员学校，不允许参赛。报名信息提交后，通过资格审查和财务审查（审查会费缴纳），打印报名表，盖学校公章、校医院章。

4.入会、注册、报名

李　辉　办公电话：＊＊＊＊＊＊手机：＊＊＊＊＊＊

邮　箱：******

5.资格审查委员会

刘上行　　电话：******　邮编：510632　收件人：刘上行

邮寄地址：广州市天河区黄埔大道西601号暨南大学体育部

（二）申诉费

根据教育部学生体育协会联合秘书处下发《关于统一全国学生单项体育比赛收费标准的通知》（教体秘[2012]16），凡对运动员资格有异议并提出申诉者，本着谁举报谁举证的原则，任何参赛单位提出申诉时，须向资格审查委员会和纪律监督委员会或仲裁委员会缴纳申诉费2000元，并向资格审查委员会提交由领队签字的书面申诉报告后方可受理，如胜诉则申诉费如数退还，败诉者将申诉费上缴赛会组委会。

（三）比赛保证金

根据教育部学生体育协会联合秘书处下发《关于统一全国学生单项体育比赛收费标准的通知》（教体秘[2012]16），为加强对参赛队伍的管理，保证赛会各项工作的顺利进行，各参赛队伍在报到时须交纳"比赛保证金"3000元。对在赛会期间未发生违纪违规行为的代表队（员），将在比赛结束时如数退还"比赛保证金"。如有以下违反大会纪律的现象出现，比赛保证金不予退还，并取消违规项目的所有比赛。本队其他项目比赛运动员如要参赛还应重新交纳比赛保证金后方允许参加后续比赛。

1.违反大会纪律，运动员资格不符等。

2.无故弃权（包括运动员因伤、因病弃权由大会指定医院开具证明，否则按无故弃权处理）。

3.违反"社会治安管理条例"、"全国学生体育竞赛纪律处罚规定"、"运动员守则"、"教练员守则"。

八、参赛办法

（一）已完成会费缴纳及学生运动员注册的学校按成都赛分区赛区域划分报名参加。

（二）参加联赛总决赛团体、单项赛资格将依据分区赛成绩及参赛高校数量决定。丁组直接参加联赛总决赛。

（三）甲、乙、丙组团体签位分配原则

1.各分区赛各组别冠、亚军获得联赛总决赛相应组别1个签位。

2.各组别余下的签位，将根据各分区赛各组别参赛高校数量，按从多到的顺序，根据名次，依次分配，直至达到联赛总决赛计划签位。

3.如同一组别参赛高校数量出现并列，则以所有组别参赛高校数量决定顺序，如仍并列，则抽签决定。

4.若承办单位未获得甲、乙、丙组（男、女）任一组别的团体签位，则承办单位可根据已取得的成绩，优先在最后一轮的分配中获得相应组别的一个签位。

5.联赛总决赛团体赛签位：甲组男、女各32签位，乙、丙组男、女各24签位，丁组男、女签位不限。

根据上述顺序，预计各轮分配签位情况如下：

轮次　甲组（32个签位）乙组/丙组（24个签位）

轮次	甲组		乙组/丙组		
1	8	各站冠军	8	8	各站冠军
2	8	各站亚军	8	8	各站亚军
3	6	6站季军	5	5	5站季军
4	6	6站第4名	3	3	3站第4名
5	4	4站第5名			

（四）联赛总决赛单项比赛分配原则

1.男、女甲组、乙组、丙组签位。

获得参加联赛总决赛团体赛资格的学校，可报所获得资格组别的单打两个签位、双打一个签位。未获得参加联赛总决赛团体赛资格、分区赛中取得前八名的学校，可获得一个组别的单打一个签位、双打一个签位。

2.男、女丁组签位不限。

（五）分区赛比赛全部结束后，将适时公布联赛总决赛甲、乙、丙组（男、女）参赛资格的学校，已获得参加联赛总决赛资格的学校必须在公布之后两周内通过报名确认是否参赛。

（六）如出现参加联赛总决赛资格弃权，未取得联赛总决赛资格的学校可向技术委员会提出递补申请，将由技术委员会根据申请学校所在分区赛参赛学校数量及获得的名次综合权衡后依次递补。

（七）参赛院校可报领队1名、教练员2—3名、工作人员1名、队医1名。

（八）各参赛院校可报男、女甲、乙、丙、丁组团体各一个队，每队可报运动员3—4名。

（九）参加联赛总决赛男、女单、双打的运动员，必须是参加分区赛学生（丁组除外），不得兼项。

（十）参加丁组团体赛的运动员至少有1人符合丁组资格，其他人可由甲、乙、丙组人员组成。

九、分区赛团体赛竞赛办法

1.第一阶段分组单循环赛，视参赛队数确定组数，小组团体赛必须打满三场，如一场弃权，视为全场弃权。

2.第二阶段为交叉淘汰赛，视分组情况。

（1）若分两组，各小组取前两名，即A组第一名对B组第二名，B组第一名对A组第二名，胜者决1—2名，负者决3—4名。小组第三、四名进行同名次赛，决5~8名。

（2）若分四组，取小组前两名，即A组第一名对C组第二名，B组第一名对D组第二名，C组第一名对A组第二名，D组第一名对B组第二名，胜者决1—4名，负者决5—8名。

（3）若分八组，取小组第一名，采用交叉淘汰和附加赛决出1—8名，即A1 － B1、C1 － D1、E1 － F1、G1 － H1。

（4）团体比赛少于5队（含5队）的组别直接进行单循环赛，决出全部名次。

3.团体赛出场顺序为单打、单打、双打，团体赛必须由3人完成，单打运动员可兼双打，但一名运动员不能进行两场单打比赛。

4.比赛均采用一盘决胜（无占先）、平局决胜制（有占先），所有比赛可采取信任制的方式进行。（裁判长有权根据比赛情况更改赛制，但原则上同一轮次的赛制相同）

5.参赛运动员必须为原始报名人，不得顶替，一经发现取消全场比赛资格，并按《条例》处罚。

6.赛前5分钟各队将出场秩序表交裁判员，本场比赛运动员必须同时到场，双打比赛在第二单打比赛结束后5分钟内，可向裁判员提出换人。

7.小组赛名次确定如两个队胜次相等，胜队在前；如三个队（含3队）

以上胜次相等，以净胜场多者在前；再相等以净胜局多者在前；再相等以净胜分多者在前；再相等以抽签决定。

8.凡无故弃权的队则取消项目所得名次。

9.详细竞赛办法由分区赛依据以上原则视参赛规模、赛期等因素自定。

十、分区赛抽签方法和种子队的确定

（一）抽签方法

1.按承办单位通知要求，于赛前召开领队、教练员联席会议，会上进行现场抽签，由赛区组委会和裁判长主持抽签，如参赛队未按时出席抽签，由组委会监督代抽。

2.分区赛同地区的运动队平均抽签进入各个小组。

（二）种子队的确定

1.各组别均按上一届分区赛团体成绩确定种子队。

2.各组别如种子队缺席时，依据上一届分区赛成绩依次递补。

十一、录取名次与奖励

依照参赛的队数，决定录取名次并给予奖励，8队以上录取前八名，不足8队按实际名次录取。

十二、比赛监督、仲裁委员、裁判长、裁判员由承办单位或网球分会选派。

十三、经费

1.各参赛单位人员的差旅费、食宿费全部自理。

2.参赛人员费用标准：参赛人员每人每天食宿费200元。

3.参加分区赛的学校每人缴纳裁判聘请费100元。

4.参赛会员单位按规定在报名前完成向中国大学生体育协会缴纳2016年分会会费。

十四、报到日期、办法

（一）报到日期：按分区赛承办单位通知要求报到。

（二）参加分区赛报到时上交材料

1.学生证、身份证原件（港澳地区学生身份证和回乡证原件）。

2.教育部学生体育协会联合秘书处注册证原件或网上已通过注册审核的表格复印件。

3.保险证明原件。

十五、其他

1.采用中国网球协会审定的最新网球竞赛规则。

2.本规程未尽事宜由主办单位解释或及时增发补充通知，参见各承办单位适时下发的参赛须知。

3.大会竞赛委员会有权调整赛程，比赛中裁判长有权临时变更比赛场地和时间。

4.比赛用球，参见各承办单位下发的参赛通知。

5.请各参赛学校报到时交一面2号校旗和一百字左右的本校介绍到大会组委会。

6.网球分会官网是网球分会唯一官方授权信息发布网站。

7.竞赛规程、有关通知等信息查询请登录网球分会官网。

8.联系地址及电话：参见承办单位通知。

2015/2016中国大学生网球联赛

组织委员会

2015年10月29日

中国大学生网球联赛各省参赛学校统计

1282人（男746人 女536人）

163所学校　6组别　337支团体队27省参赛

广东省　福建省　香港特区　澳门特区　四川省　重庆市　云南省

广西壮族自治区　湖北省　江西省　上海市　浙江省　江苏省　辽宁省

黑龙江　吉林省　陕西省　河南省　山西省　宁夏回族自治区甘肃省

新疆区　北京市　天津市　河北省　山东省　内蒙古自治区

6省（区）未参赛

青海省　湖南省　安徽省　贵州省　海南省　西藏自治区

广州分区赛

19所　42队　4省（区）155人（男83人 女72人）

男子甲组：12队　男子乙组：2队　男子丙组：9队

女子甲组：11队　女子乙组：3队　女子丙组：5队

成都分区赛

21所　54队　2省（市）207人（男121人 女86人）

男子甲组：12队　男子乙组：6队　男子丙组：13队

女子甲组：7队　女子乙组：6队　女子丙组：10队

昆明分区赛

16所　30队　2省（区）117人（男67人 女50人）

男子甲组：7队　男子乙组：2队　男子丙组：8队

女子甲组：5队　女子乙组：2队　女子丙组：6队

武汉分区赛

19所　36队　2省（市）139人（男74人 女65人）

男子甲组：10队　男子乙组：2队　男子丙组：7队

女子甲组：7队　女子乙组：2队　女子丙组：8队

温州分区赛

28所　59队　3省（市）221人（男130人 女91人）

男子甲组：19队　男子乙组：7队　男子丙组：8队

女子甲组：13队　女子乙组：7队　女子丙组：5队

大连分区赛

19所　32队　3省（市）117人（男人75 女42人）

男子甲组：11队　男子乙组：3队　男子丙组：6队

女子甲组：4队　女子乙组：3队　女子丙组：5队

西安分区赛

21所　45队　6省（市）175人（男107人 女68人）

男子甲组：14队　男子乙组：3队　男子丙组：11队

女子甲组：8队 女子乙组：3队 女子丙组：6队

北京分区赛

20所 39队 5省（市）151人（男89人 女62人）

男子甲组：15队 男子乙组：4队 男子丙组：4队

女子甲组：11队 女子乙组：3队 女子丙组：2队

参赛学校统计

男子甲组：100队 男子乙组：29队 男子丙组：66队

女子甲组：66队 女子乙组：29队 女子丙组：47队

四川省（14所）

四川大学 四川师大 成都理工 成都工业 成都信息
成都职业 成都体院 西南科大 西南医大 西南财大
西南石油 西华大学电子科大 乐山师大

浙江省（13所）

浙江大学 浙江师大 浙江财大 浙江传媒浙江理工
浙江科技 杭州师大 温州医大 温州大学 中国计量
宁波大学 浙江水电 浙江财大东方学院

北京市（13所）

北京大学 北京理工 北京化大 北京体大 北京师大
北京农院北京交大 中央民大 人民大学 国际关系
对外经贸 华北电力 清华大学

广东省（13所）

广东外贸 广东石化 广东医学 广东海洋 华南农大
华南理工 华南师大 中山大学 暨南大学 深圳大学
仲恺农业 五邑大学 嘉应学院

湖北省（12所）

湖北工大 湖北文理 华中科大 中南政法 中国地质
武汉体院 武汉大学 武汉理工 武汉工程 江汉大学

长江大学　武体体科学院

辽宁省（12所）

辽宁师大　辽宁工程　大连医大　大连交大　大连理工

大连东软　大连工大　东北大学　沈阳师大　沈阳建大

沈阳化大　沈阳理工

云南省（11所）

云南大学　云南民大　云南师大　云南财大　云师商学院

昆明医大　昆明理工　昆明学院　曲靖师院　玉溪师院

梧州学院

陕西省（10所）

陕西师大　西安交大　西安体院　西安建科　西安电科

西安理工　西北工大　西北农林　长安大学　陕西中医药

江苏省（10所）

江苏科大　南京农大　南京工程　南京师大　南京工大

中国矿大　盐城工院　东南大学　苏州大学　西交利物浦

江西省（7所）

江西财大　江西农大　江西警院　九江学院　华东交大

南昌大学　南大科技学院

重庆市（7所）

重庆大学　重庆师大　重庆理工　重庆科技　长江师院

西南政法　西南大学

上海市（5所）

上海大学　上海财大　上海交大　上海体院　华东理工

黑龙江省（6所）

佳木斯大学　哈体院　哈商大　哈工程　八一农垦　黑河学院

广西壮族自治区（5所）

广西大学　广西医大　广西民大　桂林电科　桂林航院

河南省（5所）

河南大学　河南师大　郑州大学　中原工院　周口师院

天津市　（3所）天津大学　天津外语　仁爱学院

福建省 （3所）集美大学　厦门大学　三明学院

山西省 （2所）山西大学　大同大学

河北省 （2所）防灾科技　燕山大学

香港特区 （2所）香港城市　香港理工

宁夏回族自治区（2所）宁夏大学　北方民大

山东省 （1所）济南大学

新疆维吾尔自治区 （1所）新疆大学

甘肃省 （1所）兰州理工

吉林省 （1所）长春师大

澳门特区 （1所）澳门大学

内蒙古自治区（1所）内蒙古农大

各省参赛学校统计

1282人（男746人 女536人）

163所学校　6组别　237支团体队27省参赛

赛区	学校	男甲	女甲	男乙	女乙	男丙	女丙	总计
广州区	19所	12队	11队	2队	3队	09队	05队	42队
昆明区	16所	07队	05队	2队	2队	08队	06队	30队
温州区	28所	19队	13队	7队	7队	08队	05队	59队
成都区	21所	12队	07队	6队	6队	13队	10队	54队
武汉区	19所	10队	07队	2队	2队	07队	08队	36队
北京区	20所	15队	11队	4队	3队	04队	02队	39队
西安区	21所	14队	08队	3队	3队	11队	06队	45队
大连区	19所	11队	04队	3队	3队	06队	05队	32队
总　计	163所	100队	66队	29队	29队	66队	47队	237队

获得联赛总决赛团体赛（单项赛）签位学校

甲、乙、丙组团体签位分配原则（摘选竞赛规程）

1.各分区赛各组别冠、亚军获得联赛总决赛相应组别1个签位。

2.各组别余下的签位，将根据各分区赛各组别参赛高校数量，按从多到少的顺序，根据名次，依次分配，直至达到联赛总决赛计划签位。

3.如同一组别参赛高校数量出现并列，则以所有组别参赛高校数量决定顺序，如仍并列，则抽签决定。

4.若承办单位未获得甲、乙、丙组（男、女）任一组别的团体签位，则承办单位可根据已取得的成绩，优先在最后一轮的分配中获得相应组别的一个签位。

5.联赛总决赛团体赛签位：甲组男、女各32签位，乙、丙组男、女各24签位，丁组男、女签位不限。

根据上述顺序，预计各轮分配签位情况如下：

轮次	甲组	（32个签位）	乙组/丙组		（24个签位）
1	8	各站冠军	8	8	各站冠军
2	8	各站亚军	8	8	各站亚军
3	6	6站季军	5	5	5站季军
4	6	6站第4名	3	3	3站第4名
5	4	4站第5名			

联赛总决赛单项比赛分配原则（摘选竞赛规程）

1.男、女甲组、乙组、丙组签位。

获得参加联赛总决赛团体赛资格的学校，可报所获得资格组别的单打两个签位、双打一个签位。未获得参加联赛总决赛团体赛资格、分区赛中取得前八名的学校，可获得一个组别的单打一个签位、双打一个签位。

2.男、女丁组签位不限。

分区赛参赛组别统计

赛区	学校	总数	男甲	女甲	男乙	女乙	男丙	女丙
温州	28	59	19	13	07	07	08	05
成都	21	54	12	07	06	06	13	10
西安	21	45	14	08	03	03	11	06
广州	19	42	12	11	02	03	09	05
北京	20	39	15	11	04	03	04	02
武汉	19	38	10	07	02	02	07	08

大连	19	32	11	04	03	03	06	05
昆明	16	30	07	05	02	02	08	06
总计：	163	337	100	66	29	29	66	47

获得联赛总决赛团体（单项赛）签位的学校
广州分区赛

男子甲组 冠　军 香港城市大学　　　　　亚　军 澳门大学
　　　　　第三名 五邑大学　　　　　　　第四名 华南师范大学（弃权）
承办校 华南理工大学
女子甲组 冠　军 暨南大学　　　　　　　亚　军 五邑大学
　　　　　第三名 华南农业大学（弃权）第四名 厦门大学
男子乙组 冠　军 香港理工大学　　　　　亚　军 暨南大学
女子乙组 冠　军 香港理工大学　　　　　亚　军 香港城市大学
　　　　　第三名 暨南大学
男子丙组 冠　军 华南理工大学　　　　　亚　军 集美大学
　　　　　第三名 深圳大学
女子丙组 冠　军 华南理工大学　　　　　亚　军 集美大学
暨南大学 女甲　男乙　女乙　　　　　华南理工 男甲　男丙　女丙
五邑大学 男甲　女甲　　　　　　　　华南农大 女甲（弃权）
华南师大 男甲（弃权）　　　　　　　集美大学 男丙　女丙
香港城市 男甲　女乙　　　　　　　　香港理工 男乙　女乙
深圳大学 男丙　　　　　　　　　　　厦门大学 女甲
澳门大学 男甲
男甲5队 女甲3队 男乙2队 女乙3队 男丙3队 女丙2队

成都分区赛

男子甲组 冠　军 西南财经大学　　　　　亚　军 重庆大学
　　　　　第三名 四川师范大学　　　　　第四名 重庆理工大学
承办校 四川大学
女子甲组 冠　军 重庆科技学院　　　　　亚　军 西南政法大学

第三名　西南石油大学　　　　第四名 电子科技大学（弃权）

男子乙组 冠　军 重庆大学　　　　　亚　军 西南财经大学

第三名　四川大学　　　　第四名 西南石油大学

女子乙组 冠　军 西南财经大学　　　　亚　军 西南大学

第三名 重庆大学　　　　第四名 四川大学（承办校）

男子丙组 冠　军 西南大学　　　　　亚　军 重庆大学

第三名 重庆师范大学　　　　第四名 成都体育学院

承办校 四川大学（第五名）

女子丙组 冠　军 重庆师范大学　　　　亚　军 重庆大学

第三名 西南大学　　　　第四名 成都体育学院

重庆大学 男甲　男乙　女乙　男丙　女丙

四川大学 男甲　男乙　女乙　男丙

西南财大 男甲　男乙　女乙　　　　西南石油 女甲　男乙

电子科大 女甲（弃权）　　　　成都体院 女丙

西南大学 女乙　男丙　女丙　　　　重庆师大 男丙　女丙

四川师大 男甲　　　　　重庆理工 男甲

西南政法 女甲　　　　　重庆科技女甲

男甲5队 女甲4队 男乙4队 女乙3队 男丙4队 女丙4队

昆明分区赛

男子甲组 冠　军 桂林航天工业学院　　　　亚　军 昆明理工大学

女子甲组 冠　军 广西医科大学　　　　亚　军 昆明医科大学

承办校 昆明理工大学（弃权）

男子乙组 冠　军 桂林电子科技大学　　　　亚　军 云南财经大学

女子乙组 冠　军 桂林电子科技大学　　　　亚　军 云南财经大学

男子丙组 冠　军 云南师范大学　　　　亚　军 玉溪师范学院

第三名 广西民族大学

女子丙组 冠　军 云南师范大学　　　　亚　军 玉溪师范学院

第三名 广西民族大学

桂林电子 女乙　男乙（弃权）昆明理工 男甲　女甲（弃权）

云南师大 男丙　女丙　　　　　云南财大 男乙　女乙

玉溪师院 男丙　女丙　　　　　广西民大 男丙　女丙

昆明医大 女甲　　　　　　　　云南大学 女甲

广西医大 女甲　　　　　　　　桂林航天 男甲

男甲3队 女甲3队 男乙2队 女乙2队 男丙3队 女丙3队

武汉分区赛

男子甲组 冠　军 江西警察学院　　　　亚　军 武汉大学

　　　　　第三名 武汉工程大学　　　　第四名 江西农业大学

承办校 武汉理工大学

女子甲组 冠　军 南昌大学科学技术学院　亚　军 武汉理工大学

　　　　　第三名 湖北工业大学　　　　第四名 华中科技大学

男子乙组 冠　军 江西财经大学　　　　亚　军 武汉理工大学

女子乙组 冠　军 江西财经大学　　　　亚　军 武汉理工大学

男子丙组 冠　军武汉体育学院（弃权）　亚　军 华东交通大学

女子丙组 冠　军江汉大学　　　　　　亚　军 华东交通大学

　　　　　第三名 武汉体育学院（弃权）第四名 九江学院（弃权）

武汉体院 男丙（弃权）女丙（弃权）　九江学院 女丙（弃权）

武汉理工 男甲　女甲　男乙　女乙　　江西财大 男乙　女乙

华东交大 男丙　女丙　　　　　　　武汉大学 男甲

江汉大学 女丙　　　　　　　　　　武汉工程 男甲

华中科大 女甲　　　　　　　　　　湖北工大 女甲

江西农大 男甲　　　　　　　　　　江西警院 男甲

南大科技 女甲

男甲5队 女甲4队 男乙2队 女乙2队 男丙2队 女丙4队

温州分区赛

男子甲组 冠　军 浙江财大东方学院（弃权）亚　军 浙江科技学院

　　　　　第三名 浙江水利水电学院（弃权）第四名 温州医科大学（弃权）

承办校 温州大学（弃权）

女子甲组 冠　军 浙江传媒学院　　　　　亚　军 南京工业大学（弃权）
　　　　　第三名 温州医科大学（弃权）　第四名 浙江财经大学
　　　　　第五名 上海财经大学

男子乙组 冠　军 浙江大学　　　　　　　亚　军 南京农业大学
　　　　　第三名 上海财经大学　　　　　第四名 上海大学

女子乙组 冠　军 浙江大学　　　　　　　亚　军 上海财经大学
　　　　　第三名 上海交通大学　　　　　第四名 华东理工大学
　　　　　第五名 上海大学

男子丙组 冠　军 宁波大学　　　　　　　亚　军 杭州师范大学
　　　　　第三名 上海体育学院（弃权）

承办校 温州大学（弃权）

女子丙组 冠　军 宁波大学　　　　　　　亚　军 上海体育学院（弃权）
　　　　　第三名 浙江师范大学（弃权）　第四名 温州大学（弃权）

温州大学 男甲（弃权）男丙（弃权）女丙（弃权）

上海体院 男丙（弃权）女丙（弃权）浙江水电 男甲（弃权）

温州医大 男甲（弃权）女甲（弃权）东方学院 男甲（弃权）

上海财大 女甲　男乙　女乙　　　　　　上海大学 男乙　女乙

浙江大学 男乙　女乙　　　　　　　　　宁波大学 男丙　女丙

浙江师大 女丙（弃权）　　　　　　　　上海交大 女乙

南京工大 女甲（弃权）　　　　　　　　华东理工 女乙

浙江财大 女甲　　　　　　　　　　　　浙江传媒 女甲

浙江科技 男甲　　　　　　　　　　　　杭州师大 男丙

南京农大 男乙

男甲5队 女甲5队 男乙4队 女乙5队 男丙4队 女丙4队

西安分区赛

男子甲组

冠　军 郑州大学　　　　　　　　　　　亚　军 西安交通大学

第三名 中原工学院　　　　　　　　　　第四名 长安大学

承办校 西安建筑科技大学（弃权）

女子甲组

冠　军　西北农林科技大学　　　　　　　亚　军　西安交通大学

第三名　西安电子科技大学　　　　　　　第四名　兰州理工大学（弃权）

承办校　西安建筑科技大学（弃权）

男子乙组

冠　军　西北农林科技大学　　　　　　　亚　军　西安建筑科技大学

第三名　郑州大学

女子乙组

冠　军　西北农林科技大学　　　　　　　亚　军　西安建筑科技大学

第三名　郑州大学

男子丙组

冠　军　山西大学　　　　　　　　　　　亚　军　宁夏大学

第三名　西安体育学院

女子丙组

冠　军　陕西师范大学　　　　　　　　　亚　军　山西大学

第三名　西安体育学院

西安建大　男乙　女乙　男甲（弃权）女甲（弃权）

西北农林　女甲　男乙　女乙　　　　　　西安交大　男甲　女甲

郑州大学　男甲　男乙　女乙　　　　　　西安体院　男丙　女丙

山西大学　男丙　女丙　　　　　　　　　兰州理工　女甲（弃权）

陕西师大　女丙　　　　　　　　　　　　西安电子　女甲

长安大学　男甲　　　　　　　　　　　　中原工院　男甲

河南师大　男丙　　　　　　　　　　　　宁夏大学　男丙

男甲5队 女甲5队 男乙3队 女乙3队 男丙4队 女丙3队

大连分区赛

男子甲组 冠　军　大连医科大学　　　　　亚　军　大连交通大学（弃权）

女子甲组 冠　军　大连医科大学　　　　　亚　军　哈尔滨商业大学

男子乙组 冠　军　哈尔滨商业大学　　　　亚　军　沈阳建筑大学

　　　　　第三名　沈阳化工大学（弃权）

女子乙组 冠 军 哈尔滨商业大学　　　亚 军 东北大学

男子丙组 冠 军 哈尔滨体育学院　　　亚 军 长春师范大学

女子丙组 冠 军 辽宁师范大学　　　　亚 军 大连理工大学

哈商大　女甲　男乙　女乙　　　　　大连医大　男甲　女甲

大连交大　男甲（弃权）　　　　　　沈阳化工　男乙（弃权）

哈体院　男丙　　　　　　　　　　　大连理工　女丙

大连工大　女甲　　　　　　　　　　东北大学　女乙

沈阳建大　男乙　　　　　　　　　　辽宁师大　女丙

长春师大　男丙

男甲3队 女甲3队 男乙3队 女乙2队 男丙2队 女丙2队

北京分区赛

男子甲组 冠 军 清华大学　　　　　　亚 军 北京大学

　　　　第三名 内蒙古农业大学　　　第四名 国际关系学院

女子甲组 冠 军 中国人民大学（弃权）亚 军 国际关系学院

　　　　第三名 对外经济贸易大学　　第四名 天津大学（弃权）

　　　　第五名 清华大学（承办校）

男子乙组 冠 军 中国人民大学　　　　亚 军 中央民族大学

　　　　第三名 北京化工大学　　　　第四名 天津外国语大学

女子乙组 冠 军 中央民族大学　　　　亚 军 中国人民大学

　　　　第三名 北京化工大学

男子丙组 冠 军 北京体育大学　　　　亚 军 北京师范大学

女子丙组 冠 军 北京师范大学　　　　亚 军 北京体育大学

人民大学　男乙　女乙　女甲（弃权）

清华大学　男甲　女甲　　　　　　　国关学院　男甲　女甲

北京化工　男乙　女乙　　　　　　　中央民大　男乙　女乙

北京体大　男丙　女丙　　　　　　　北京师大　男丙　女丙

天津大学　女甲（弃权）　　　　　　北京大学　男甲

对外经贸　女甲　　　　　　　　　　天津外语　男乙

　内蒙古农大　男甲

男甲4队　女甲5队　男乙4队　女乙3队　男丙2队　女丙2队

　　仅获得联赛总决赛单项赛签位的学校报名参加锦标赛，未获得参加联赛总决赛团体赛资格、分区赛中取得前八名的学校，可获得一个组别的单打一个签位、双打一个签位。

广州分区赛

男子甲组　第五名　华南农业大学　　　　第六名　广东医学院
　　　　　第七名　香港理工大学　　　　第八名　中山大学
女子甲组　第五名　广东医学院　　　　　第六名　华南师范大学
　　　　　第七名　中山大学　　　　　　第八名　广东外语外贸大学
男子丙组　第四名　广东海洋大学　　　　第五名　华南师范大学
　　　　　第六名　三明学院　　　　　　第七名　广东石油化工学院
　　　　　第八名　暨南大学
女子丙组　第三名　深圳大学　　　　　　第四名　华南师范大学
　　　　　第五名　广东石油化工学院
男子乙组　女子乙组
华南师大　女甲　男丙　女丙　　　　　　中山大学　男甲　女甲
广东医学　男甲　女甲　　　　　　　　　广东石化　男丙　女丙
深圳大学　女丙　　　　　　　　　　　　广东海洋　男丙
华南农大　男甲　　　　　　　　　　　　暨南大学　男丙
外语外贸　女甲　　　　　　　　　　　　三明学院　男丙
香港理工　男甲
广东医大　男甲单1人　男甲双1对　女甲单1人　女甲双1对
中山大学　男甲单1人　男甲双1对　女甲单1人　女甲双1对
暨南大学　男丙单1人　男丙双1对
广东海洋　男丙单1人　男丙双1对
三明学院　男丙单1人　男丙双1对
华南理工　男甲单1人
香港城市　女乙单2人

成都分区赛

男子甲组 第五名 电子科技大学　　　　　第六名 重庆科技学院
　　　　　第七名 成都信息工程学院　　　第八名 西南石油大学
女子甲组 第五名 重庆理工大学　　　　　第六名 成都信息工程学院
男子乙组 第五名 西南大学　　　　　　　第六名 电子科技大学
女子乙组 第五名 西南石油大学　　　　　第六名 电子科技大学
男子丙组 第六名 乐山师范学院　　　　　第七名 西南医科大学
　　　　　第八名 成都理工大学
女子丙组 第五名 四川师范大学　　　　　第六名 西南医科大学
　　　　　第七名 成都工业学院　　　　　第八名 西南科技大学

电子科大　男甲　男乙　女乙　　　　西南石油　男甲　女乙
西南医大　男丙　女丙　　　　　　　成都信息　男甲　女甲
四川师大　女丙　　　　　　　　　　成都理工　男丙
成都工业　女丙　　　　　　　　　　成都体院　男丙
西南科大　女丙　　　　　　　　　　乐山师院　男丙
西南大学　男乙　　　　　　　　　　重庆理工　女甲
重庆科技　男甲

电子科大　男甲双1对　　男乙单1人　　男乙双1对　　　女乙单1人
成都信息　男甲单1人　　男甲双1对　　女甲单1人
乐山师院　男丙单1人　　男丙双1对
成都理工　男丙单1人　　男丙双1对
西南大学　男乙单1人　　男乙双1对
重庆科技　男甲单1人　　男甲双1对
西南石油　女乙单1人　　女乙双1对
重庆理工　女甲双1对
四川大学　女丁单1人
四川师大　女丙单1人

昆明分区赛

男子甲组 第三名 广西大学　　　　　　　第四名 广西医科大学

第五名　云南财经大学　　　　第六名　昆明医科大学

第七名　梧州学院

女子甲组　第三名　云南大学　　　　第四名　桂林电子科技大学

男子丙组　第四名　云南师大商学院　　第五名　曲靖师范学院

第六名　昆明学院　　　　第七名　云南大学

第八名　云南民族大学

女子丙组　第四名　曲靖师范学院　　　第五名　昆明学院

第六名　云南师大商学院

男子乙组　女子乙组

昆明学院 男丙　女丙　　　　　　曲靖师院 男丙　女丙

云南大学 男丙　　　　　　　　　梧州学院 男甲

云南民大 男丙　　　　　　　　　云南财大 男甲

昆明医大 男甲　　　　　　　　　广西医大 男甲

云师商学院 男丙　　　　　　　　女丙桂林电子 女甲

昆明学院 男丙单1人　　　　　　男丙双1对　女丙双1对

曲靖师院 男丙单1人　　　　　　男丙双1对

云南财大 男甲单1人

广西医大 男甲双1对

桂林电子 男丁单1人

武汉分区赛

男子甲组　第五名　华中科技大学　　第六名　中国地质大学（武汉）

第七名　南大科技学院

女子甲组　第五名　江西农业大学　　　第六名　武汉大学

第七名　中国地质大学（武汉）　第八名　中南财经政法大学

男子丙组　第三名　南昌大学　　　　　第四名　武体体科学院

第五名　江汉大学　　　　第六名　九江学院

第七名　湖北文理学院

女子丙组　第五名　南昌大学　　　　　第六名　湖北文理学院

第七名　长江大学　　　　第八名　武体体科学院

男子乙组　女子乙组

湖北文理	男丙　女丙		中国地质	男甲　女甲
武体体科	男丙　女丙		南昌大学	男丙　女丙
武汉大学	女甲		江汉大学	男丙
长江大学	女丙		华中科大	男甲
中南政财	女甲		南大科技	男甲
九江学院	男丙		江西农大	女甲

武汉大学　女甲双1对

武汉理工　男乙单1人　女丁单1人

南大科技　男甲单1人　男甲双1对

温州分区赛

男子甲组　第五名　上海财经大学　　　第六名　中国计量大学
　　　　　第七名　浙江财经大学　　　第八名　浙江理工大学

女子甲组　第六名　浙江财大东方学院　第七名　浙江师范大学
　　　　　第八名　盐城工学院

男子乙组　第五名　上海交通大学　　　第六名　华东理工大学
　　　　　第七名　南京师范大学

女子乙组　第六名　中国矿业大学　　　第七名　南京农业大学

男子丙组　第四名　南京师范大学　　　第五名　浙江师范大学
　　　　　第六名　中国矿业大学　　　第七名　江苏科技大学

女子丙组　第五名　南京师范大学

南京师大	男乙　男丙　女丙	浙江师大	女甲　男丙
中国矿大	女乙　男丙	上海财大	男甲
上海交大	男乙	华东理工	男乙
浙江财大	男甲	浙江理工	男甲
中国计量	男甲	东方学院	女甲
盐城工院	女甲	江苏科大	男丙
南京农大	女乙		

中国矿大　男丙单1人　男丙双1对　女乙单1人

中国地质　男甲单1人　　男甲双1对　女甲单2人

华东理工　男乙单1人　　男乙双1对

浙江师大　男丙单1人　　男丙双1对

南京农大　女乙单1人

南京农大　女乙单1人

西安分区赛

男子甲组　第五名　西北工业大学　　　　　第六名　河南大学

　　　　　第七名　西安电子科技大学　　　第八名　西北农林科技大学

女子甲组　第五名　西北工业大学　　　　　第六名　陕西中医药大学

　　　　　第八名　中原工学院

男子丙组　第四名　河南师范大学　　　　　第五名　河南大学

　　　　　第六名　长安大学　　　　　　　第七名　陕西师范大学

　　　　　第八名　周口师范学院

女子丙组　第四名　宁夏大学　　　　　　　第五名　河南大学

　　　　　第六名　周口师范学院

男子乙组　　女子乙组

河南大学　男甲　男丙　女丙　　　　　　　西北工大　男甲女甲

周口师院　男丙　女丙　　　　　　　　　　长安大学　男丙

陕西师大　男丙　　　　　　　　　　　　　西北农林　男甲

西安电子　男甲　　　　　　　　　　　　　中原工院　女甲

宁夏大学　女丙　　　　　　　　　　　　　陕西中医药　女甲

周口师院　男丙单1人　　男丙双1对　女丙单1人　女丙双1对

长安大学　男丙单1人　　男丙双1对

陕西师大　男丙单1人　　男丙双1对

西北农林　男甲单1人　　男甲双1对

河南大学　女丙单1人　　女丙双1对

中原工院　女甲单1人　　女甲双1对

郑州大学　女丙单1人

宁夏大学　女丙单1人

三、分区赛情况

（一）分区赛总结

从2009年到2012年当时的锦标赛规模呈上升趋势，一所学校承办锦标赛已十分的困难。2013年网球分会第五届委员会再次提出锦标赛的改革问题，在2013年第十八届锦标赛结束后，推出中国大学生网球联赛，并于当年11月广东省大学生网球赛作为联赛的第一站。

全国设八个赛区，八个赛区以高校较为集中的大中城市为主，按地域远近等划分。当年的联赛是以单独的赛事而举办的，是一项跨年度的比赛，即2013/2014中国大学生网球联赛，联赛总决赛在2014年十一国庆假期举行。

2015年又将联赛与锦标赛合二为一作为一项赛事，形容为两块牌子一套人马，也就是说对外称为："2014/2015中国大学生网球联赛"和"第二十一届全国大学生网球锦标赛"。参赛学校必须先参加联赛，获得了锦标赛的签位后才能参加锦标赛，这种竞赛模式一直延续到现在。

2017年联赛归入到锦标赛之中，将锦标赛分为两个阶段举行。第一阶段按原联赛的形式全国仍分八个赛区，赛会正式名称为："中国大学生网球锦标赛分区赛"；第二阶段为"中国大学生网球锦标赛总决赛"。表2-14为联赛系列名称演变。

表2-14 大学生网球赛联赛系列名称演变

时间	联赛名称	对应锦标赛届次
2013—2014年	2013/2014中国大学生网球联赛	2014年第19届"全国大学生网球赛"
2014—2015年	2014/2015年中国大学生网球联赛	2015年第20届"中国大学生网球锦标赛"
2015—2016年	2015/2016年中国大学生网球联赛	2016年第21届"中国大学生网球锦标赛"

续表

时间	联赛名称	对应锦标赛届次
2016—2017年	第22届中国大学生网球锦标赛分区赛	2017年第22届"中国大学生网球锦标赛"
2017—2018年	第23届中国大学生网球锦标赛分区赛	2018年第23届"中国大学生网球锦标赛"
2018—2019年	第24届中国大学生网球锦标赛分区赛	2019年第24届"中国大学生网球锦标赛"

由上表可知，从2016—2017年开始，大学生网球联赛首次以分区赛命名，改为"第22届中国大学生网球锦标赛分区赛"。所以，以下重点展示2016—2017年中国大学生网球锦标赛分区赛的举办情况。

比赛地点　　　　时间　　　　承办单位

华南赛区（广州）2016年12月19—23日　华南理工大学

华东赛区（宁波）2017年04月21—23日　宁波大学

华西赛区（重庆）2017年05月12—14日　重庆师范大学

华中赛区（武汉）2017年05月12—14日　武汉体院体育科技学院

西南赛区（昆明）2017年05月12—14日　昆明理工大学

西北赛区（西安）2017年05月12—14日　西安建筑科技大学

华北赛区（北京）2017年05月26—28日　北京化工大学

东北赛区（吉林）2017年06月02—04日　东北电力大学

各省参赛学校统计

1362人（男786人 女576人）

170所学校　6组别　353支团体队　27省参赛

广东省　福建省　香港特区　澳门特区　上海市　浙江省　江苏省

四川省　重庆市　云南省　广西壮族自治区　湖北省　江西省　安徽省

陕西省河南省　山西省　宁夏回族自治区　甘肃省　北京市　天津市

河北省　山东省　内蒙古自治区　黑龙江　辽宁省　吉林省

（6省未参赛）

海南省 青海省 湖南省 西藏自治区 贵州省 新疆维吾尔自治区

参赛组别统计

男子甲组：107队　男子乙组：31队　男子丙组：66队
女子甲组：078队　女子乙组：30队　女子丙组：41队

华东赛区 3省 33所 67队 261人 男147人 女114人
男子甲组：23队　男子乙组：08队　男子丙组：07队
女子甲组：17队　女子乙组：07队　女子丙组：05队

华南赛区 4省 20所 39队 150人 男85人 女65人
男子甲组：13队　男子乙组：02队　男子丙组：07队
女子甲组：09队　女子乙组：02队　女子丙组：06队

华西赛区 2省 25所 61队 240人 男135人 女105人
男子甲组：13队　男子乙组：06队　男子丙组：15队
女子甲组：11队　女子乙组：06队　女子丙组：10队

华北赛区 5省 20所 37队 144人 男86人 女58人
男子甲组：13队　男子乙组：04队　男子丙组：05队
女子甲组：09队　女子乙组：04队　女子丙组：02队

华中赛区 3省 19所 38队 148人 男89人 女59人
男子甲组：11队　男子乙组：02队　男子丙组：10队
女子甲组：09队　女子乙组：02队　女子丙组：04队

西南赛区 2省 16所 37队 141人 男76人 女65人
男子甲组：09队　男子乙组：03队　男子丙组：08队
女子甲组：09队　女子乙组：03队　女子丙组：05队

西北赛区 5省 19所 41队 154人 男94人 女60人
男子甲组：12队 男子乙组：03队 男子丙组：10队
女子甲组：08队 女子乙组：03队 女子丙组：05队

东北赛区 3省 18所 33队 124人 男74人 女50人
男子甲组：13队 男子乙组：03队 男子丙组：04队
女子甲组：06队 女子乙组：03队 女子丙组：04队

各赛区参赛学校/组别统计

赛区	参赛校	男甲	女甲	男乙	女乙	男丙	女丙	总计
华东赛区	33所	23队	17队	08队	07队	07队	05队	67队
华南赛区	20所	13队	09队	02队	02队	07队	06队	39队
华西赛区	25所	13队	11队	06队	06队	15队	10队	61队
华北赛区	20所	13队	09队	04队	04队	05队	02队	37队
华中赛区	19所	11队	09队	02队	02队	10队	04队	38队
西南赛区	16所	09队	09队	03队	03队	08队	05队	37队
西北赛区	19所	12队	08队	03队	03队	10队	05队	41队
东北赛区	18所	13队	06队	03队	03队	04队	04队	33队
总　计	170所	107队	78队	31队	30队	66队	41队	353队

浙江省 （16所）

浙江大学 浙江师大 浙江理工 浙江科技 浙江传媒
浙江财大 杭州师大 宁波大学 温州医大 中国计量
温州大学 浙财东方学院 水利水电学院 浙大宁波理工
宁波大红鹰学院 杭州师大钱江学院

四川省 （15所）

四川大学 四川师大 四川工大 成都理工 成都信息
成都职业 成都体院 西南科大 西南医大 西南财大
西南石油 西华大学 西华师大 电子科大 乐山师院

广东省 （13所）

广东工大　广东海洋　广东医大　广东石化　华南理工
华南师大　华南农大　暨南大学　五邑大学　外语外贸
仲恺农业　中山大学　广州体院

北京市 （12所）

北京大学　北京化工　北京体大　北京师大　北京交大
北京农院　人民大学　中央民大　国关学院　华北电力
对外经贸　清华大学

辽宁省 （11所）

辽宁师大　大连医大　大连交大　大连理工　大连工大
辽宁工程　沈阳师大　沈阳建大　沈阳化工　沈阳工大
东北大学

湖北省 （11所）

武汉大学　武汉理工　武汉工程　长江大学　中国地质
湖北工大　湖北文理　华中科大　江汉大学　中南政法
武体体科学院

云南省 （10所）

云南大学　云南民大　云南师大　云南财大　云南农大
昆明医大　昆明理工　昆明学院　曲靖师院　玉溪师院

重庆市 （10所）

重庆大学　重庆师大　重庆科技　重庆理工　重庆文理
重庆医大　西南政法　西南大学　长江师院　四川外语

陕西省 （9所）

西安交大　西安体院　西安建大　西安电子　西安理工
西北工大　西北农林　陕西师大　长安大学

江苏省 （9所）

南京师大　南京农大　南京工大　南京工程　东南大学
江苏科大　中国矿大　盐城工院　西交利物浦

上海市 （8所）

上海大学　上海交大　上海音乐　上海财大　上海外贸

华东理工　东华大学　同济大学

江西省（7所）

江西财大　江西师大　江西警院　南昌大学　南昌工程

华东交大　南昌大学科技学院

广西壮族自治区（6所）

广西大学　广西医大　广西民大　桂林电子　桂林航院　梧州学院

河南省（5所）

河南大学　河南师大　郑州大学　中原工院　周口师院

福建省（4所）

集美大学　厦门大学　三明学院　厦大嘉庚学院

黑龙江（4所）

哈尔滨商大　哈尔滨工程　八一农垦　黑河学院

河北省（3所）

华北科技　防灾科技　燕山大学

吉林省（3所）

吉林化工　吉林医药　东北电力

山西省（2所）

山西大学　山西大同大学

甘肃省（2所）

兰州理工　兰州交大

香港特区（2所）

香港城市　香港理工

天津市（2所）

天津外语　天大仁爱学院

山东省（2所）

济南大学　中国石油（华东）

宁夏回族自治区（1所）

宁夏大学

安徽省（1所）

安徽师大

澳门特区 （1所）

澳门大学

内蒙古自治区（1所）

内蒙古农大

华东赛区

承办单位：宁波大学

比赛时间：2017年4月21—23日

浙江省：（16所）

浙江大学　浙江师大　浙江理工　浙江科技　浙江传媒

浙江财大　浙江水电　杭州师大　宁波大学　中国计量

温州医大　温州大学　浙财东方学院　浙大宁波理工

杭师钱江学院　宁大大红鹰学院

江苏省：（9所）

江苏科大　南京师大　南京农大　南京工大　东南大学

南京工程　中国矿大　盐城工院　西交利物浦

上海市：（8所）

上海大学　上海交大　上海财大　上海外贸　上海音乐

华东理工　东华大学　同济大学

参赛校：33所

参赛队：67队　3省（市）261人（男147人　女114人）

男子甲组：23队　男子乙组：8队　男子丙组：7队

女子甲组：17队　女子乙组：7队　女子丙组：5队

华南赛区

承办单位：华南理工大学

比赛时间：2016年12月19—23日

广东省：（13所）

广东工大　广东海洋　广东医大　广东石化　暨南大学

华南理工　华南师大　华南农大　中山大学　五邑大学

广州体院 外语外贸 仲恺农业

（注：深圳大学弃赛。）

福建省：（4所）

集美大学 厦门大学 三明学院 厦门大学嘉庚学院

香港特区：（2所）

香港城市 香港中文

澳门特区：（1所）

澳门大学

海南省：（0所）

参赛校：20所

参赛队：39队 4省（区）150人（男85人 女65人）

男子甲组：13队 男子乙组：2队 男子丙组：7队

女子甲组：09队 女子乙组：2队 女子丙组：6队

华西赛区

承办单位：重庆师范大学

比赛时间：2017年5月12—14日

四川省：（15所）

四川大学 四川师大 四川工大 电子科大 西华师大

成都理工 成都体院 成都信息 成都职业 西华大学

西南石油 西南财大 西南医大 西南科大 乐山师院

重庆市：（10所）

重庆大学 重庆师大 重庆科技 重庆理工 重庆文理

重庆医大 西南政法 西南大学 长江师院 四川外语

西藏自治区：（0所）

参赛校：25所

参赛队：61队 2省（市）240人（男135人 女105人）

男子甲组：13队 男子乙组：6队 男子丙组：15队

女子甲组：11队 女子乙组：6队 女子丙组：10队

华北赛区

承办单位：北京化工大学

比赛时间：2017年5月26—28日

北京市：（12所）

北京大学　北京化工　北京体大　北京师大　北京交大

北京农院　人民大学　清华大学　中央民大　国关学院

华北电力　对外经贸

（注：清华大学女甲弃赛；北京师大男女甲组弃赛。）

河北省：（3所）

华北科技　防灾科技　燕山大学

天津市：（2所）

天津外语　天大仁爱学院

山东省：（2所）

济南大学　中国石油（华东）

内蒙古自治区：（1所）

内蒙古农大

参赛校：20所

参赛队：37队　5省（市）144人（男86人　女58人）

男子甲组：13队　男子乙组：4队　男子丙组：5队

女子甲组：09队　女子乙组：4队　女子丙组：2队

华中赛区

承办单位：武汉体育学院体育科技学院

比赛时间：2017年5月12—14日

湖北省：（11所）

武汉大学　武汉理工　武汉工程　华中科大　长江大学

湖北工大　湖北文理　中国地质　江汉大学　武体体科学院

中南财经政法大学

江西省：（7所）

江西财大　江西师大　江西警院　南昌大学　南昌工程

华东交大 南昌大学科技学院

安徽省：（1所）

安徽师大

湖南省：（0所）

参赛校：19所

参赛队：38队 3省（市）148人（男89人 女59人）

男子甲组：11队 男子乙组：2队 男子丙组：10队

女子甲组：09队 女子乙组：2队 女子丙组：04队

西南赛区

承办单位：昆明理工大学

比赛时间：2017年5月12—14日

云南省：（10所）

云南大学 云南农大 云南师大 云南财大 云南民大

昆明学院 昆明理工 昆明医大 曲靖师院 玉溪师院

广西壮族自治区：（6所）

广西医大 广西大学 广西民大 桂林电子 桂林航院

梧州学院

注：河池学院弃赛

贵州省：（0所）

参赛校：16所

参赛队：37队 2省（区）141人（男76人 女65人）

男子甲组：9队 男子乙组：3队 男子丙组：8队

女子甲组：9队 女子乙组：3队 女子丙组：5队

西北赛区

承办单位：西安建筑科技大学

比赛时间：2017年5月12—14日

陕西省：（9所）

西安建大 西安电子 西安交大 西安体院 西安理工

陕西师大　长安大学　西北工大　西北农林

河南省：（5所）

河南大学　河南师大　郑州大学　中原工院　周口师院

山西省：（2所）

山西大学　山西大同大学

甘肃省：（2所）

兰州理工　兰州交大

宁夏回族自治区：（1所）

宁夏大学

新疆维吾尔自治区　青海省：（0所）

参赛校：19所

参赛队：41队　5省（市）154人（男94人　女60人）

男子甲组：12队　男子乙组：3队　男子丙组：10队

女子甲组：08队　女子乙组：3队　女子丙组：05队

东北赛区

承办单位：东北电力大学

比赛时间：2017年6月3—4日

辽宁省：（11所）

辽宁师大　大连医大　大连交大　大连理工　大连工大

辽宁工程　沈阳师大　沈阳建大　沈阳化工　沈阳工大

东北大学

（注：沈阳理工弃赛东北大学女子乙组弃赛。）

黑龙江省：（4所）

哈尔滨工程　哈尔滨商大　八一农垦大学　黑河学院

吉林省：（3所）

吉林化工吉林医药　东北电力

参赛校：18所

参赛队：33队　3省（市）124人（男74人　女50人）

男子甲组：13队　男子乙组：3队　男子丙组：4队

女子甲组：06队　女子乙组：3队　女子丙组：4队

第22届中国大学生网球锦标赛分区赛成绩公告
华东赛区 成绩公告

男子甲组

第一名 浙江科技学院

第二名 浙江财经大学

第三名 温州医科大学

第四名 温州大学

第五名 上海财经大学

第六名 同济大学

第七名 浙江传媒学院

第八名 浙江财经大学东方学院

女子甲组

第一名 中国计量大学

第二名 浙江传媒学院

第三名 浙江大学

第四名 温州医科大学

第五名 浙江财经大学东方学院

第六名 浙江科技学院

第七名 温州大学

第八名 浙江财经大学

男子乙组

第一名 上海财经大学

第二名 上海交通大学

第三名 浙江大学

第四名 华东理工大学

第五名 上海大学

第六名 南京农业大学

第七名 中国矿业大学

第八名 南京师范大学

女子乙组

第一名 华东理工大学

第二名 浙江大学

第三名 上海财经大学

第四名 上海交通大学

第五名 上海大学

第六名 中国矿业大学

第七名 南京农业大学

男子丙组

第一名 宁波大学

第二名 南京师范大学

第三名 浙江师范大学

第四名 江苏科技大学

第五名 杭州师范大学

女子丙组

第一名 宁波大学

第二名 南京师范大学

第三名 杭州师范大学

第四名 杭州师范大学钱江学院

第五名 浙江师范大学

第六名 中国矿业大学

第七名 杭州师范大学钱江学院

华南赛区 成绩公告

男子甲组

第一名 澳门大学

第二名 厦门大学嘉庚学院

第三名 华南师范大学

第四名 香港城市大学

第五名 广东工业大学

第六名 中山大学

第七名 五邑大学

第八名 广东医科大学

女子甲组

第一名 暨南大学

第二名 华南农业大学

第三名 五邑大学

第四名 华南师范大学

第五名 广东医科大学

第六名 香港城市大学

第七名 广东外语外贸大学

第八名 中山大学

男子乙组

第一名 香港城市大学

第二名 暨南大学

女子乙组

第一名 香港城市大学

第二名 暨南大学

男子丙组

第一名 广州体育学院

第二名 集美大学

第三名 华南理工大学

第四名 三明学院

第五名 广东海洋大学

第六名 广东石油化工学院

第七名 华南师范大学

女子丙组

第一名 华南理工大学

第二名 香港中文大学

第三名 集美大学

第四名 广州体育学院

第五名 广东石油化工学院

第六名 三明学院

华西赛区 成绩公告

男子甲组

第一名 四川大学

女子甲组

第一名 西南政法大学

第二名　电子科技大学　　　　第二名　重庆医科大学

第三名　西南财经大学　　　　第三名　四川大学

第四名　重庆大学　　　　　　第四名　西南大学

第五名　长江师范学院　　　　第五名　西南石油大学

第六名　重庆科技学院　　　　第六名　重庆科技学院

第七名　西南石油大学　　　　第七名　重庆理工大学

第八名　四川外国语大学　　　第八名　成都信息工程大学

男子乙组　　　　　　　　　　女子乙组

第一名　西南大学　　　　　　第一名　重庆大学

第二名　四川大学　　　　　　第二名　四川大学

第三名　西南财经大学　　　　第三名　西南大学

第四名　重庆大学　　　　　　第四名　西南财经大学

第五名　电子科技大学　　　　第五名　西南石油大学

第六名　西南石油大学　　　　第六名　电子科技大学

男子丙组　　　　　　　　　　女子丙组

第一名　西南大学　　　　　　第一名　重庆师范大学

第二名　重庆大学　　　　　　第二名　西南大学

第三名　重庆师范大学　　　　第三名　成都体育学院

第四名　成都体育学院　　　　第四名　重庆大学

第五名　长江师范学院　　　　第五名　四川师范大学

第六名　西南医科大学　　　　第六名　西华师范大学

第七名　四川大学　　　　　　第七名　西华大学

第八名　乐山师范学院　　　　第八名　乐山师范学院

华北赛区　成绩公告

男子甲组　　　　　　　　　　女子甲组

第一名　清华大学　　　　　　第一名　国际关系学院

第二名　内蒙古农业大学　　　第二名　对外经济贸易大学

第三名 国际关系学院　　　　　第三名 天津外国语大学
第四名 天津大学仁爱学院　　　第四名 天津大学仁爱学院
第五名 北京大学　　　　　　　第五名 北京农学院
第六名 北京交通大学　　　　　第六名 防灾科技学院
第七名 对外经济贸易大学　　　第七名 北京大学
第八名 华北电力大学　　　　　第八名 华北电力大学

男子乙组　　　　　　　　　　女子乙组
第一名 北京化工大学　　　　　第一名 中国人民大学
第二名 中国人民大学　　　　　第二名 中央民族大学
第三名 中央民族大学　　　　　第三名 天津外国语大学
第四名 天津外国语大学　　　　第四名 北京化工大学

男子丙组　　　　　　　　　　女子丙组
第一名 北京体育大学　　　　　第一名 北京师范大学
第二名 北京师范大学　　　　　第二名 北京体育大学
第三名 华北科技学院
第四名 济南大学
第五名 燕山大学

华中赛区　成绩公告

男子甲组　　　　　　　　　　女子甲组
第一名 武汉大学　　　　　　　第一名 华中科技大学
第二名 华中科技大学　　　　　第二名 武汉大学
第三名 南昌大学科学技术学院　第三名 中南政法财经大学
第四名 中国地质大学（武汉）　第四名 江西财经大学
第五名 长江大学　　　　　　　第五名 南昌大学科学技术学院
第六名 江西财经大学　　　　　第六名 长江大学
第七名 武汉理工大学　　　　　第七名 湖北工业大学
第八名 武汉工程大学　　　　　第八名 中国地质大学（武汉）

男子乙组　　　　　　　　　　　女子乙组

第一名　武汉理工大学　　　　　第一名　江西财经大学

第二名　江西财经大学　　　　　第二名　武汉理工大学

男子丙组　　　　　　　　　　　女子丙组

第一名　江汉大学　　　　　　　第一名　江汉大学

第二名　安徽师范大学　　　　　第二名　南昌大学

第三名　南昌大学　　　　　　　第三名　湖北文理学院

第四名　华东交通大学　　　　　第四名　武汉体院体育科技学院

第五名　江西师范大学

第六名　江西警察学院

第七名　武汉体院体育科技学院

第八名　武汉理工大学

西南赛区　成绩公告

男子甲组　　　　　　　　　　　女子甲组

第一名　广西大学　　　　　　　第一名　广西医科大学

第二名　云南财经大学　　　　　第二名　云南大学

第三名　昆明理工大学　　　　　第三名　昆明医科大学

第四名　广西医科大学　　　　　第四名　昆明理工大学

第五名　昆明医科大学　　　　　第五名　桂林电子科技大学

第六名　曲靖师范学院　　　　　第六名　梧州学院

第七名　桂林航天工业学院　　　第七名　广西大学

第八名　梧州学院　　　　　　　第八名　桂林航天工业学院

男子乙组　　　　　　　　　　　女子乙组

第一名　云南财经大学　　　　　第一名　云南财经大学

第二名　桂林电子科技大学　　　第二名　桂林电子科技大学

第三名　云南师范大学　　　　　第三名　云南师范大学

男子丙组

第一名 云南师范大学

第二名 云南大学

第三名 玉溪师范学院

第四名 昆明学院

第五名 广西民族大学

第六名 云南农业大学

第七名 曲靖师范学院

第八名 云南民族大学

女子丙组

第一名 云南师范大学

第二名 玉溪师范学院

第三名 广西民族大学

第四名 云南农业大学

第五名 曲靖师范学院

西北赛区 成绩公告

男子甲组

第一名 长安大学

第二名 西安交通大学

第三名 中原工学院

第四名 西北工业大学

第五名 西北农林科技大学

第六名 兰州交通大学

第七名 兰州理工大学

第八名 山西大同大学

女子甲组

第一名 西安交通大学

第二名 西北农林科技大学

第三名 西安建筑科技大学

第四名 西安电子科技大学

第五名 中原工学院

第六名 西安理工大学

第七名 长安大学

第八名 河南大学

男子乙组

第一名 西北农林科技大学

第二名 西安建筑科技大学

第三名 郑州大学

女子乙组

第一名 西北农林科技大学

第二名 西安建筑科技大学

第三名 郑州大学

男子丙组

第一名 宁夏大学

第二名 山西大学

第三名 陕西师范大学

女子丙组

第一名 山西大学

第二名 陕西师范大学

第三名 宁夏大学

第四名 河南师范大学　　第四名 周口师范学院

第五名 西安体育学院　　第五名 河南大学

第六名 周口师范学院

第七名 河南大学

第八名 长安大学

东北赛区 成绩公告

男子甲组　　　　　　　　女子甲组

第一名 大连交通大学　　第一名 哈尔滨商业大学

第二名 大连医科大学　　第二名 黑龙江八一农垦大学

第三名 沈阳建筑大学　　第三名 吉林化工学院

第四名 大连工业大学　　第四名 大连工业大学

第五名 黑龙江八一农垦大学　　第五名 大连医科大学

第六名 哈尔滨工程大学　　第六名 沈阳工业大学

第七名 沈阳师范大学

第八名 沈阳工业大学

男子乙组　　　　　　　　女子乙组

第一名 沈阳化工大学　　第一名 沈阳建筑大学

第二名 沈阳建筑大学　　第二名 哈尔滨商业大学

第三名 哈尔滨商业大学

男子丙组　　　　　　　　女子丙组

第一名 东北电力大学　　第一名 大连理工大学

第二名 沈阳师范大学　　第二名 辽宁师范大学

第三名 黑河大学　　　　第三名 黑河大学

第四名 东北大学　　　　第四名 东北电力大学

（二）分区赛简报

重庆公开赛简报

重庆公开赛于4月11日至13日在西南大学举行，共有来自一省一市18所大学，40支男女甲、乙组代表队参加，其中四川省9所学校，重庆市9所，共进行了86场团体比赛。

为办好本次公开赛，西南大学陈时见副校长亲自挂帅，体育学院郭立亚院长及其他院领导组成领导小组，赛前做了大量细致工作；西南大学体育学院专门抽调和培训体育系学生担任裁判工作。另外，还组织学生志愿者担任各参赛学校的联络员工作。

经过两天的比赛，西南大学获得男子乙组冠军，重庆大学、西南石油大学和重庆科技学院分获女子乙组、男子甲组和女子甲组冠军。

在赛前的联席会上，重庆市教委体卫艺处余世琳处长亲临会议，并代表市教委对参赛的高校表示热情的欢迎。

闭幕式暨颁奖仪式简洁而隆重，西南大学网球爱好者、工程院士李教授亲临赛场观看比赛，并为运动员颁奖。

2014年4月13日

武汉公开赛简报

武汉公开赛于4月20日在武汉体育学院落下帷幕。本站比赛共有15所大学参加，其中湖北省高校11所、江西省高校4所，总计30支男女甲、乙组代表队参加，其中男子甲组9队、女子甲组7队、男子乙组8队、女子乙组6队。

武汉体育学院作为武汉公开赛承办学校，给予比赛大力支持，院领导亲自主持会议，布置比赛的筹备及赛期的各项工作，为办好比赛，全院各行政部门全力做好赛事的保障工作。

湖北省大学生网球协会作为武汉公开赛的承办单位之一，在协会秘书长王凯军老师的领导下，为比赛做了细致的准备工作，确保比赛顺利进行。

在举办武汉公开赛的同时，还举办了第三届中国电信高校校长网球邀请赛，来自全国35所高校和教育部门24对选手参加比赛，师生同场竞技，为比赛注入新的活力。

武汉公开赛经过两天激烈争夺，华中科技大学获得男子甲组冠军，南昌大学分获男子乙组和女子甲组两项桂冠，东道主武汉体育学院获女子乙组冠军。

来自河南省教育厅刁玉华和周口师范学院俞海洛组合，获得校长组双打冠军。

2014年4月20日

上海公开赛简报

上海公开赛于4日25—27日在上海大学举行，来自江、浙、沪两省一市的29所大学，54支代表队的200多名运动员参加，经过两天激烈比赛，于27日晚落下帷幕。

上海大学领导十分关心和支持这项赛事，体育学院作为赛事的具体组织者，当好东道主、迎接外省市的参赛学校，精心筹划，使参赛学校的教练员、运动员对赛事的组织十分满意。

由于受天气的极度影响，为应对不利的天气状况，体育学院在赛前做好了充分的应急预案，在两天比赛下雨的条件下，圆满完成了上海公开赛的任务。

中国大学生体育协会网球分会副主席，上海大学体育学院党总支书记顾红老师亲临赛场指导工作，保证了比赛顺利进行。

浙江师范大学作为今年全国大学生网球锦标赛的承办学校，为锻炼学生裁判员队伍，专门组织了十几名裁判员担当本届比赛的裁判工作，上海大学体育学院给予了大力支持。

上海财经大学获得男子乙组和男子甲组冠军，浙江理工大学获女子甲组冠军、浙江大学获女子乙组冠军。

2014年4月27日

北京公开赛简报

北京公开赛于5月24日在清华大学举行，来自北京高校12所和内蒙古农业大学、天津大学、齐鲁师范学院（山东）、防灾科技学院（河北）共16所大学参加，32支男、女甲乙组代表队。其中男子甲组13队、女子甲组10队、男子乙组5队、女子乙组4队。

本届公开赛得到清华大学体育部大力支持，北京市大学生体育协会网球分会作为承办单位之一，积极做好比赛各项工作，确保比赛顺利进行。

第一天比赛遭到大雨的影响，雨后场地工作人员不辞辛苦清扫场地，确保下午比赛的进行。

经过两天60余场比赛，中国人民大学荣获男、女甲组桂冠，北京化工大学和北京体育大学分获男、女乙组冠军。

2014年5月25月

沈阳公开赛简报

6月21—22日，2013/2014中国大学生网球联赛沈阳公开赛在沈阳建筑大学举行。来自东北三省14所高校男女甲乙组共100余名运动员参加了比赛。

开幕式由沈阳建筑大学副校长、中国大学生体育协会网球分会副主席李成滨致辞并宣布开幕。网球分会技术官员、清华大学孙建国老师参加了开幕式，并作为本次赛会的比赛监督对比赛期间的工作进行指导。同时中国大学体育协会专职副主席王晓毅老师也在辽宁省教育厅学生体育发展中心主任的陪同下，特地赶来对本次赛会表示了祝贺并观看了比赛。

本次大赛共进行了46场精彩激烈的较量。最后，大连医科大学与哈尔滨体育学院分别获得了男子甲组与男子乙组的冠军，沈阳化工大学则包揽了女子甲组与女子乙组的冠军。

2014年5月25月